DMZ 평화 답사

남북평화와 남남화해를 위해

Exploring the DMZ

for Inter-Korean Peace and Intra-Korean Accommodation

Chae-Han Kim

ORUEM Publishing House
Seoul, Korea
2006

DMZ 평화 답사

남북평화와 남남화해를 위해

김재한 지음

|서 문

　한국전쟁이 끝난 지도 50년이 넘었기 때문에 이제 가족 가운데 전사자 혹은 이산가족이 있기는 매우 드물어졌다. 분단과 전쟁은 엄연한 현실이 었고 그것은 늘 극복의 대상이었다. 김대중 정부 이후 남북한 간 적대감이 감소됨으로써 분단의 비용도 함께 감소되었다고 평가되고 있다. 남북한 적대감 완화는 역설적으론 통일의 필요성이 감소되는 측면도 있다. 더구 나 남북한 간 적대감이 감소되었다 하여 반드시 남한 내부의 사회갈등도 그에 비례하여 좋아졌다고 볼 수 없다. 북한을 두고 전개되는 남남(南南) 갈등은 해방 직후를 연상시킬 만큼 극심하다.

　정권에 따라 친북과 반북을 왔다 갔다 하는 사람들은 상황이 변했으니 그렇다고 말하겠지만 그런 태도는 남남갈등을 완화시키기는커녕 오히려 증폭시키기 때문에 결코 바람직하지 않다. 일관되게 합리적인 입장을 견 지하려는 노력이 필요하다.

　추상적으로 말할 때 색깔 논쟁이 가능하고 남남갈등도 그때 더 증폭되 는 것이다. 따라서 분단의 논의는 사실관계가 시각과 입장에 따라 그렇게 달라지지 않는 현장 중심이 되어야 한다. 대표적 분단 현장은 비무장지대(DMZ: DeMilitarized Zone)이다. 그러한 점에서 DMZ를 매개한 분단의 성찰은 남남갈등을 줄여주는 것이 아닌가 생각된다.

오늘날 대북정책 논의와 관련해서 자주 나오는 질문은 남북 화해가 먼저냐 아니면 남한사회 내부의 갈등 해소가 먼저냐는 질문이다. 이러한 질문은 남북 화해와 남남 화해가 함께 가지 않고 양자택일의 것임을 전제하고 있다. 이 책은 남남 화해와 남북 화해가 상반된 것은 아니라고 본다. 모든 갈등은 인식의 차이에서 올 때가 많은데, 그렇다면 화해의 길은 인식의 공유로 모색할 수 있다. 그 인식의 공유는 추상적인 논쟁보다 실체적 사실의 공유에서 시작된다. 남남 화해와 남북 화해를 위해 분단 현장의 중요성을 강조하고자 한다.

이 책에서는 DMZ가 평화라는 다소 역설적인 주장을 한다. 사실 본 연구의 내용이라고 할 수 있는 비무장지대의 평화적 활용은 그 표현 때문에 의구심을 받기도 한다.

먼저, 비무장지대의 평화적 활용에 대한 비판으로 비무장지대와 평화는 양립(兩立)가능하지 않는 즉, 상호모순된 것이라는 입장이 있다. 비무장지대를 없애지 않고 어떻게 평화가 가능하냐는 주장인데, 사실 대부분의 사람들은 비무장지대라고 하면 전쟁과 갈등을 연상하게 되고 화해협력과는 거리를 느낀다. 그러한 주장은 비무장지대에 대한 왜곡된 선입관을 갖고 있기 때문이다. 본래 비무장지대의 존재 취지는 전쟁을 억지시키려는 것이다. 무장해제를 시킴으로써 첨예한 갈등관계가 전쟁으로 되는 것을 예방하고자 함이다. 비무장지대는 글자 그대로 무장과 전쟁에 대한 반대 개념이지, 평화에 대한 반대 개념이 아니다. 평화로 가기 위한 절차적이고 단계적인 중간 단계로 비무장을 설정하는 것이다. 따라서 DMZ는 전쟁과 평화의 대립 개념에서는 평화에 속한다고 볼 수 있다.

현재 한반도의 DMZ는 본래 규정된 모습이 아니다. 비(非)무장된 지대가 아니다. DMZ 내에 북한은 280여 개, 남한은 90여 개의 경계초소를 운영 중인 것으로 알려져 있는데, 초소 당 30명의 군인으로 합산해 보면 쌍방 모두 정전협정에서 허용하고 있는 1,000명을 훨씬 넘겼고 더구나 박격포, 대전차화기, 수류탄, 자동소총 등 정전협정에서 금지하고 있는 각종 화기로 중무장하고 있다.

사실 정전협정 위반은 어제 오늘의 일이 아니다. 1953년 7월 27일 정전협정을 체결한 2일 후인 29일에 북한은 남측이 상대에게의 사격을 금지한 정전협정 조항을 어겼다고 주장했다. 그 이후 정전협정 위반사례로 주장되는 건수가 무려 100만 건을 훨씬 상회한다. 물론 상대의 주장 대부분은 허위라고 쌍방이 주장하고 있지만, 총격 및 월경 등의 일시적 위반은 제쳐놓더라도 중무장이라는 구조적 정전협정 위반은 해결해야 할 급선무이다.

통일이 되기 위해 분단의 벽을 없애야 한다고 주장하든, 반대로 급격한 통일을 염려해서 당분간 거리를 두어야 한다고 주장하든, 모두 그 구역을 철저히 비무장화하자는 대의명분에는 감히 아무도 반대하지 못할 것이다. 금단, 어둠, 죽음의 땅을 화해, 희망, 생명의 땅으로 바꾸는 것은 무엇보다도 비무장이다.

비무장에 대한 제안은 이미 1970년대부터 있었다. 1971년 6월 군사정전위 회의에서 유엔군 로저스 수석대표가 군사 인원 및 시설의 철수와 비무장 민정경찰에 의한 통제를 제의하였다. 이후 1972년 2월 김용식 외무장관이 동일한 제안을 한 이래 남한 당국뿐만 아니라 북한 당국도 유사한 제안을 했으나 어떠한 합의도 이루어지지 않았다. 이제는 상황도 변했으니 합의를 촉구할 만하다. 물론 북한이 더 소극적이다.

다음으로, 비무장지대는 생태계의 보고(寶庫)인데 이를 활용하자는 것은 곧 개발이고 따라서 평화적 활용은 환경파괴라는 입장이 있다. 이러한 주장

역시 활용에 대한 선입관 때문이다. 활용이라는 것이 개발과 보존이라는 대립 개념에서 반드시 개발에 속하는 것은 아니다. 활용에는 방치하지 않는 적극적 보존도 포함된다. 따라서 DMZ는 개발과 보존의 대립 개념에서 남용(난개발)도 아니고 방치도 아닌 중간적 개념으로 접근되어야 할 것이다.

DMZ를 생태의 보고이니 환경훼손의 현장이니 서로 다르게 주장하는 것도 사실 무리가 아니다. 그 넓은 DMZ 가운데 어디를 보느냐에 따라 다른 것이기 때문에 쌍방의 주장이 모두 맞는 말이라고 할 수 있다. 환경부의 DMZ인접지역의 녹지자연도 조사에서 약 60%정도가 20년 생 이상의 2차림이 들어선 7등급이고, 자연림에 가까운 8, 9등급은 10%에 지나지 않았는데, 철원지역의 경우 1%도 되지 않았다. 생태환경은 상업적 목적뿐만 아니라 군사적 목적과 경작의 목적으로 훼손될 수도 있어, 통상적으로 군사 용도의 고지와 경제적 용도의 평지보다 지뢰지대에 속하는 계곡 지대가 잘 보존되어 있다고도 할 수 있다. DMZ에는 1백만 이상의 지뢰가 매설되어 있는 것으로 추정된다. 전술적으로 매설한 지뢰뿐만 아니라 미확인지뢰가 많기 때문에 정확한 수와 위치는 파악되지 않는다.

DMZ는 역사의 현장이기도 하다. 전쟁, 북한, 통일, 분단 등과 관련된 과거 및 현재에 대한 해석 차이로 인해 남남갈등은 증폭되어 있다. 사실관계에 대한 인식이 일치한다면 그러한 갈등도 일부에게만 국한되는 것이지, 지금처럼 사회 전체로 확산되지 않을 것이다. 역사적 사실로 존재하고 있고 그 진실을 담고 있는 비무장지대는 그러한 인식의 차이를 감소시킨다. 비무장지대이라는 실체적 존재를 매개로 한 각종 사업은 남북 간뿐만 아니라 남남 간의 화해 협력에 기여할 것이다.

본서는 오늘날 비무장지대와 갖는 의미를 남북분단적 측면뿐만 아니라 남남갈등적 측면에서 논하고자 한다. 비무장지대를 매개로 한 여러 생각과 행동들이 남북협력과 남남화해에 이바지할 수 있음을 주장한다.

DMZ라는 용어는 38선 용어처럼 광의로 사용되고 있다. DMZ에 관한 대부분의 문헌들이 사실은 DMZ가 아니라 DMZ인접지역에 관한 것이다. 본서에서도 엄밀한 의미의 DMZ뿐만 아니라 DMZ인접지역을 포함하고 있다.

본서는 DMZ 및 인접지역이라는 현장을 통해 분단과 통일, 전쟁과 평화에 대해 합리적 성찰의 기회를 제공하고자 한다. 특히 고리타분한 이론적 혹은 당위적 주장보다는 현장 탐방 중심의 서술을 통해 학습 흥미를 제고하여 통일교육과 평화교육에도 이바지하고자 한다.

과거 DMZ라는 주제는 군사적이고 이론적인 용어였었다. 이제는 DMZ를 포함한 분단과 전쟁에 관한 주제에 대해 일반인들의 관심이 증대되었다. 심지어 DMZ라는 노래방 업소 명칭도 등장했다. 물론 그 DMZ는 비무장지대의 의미가 아니라 가무지대(歌舞地帶: Dance Music Zone)라는 의미이지만, 그만큼 비무장지대에 대한 일반인의 관심이 증대되었기 때문에 비무장지대라는 뜻의 DMZ를 패러디한 것이다. 2006년 2월 현재 한국 영화의 역대 흥행기록 상위 7위('왕의 남자', '태극기 휘날리며', '실미도', '친구', '웰컴 투 동막골', '쉬리', '공동경비구역 JSA') 가운데 5개가 남북한 분단을 배경으로 한 것이다. DMZ가 희화화 되는 것은 바람직하지 않지만 반대로 너무 무겁게 접근하는 것도 교육효과적 측면에서 바람직하지 않다.

본서는 DMZ를 여러 측면에서 다루고 있다. 남북한관계에 관한 여러 문헌들은 학문적 독창성이 부족한 경우가 많은데, 본서는 가급적 독창성을 유지하려 노력했다. 다만 DMZ 및 인접지역에 전해 내려오는 각종 이야기의 경우엔 굳이 인용을 하지 않고 소개하고 있다.

DMZ인접지역을 답사하고 본서를 집필하면서 김정호의 대동여지도 작업이 연상되었다. 첫째, DMZ인접지역은 지도상에 도로가 제대로 표기되어 있지 않고 민통선 출입이 어떤 경우엔 복잡했다. 본서는 대동여지도와 같은 엄청난 노력과 고통이 수반되지는 않았지만, 본서는 다른 연구서와 달리 직접 발로 뛰면서 서술되었다는 점에서 대동여지도적 성격을 띤 것이다.

둘째, 남을 이해시키기 위한 기행(紀行)적 서술은 군더더기가 많이 붙는 귀찮은 서술이다. 김정호의 대동여지도는 김정호 자신을 위한 것이었다면 자신만 알아볼 수 있을 정도로 훨씬 간단하게 서술되었을 것이다. 본서도 일반인이 충분히 이해하도록 하기 위해서 장황하게 서술하는 경우도 많다.

셋째, 보안적 요소는 늘 본서의 내용을 제약했다. 김정호는 보안적 누설이라는 오해를 많이 받았다. 그러한 보안적 측면은 본서에 포함되는 사진 및 서술 내용에서도 늘 제약조건이었다.

필자는 오랫동안 여러 DMZ남방한계선들을 자주 다니면서 군 당국의 통제에 적극적으로 따랐다. 철책선이나 땅굴을 사진 찍어도 좋다고 말한 장병을 만난 적이 없다. 그럼에도 불구하고 철책선을 포함한 각종 군사시설의 사진들이 각종 도서나 언론매체 그리고 인터넷공간에 버젓이 게재되는 경우가 많다. 이 또한 규제를 잘 따르지 않는 사람이 아무런 손해 없이 이익을 보고 반대로 법규를 지키는 사람들이 오히려 손해인 경우이다. 이것은 우리 사회의 본질적 악순환 가운데 하나이다.

어느 정도까지 노출시키는 것이 가능하냐는 질문을 여러 군 당국에 문의해 보았고, 그에 대한 자문 가운데 하나는 국방부가 홍보 목적으로 출간했다는 『DMZ 4계』를 기준으로 하면 될 것이라는 것이었다. 그 책자를 공식적으로 얻으려고 했으나, 보안 허용 기준으로 삼으려 한다는 필자의 의도에 대해 오히려 자료제공을 주저하는 모습을 보고 복지부동(伏地不動)의 구조적 문제점을 느끼기도 했다.

본서의 내용 가운데 안보상 문제를 야기하는 부분은 없을 것이다. 대부분이 다른 사람에 의해 공개된 부분들만 포함하고 있기 때문이다. 더구나 오늘날 현대전에서는 전선의 의미가 약하다. 그러한 점에서 본서가 안보

수준을 감소시킨다고 생각하지는 않는다. 오히려 안보문제의 올바른 이해로 실제적인 안보수준을 증대시킨다고 생각한다.

본서를 읽고 전방을 찾아갔지만 사전에 허가를 받지 않으면 제대로 답사하지 못할 지역도 있을 것이고 또 방문객 증대로 현지 부대가 불편해지지 않을까 하는 생각도 든다. 군사지역에서 군 장병들의 통제를 따르는 것은 너무나도 당연한 일이다.

본서는 본래 군(郡)별로 기술하려 했으나, 행정구역이라는 것이 영구불변의 것이 아니고 특히 전방지역의 행정구역은 언제든지 유동적인 것이다. 예컨대 펀치볼로 알려진 해안면도 한국전쟁 직후 인제군에 속했다가 1970년대에 양구군으로 다시 왔다. 본서에는 행정구역보다 주요 도로 기준으로 구분하여 기술하고 있다.

본서의 출판은 한림대 학술논저 지원으로 이루어졌다. 논문을 작성하는 것과 달리 단행본을 집필하는 것은 집중력보다 지구력을 요구하게 된다. 특히 본서처럼 현장 답사가 필수적인 작업은 시간적으로만 보자면 비효율적인 작업임에 틀림이 없다. 그렇게 많은 시간을 투입했지만 그 결과물은 충분히 만족스럽지 못하다. 이 책 하나를 위해 많은 시간을 보냄에 따라 가족과 보내는 시간들의 가치를 다른 때보다 더욱 느끼게 된다. 본서에 언급된 루트를 따라 아내 현경, 큰 딸 규현, 작은 딸 규리를 데리고 DMZ인접지역을 자주 여행하면서 본서를 다시 보완하려는 생각을 갖고 있다.

2006년 4월
저자 식

| 목 차 |

1부

DMZ 관련 이론적 논의

• • •

제1장_ DMZ 및 접경지역이란 무엇인가?
제2장_ DMZ 논의가 어떻게 전개되었나?
제3장_ 왜 DMZ 현장인가?

제1장
DMZ 및 접경지역이란 무엇인가?

남북한 접경지역이라고 하면, 비무장지대(DMZ: De-Militarized Zone), 민간인통제지역(CCZ: Civilian Control Zone 또는 CCA: Civilian Control Area), 접경지역지원법 상의 접경지역 등 여러 가지 의미로 통용되고 있다. <그림 1>은 각 개념별 차이를 지도상에 나타낸 것이다.

I. '정전협정'에 의한 비무장지대

비무장지대는 전쟁상태를 종식시켜 평화에 기여하자는 취지이지만, 일반인들이 느끼는 비무장지대 단어는 평화와는 반대의 뉘앙스를 풍긴다. 따라서 비무장지대의 활용은 당연히 평화적일 수밖에 없음에도 불구하고, 비무장지대의 활용에 있어 '평화적'이라는 수식어를 붙이고 있다. 물론 전

〈그림 1〉 비무장지대와 민간인통제지역 및 접경지역

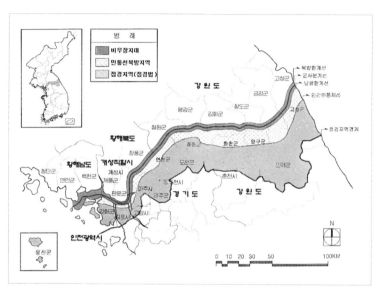

출처: 국토연구원

투행위만 없으면 평화라는 전통적 입장과 달리, 불평등을 포함한 구조적 폭력이 없는 상태가 평화라는 수정주의적인 견해도 있다. 과연 구조적 폭력이 전혀 없는 세상이 가능할 것인가에 대해 회의적인 입장을 받아들인다면, 결국 평화는 전투를 포함한 각종 실제적 폭력행위의 부재(不在)라고 일단 보아야 할 것이다.

한반도의 군사안보질서를 규정하는 규정들은 매우 많다. 남북정상 간의 6·15 공동선언, 남북 기본합의서, 7·4 공동성명 등 남북한 간의 군사안보 문제를 직접 다루는 합의문들이 많다. 또 한미상호방위조약을 포함한 여러 조약들도 주로 한반도 긴장에 관한 것이다. 그런데 이러한 여러 문건들은 지켜지지 않으면 제재의 수단이 없다. 그래서 지켜지지 않는 부분들도 많다.

한반도 군사안보 문제에 관해 가장 구속력이 있는 헌법적 문건은 정전협정이라고 할 수 있다. 정전협정은 조선인민군, 중국인민지원군, 국제연합군 등 3자가 서명한 문건이다. 남한은 정전협정에 서명하지 않았든 혹은 못했든 협정 당사자가 아니다.

현재 정전체제를 평화체제로 바꾸기 위한 노력들이 진행되고 있다. 이른바 한반도 군사안보의 개헌(改憲)으로 비유될 수 있다. 헌법을 이왕 바꿀 것이면 올바르게 바꾸어야 하듯이, 정전협정의 핵심 요소라고 할 수 있는 비무장지대의 순기능을 증대시키고 역기능을 감소시키는 노력이 필요하다.

38선은 미군장교의 30분 작업으로 획정되었고 DMZ는 3년의 전쟁으로 만들어졌다고들 한다. 비무장지대는 1953년 7월 27일 합의된 정전협정 제1조 11개항에 의해 만들어졌다. 임진강 강변에 세워진 군사분계선(MDL) 표식물 제0001호부터 시작하여 동해안의 표식물 제1,292호까지 총 1,292개의 표식판이 약 200m 간격으로 세워졌다. 표식판 가운데 696개는 유엔군의 관리책임이고, 596개는 북한과 중국의 관리책임이다. 남쪽으로는 국어와 영어로, 북쪽으로는 국어와 중국어로 '군사분계선' 흑색 글씨와 표식판 번호가 씌어있는 황색 표지판은 오랜 세월 동안 풍수로 손실되고 또 수리작업반에 가해지는 충격으로 보수도 못하고 더구나 지형과 지세마저 바뀌어 현지에서는 지도와 달리 육안으로 확인하기 어렵다(이문항 2001, 82~83). 즉 군사분계선 표지판은 대부분 녹슬거나 비바람에 손상되고 사격으로 파손되어 있어 군사분계선을 육안으로 보기가 쉽지 않다.

정전협정에 의하면, 비무장지대는 합의된 군사분계선으로부터 쌍방이 각기 2km씩 후퇴함으로써 적대 행위의 재발을 초래하기 위해 설정한 지역이다. 쌍방은 모든 비무장지대 내에서 또는 비무장지대로부터 또는 비무장지대로 향하여 어떠한 적대행위도 감행하지 못한다.

또 군인이든 민간인이든 비무장지대에는 그 지역 사령관의 특정한 허가 없이는 들어갈 수 없다. 민사 행정과 구제(relief) 집행관계자 그리고 군사 정전위원회의 특정 허가를 받은 자만이 들어갈 수 있다.

정전협정은 군사분계선 이남 비무장지대에서의 민사 행정 및 구제 사업을 국제연합군 사령관이 책임지고, 이북 지역에서의 민사행정 및 구제 사업은 조선인민군 최고사령관과 중국인민지원군 사령원이 공동으로 책임지도록 하고 있다.

민사행정 및 구제 사업을 집행하기 위하여 비무장지대에 들어가도록 허가받는 군인과 민간인의 수는 각방 사령관이 결정하지만, 어느 일방이 허가한 인원의 총수는 언제나 1,000명을 초과하지 못한다. 민사행정 경찰의 인원수 및 휴대무기는 군사정전위원회가 규정하며, 다른 인원은 군사정전위원회의 특정한 허가 없이는 무기를 휴대할 수 없다.

1953년 7월 31일에 개최된 군사정전위원회 제4차 회의에서 군사정전위원회 쌍방은 민사 경찰을 보총과 권총만으로 무장시키자는 데 합의한 바 있다. 즉 방아쇠를 잡아당길 때마다 총탄 1발 이상 발사할 수 있는 자동식 무기를 금지시키기로 합의한 바 있다.

또 만일 비무장지대내의 도로로 연결되지 않는 비무장지대내의 두 지점 간을 이동하기 위해서는 어느 일방의 군사통제하에 있는 지역을 반드시 통과해야 한다면, 그 지역 통과의 편의를 허용한다고 정전협정은 규정하고 있다.

정전협정에 의하면, 비무장지대의 면적은 248km길이와 4km폭으로 992 km²이어야 한다. 이러한 정전협정의 내용과는 달리, 북한은 자신이 북부한계선으로 부르는 DMZ 북방한계선을 남하시켰다. 본래 군사분계선 2km 이북의 첫 철책선 설치 장소는 제1세대 철책선으로 불리고 있다. 남한도 DMZ 남방한계선을 북상시켰다. 쌍방이 2km씩 후퇴라는 원칙을 철저히 준수하고 있지 않기 때문에 비무장지대의 남방한계선과 북방한계선을 따라 배치된 수많은 군인과 막강한 화력이 실제로는 비무장지대 내에 배치되어 있는 실정이다. 그리고 수많은 소규모 총격전들도 있었다. 따라서 명목상의 비무장지대는 실질적인 '중무장지대'인 것이다.

하지만 비무장지대 전체 면적을 고려해보면, '중무장지대'라는 명칭이 부적절할지 모른다. 군사분계선에서 남북으로 2km씩 폭 4km의 비무장지대의 군사력 밀도는 비무장지대의 남북한계선부터 후방으로 예비사단의 관할지역까지 배치된 군사력의 밀도에 비한다면 현격히 떨어진다. 즉 비무장지대는 남북한 간의 긴장완화에도 기여하는 면이 있다.

남북한이 비무장지대의 남방한계선과 북방한계선을 각각 북상과 남하한 것에 비판의 목소리가 크다. 북한의 제2세대 철책선과 남한의 DMZ 남방한계선이 어디에 있든 중요한 것은 비무장이다. 철책선 전진 설치보다 비무장지대 안의 북측 민경초소와 남측 GP(guard post)가 무장되어 있다는 점이 더 잘못된 것이다.

비무장지대를 없애야 할 대상으로 보는 시각도 있는데, 분단 극복의 논리 아니면 개발의 논리이다. 하지만 비무장지대라는 본연의 임무를 인식하지 못하고 무조건 해체하자는 접근은 신중한 태도로 볼 수 없다. 정전협정에서 일방의 출입인원을 1,000명으로 제한한 점은 남북한 직접교류에 장애가 될 수 있지만, 무기 휴대를 제한하고 또 적대행위를 금지시킨 점은 남북한 긴장완화에 도움이 된다.

따라서 남북한의 화해와 협력을 위해서는 비무장지대의 긴장완화적 기능을 극대화시키고, 접촉 억제적 기능을 극소화시키는 노력이 필요하다.

더구나 정전협정 당사자에 남한이 빠져 있다. 남북한 간의 각종 사업도 정전협정을 준수한다면 몇 가지 절차를 거쳐야 한다. 경의선 및 동해선 철도 도로 연결 사업을 포함한 비무장지대 사업은 다음과 같은 절차를 통해 이루어졌다. 남북 당국 간 합의→ 유엔사-북한군 간 정전협정 추가 합의

→ 남북 군사 당국 간 군사적 보장문제 협의→ 사업 추진 등의 순서이다. 정전협정 체제하에서는 결국 남한, 북한, 미국 등 3자의 동의가 필수적이라고 말할 수 있다.

II. '군사시설보호법'에 의한 민간인통제지역

민간인통제선(민통선)은 <그림 1>에서 보듯이 비무장지대 남방한계선의 남쪽에 설정되어 있다. 민통선은 1954년 2월에 미 제8군사령관의 직권에 의해 민간인 출입을 금지하고 민간인 귀농(歸農)을 규제하기 위해 귀농선 (歸農線)으로 설정되었다. 민간인통제구역의 총면적은 설정 당시 경기도 480㎢와 강원도 1,048㎢로 총 1,528㎢이었다.

국군이 휴전선 방어 임무를 담당하면서 귀농선에서 민통선으로 명칭이 바뀌었는데, 국토의 효과적 이용을 위해 군 작전 및 보안에 지장이 없다는 조건하에서 출입영농과 입주영농이 허가되었다. 1950년대 후반에 개별 영농을 제한적으로 허가하기 시작하였고, 1960년대 후반부터는 집단 영농 정착 계획을 실시하였다. 또 국토의 효율적 이용뿐만 아니라 북한의 선전촌에 대응하기 위해 1959년부터 1973년까지 99개의 자립안정촌, 12개의 재건촌, 2개의 통일촌을 건설하였다. 복구되지 않은 리(里) 지역에는 주민이 거주하지 않지만 출입영농이 허용되고 있다.

1980년대 이후에는 선전촌, 자립안정촌, 통일촌 등의 개념이 없어졌고, 출입절차와 영농시설에 대한 규제 완화 요구에 따라 민통선을 북상시키기 시작했으며, 특히 1995년 민통선 북방지역 민사활동 규정 시행 이후 민통선북방(민북) 마을에 규제가 완화되었고, 민통선도 북상하여 민북 마을은 1980년대에 112개이었다가, 1990년대에는 105개 마을로 감소했다.

현행 군사시설보호법에 의하면, '군사시설보호구역'이라 함은 군사시설을 보호하고 군 작전의 원활한 수행을 위하여 국방부장관이 설정하는 구역을 말하고, 민통선이라 함은 고도의 군사 활동 보장이 요구되는 군사분계선에 인접한 지역에서 군 작전상 민간인의 출입을 통제하기 위하여 국방부장관이 군사분계선의 남방에 설정하는 선을 말한다. 민통선은 보호구역 안에 설정하되, 군사분계선의 남방 15km의 범위 안에서 설정한다.

군사시설보호구역은 고도의 군사 활동 보장이 요구되는 군사분계선에 인접한 지역과 기타 중요한 군사시설의 기능보전이 요구되는 구역인 '통제보호구역' 그리고 군 작전의 원활한 수행을 위하여 필요한 지역과 기타 군사시설의 보호 또는 지역주민의 안전이 요구되는 구역인 '제한보호구역' 두 가지로 구분되어 설정된다.

군사시설보호구역의 설정범위는 다음과 같다. 먼저, 군사분계선의 남방 25km 범위 안에서 통제보호구역과 제한보호구역을 구분하여 설정한다. 통제보호구역은 민통선이북지역(민북지역)을 말하나, 민북지역이더라도 통일정책의 추진을 위하여 필요한 지역, 취락지역, 안보관광시설지역 등으로서 대통령령이 정하는 기준에 해당하는 지역은 제한보호구역으로 설정할 수 있다.

여기서 대통령령은 군사시설보호법시행령을 말하며, 해당하는 지역은 취락지역으로서 관계행정기관의 장이 관할부대장 등과 협의하여 정하는 지역, 국민의 안전의식 고취를 위하여 국가기관·지방자치단체가 개발하는 안보관광 지역, 통일의 기반조성을 위하여 국가기관이 지정하여 개발하고자 하거나 남북교류·협력사업의 추진에 필요한 시설지역, 국가기간산업·지역사회 발전을 위하여 대규모 개발이 계획된 지역, 기타 관할부대장의 건의에 의하여 군단장급 이상의 지휘관이 인정하는 지역 등을 말한다.

제한보호구역은 민통선이남 지역을 말하는데, 민통선이남 지역이더라도 중요한 군사시설이 있는 지역은 당해 군사시설의 최외곽 경계선으로부터 500m를 초과하지 아니하는 범위 안에서 통제보호구역으로 설정할 수도 있고, 반대로 중요한 군사시설이 없거나 군 작전상 장애가 되지 아니하는 지역으로서 대통령령이 정하는 기준에 해당하는 지역은 제한보호구역에서 제외할 수 있다. 제외되는 지역이라 함은 취락지역으로서 관계행정기관의 장이 관할부대장 등과 협의하여 정하는 지역, 건설교통부장관이 국방부장관과 협의하여 개발촉진지구로 지정하는 지역, 기타 관할부대장 등이 작전에 지장이 없다고 인정하는 지역 등을 말한다.

군사분계선의 남방 25km범위 밖의 지역에서는 군사시설의 최외곽 경계선으로부터 1km이내에서 보호구역을 설정할 수 있다. 이 경우 통제보호구역은 당해 군사시설의 최외곽 경계선으로부터 500m를 초과할 수 없다.

군사시설보호구역 또는 민통선은 국방부장관이 합동참모의장의 건의에 따라 설정하거나 변경하며, 국방부장관은 군사시설의 철거, 작전환경의 변화 기타의 사유로 군사시설보호구역 또는 민통선을 유지할 필요가 없게 된 때에는 지체 없이 이를 해제한다. 군사시설보호구역 및 민통선의 설정은 군사시설보호와 군사목적달성을 위하여 필요한 최소한의 범위 내에서 하여야 한다.

군사시설보호구역은 2000년대 들어와서 줄기 시작하여 노무현 정부부터 본격적으로 감소하고 있다. 2006년 2월 현재 전국토의 5.2%가 보호구역으로 설정되어 있는데, 군사분계선 인접 시군의 경우 약 67.5% 정도가 묶여 있다. 경기 북부보다 강원 북부가 더 많이 묶여 있고, 강원도 내에서도 철원군이 거의 100% 규제되어 있고 그 다음으로 화천군의 비율이 높다.

남한의 군사시설보호구역 또는 민북지역에 해당하는 지역이 북한에도 존재한다. 통행제한구역과 외국인여행금지구역이 그것이다. 통행증이 있어도 일반인들의 통행이 제한되는 구역은 많지만, 접경지역과 관련해서는 강원도 전지역, 황해남도 남단지역(룡연, 장연, 웅진, 강령, 배천, 청단, 봉천), 황해북도 남단지역(토산), 개성직할시 전지역(개성, 장풍, 개풍, 판문) 등이 통행제한구역이다(이영애 1995, 382). 또 북한의 '외국인 여행규정'에 명시된 외국인여행금지구역은 북한전체 면적의 40%에 달하고 모두 여덟 지역인데, 그 가운데 하나가 군사분계선 및 국경 근처에 있는 시·군이다(연합뉴스 1991/4/19).

이러한 민간인 출입금지구역을 북한의 입장에서 남한 식으로 표현하면 민통선이남지역(민남지역)라고 부를 수 있겠지만, 남한의 민통선 이남지역과 혼동되기 때문에 아무도 그렇게 부르지는 않는다.[1]

1982년 판문점에 건설된 북한의 '평화협동농장'은 민간인통제구역에 있는 대남 선전촌 마을 중 하나이다. 이 '평화 마을'은 비무장지대 북쪽 지역에 있으며, 외부지역으로 가기 위해서는 국가안전보위부의 특별승인이 있어야 하는데, 부모 사망이나 친족 결혼과 같은 특별한 이유를 제외하고는 바깥여행이 금지되어있다(조선일보 2001/10/26). 이 마을에 대응하여 남한 측은 비무장지대 남쪽지역에 '대성동마을'을 만들기도 하였다.

III. '접경지역지원법'에 의한 접경지역

비무장지대와 민간인통제지역 외에 남북한 경계 지역에 포함되는 다른 개념이 있다. 바로 '접경지역지원법'에 의한 접경지역이다.

1997년 9월 27일 접경지역 출신 국회의원들이 '통일기반조성을 위한

---

1) 해상상의 남북한 경계선으로 볼 수 있는 북방한계선(NLL: Northern Limit Line)도 북한의 입장에서는 남방한계선에 해당되기 때문에 NLL이라고 부르지 않고 NLL 자체를 인정하지 않고 있다.

접경지역지원법안'을 정기국회에 상정하였다. 이 법안은 통일부(당시 통일원) 주관의 접경지역의 개발을 위한 것이었고, 이 법안에 대한 환경단체 등의 반대의견으로 장기간 계류되었었다. 이에 접경지역 출신 국회의원들은 환경부가 환경영향평가를 소관하고 행정자치부가 종합적으로 주관하기로 하는 '접경지역지원법'으로 수정하여 1999년 10월 27일에 다시 발의하였다. '접경지역지원법'은 1999년 12월 16일 정기국회에서 통과되어 2000년 1월 21일에 제정·공포되었고 2002년 일부 개정되었다.

'접경지역지원법'에서 정의하고 있는 '접경지역'은 군사시설보호법 제2조 제3호의 규정에 의한 민통선 이남의 시·군의 관할구역에 속하는 지역으로서 민통선으로부터 거리 및 지리적 여건·개발정도 등을 기준으로 하여 대통령령이 정하는 지역을 말하며, 다만 군사분계선 남방 2km지점을 잇는 선으로부터 민통선 사이의 지역으로서 집단취락지역 등 대통령령이 정하는 지역과 해상의 북방한계선 이남지역 중 대통령령이 정하는 지역도 포함된다.

2000년 8월 28일 제정되고 2002년 개정된 '접경지역지원법시행령' 제2조에서는 접경지역의 범위를 민통선 이남으로부터 20km이내에 소재한 시·군에 속한 읍·면·동 행정구역으로서 인구증감률(최근 5년 간), 도로포장률, 상수도보급률, 제조업종사자 비율, 군사시설보호구역 점유비율의 5개 지표 중 3개 이상의 지표가 전국의 평균 지표보다 저조한 지역으로 한정하고 있다. 다만, 주변지역의 여건에 비추어 지역특성·개발정도 등 특별한 사유가 있는 경우에는 이를 조정할 수 있다고 하고 있다.

또 비무장지대 남방한계선과 민통선 사이의 지역으로 농어촌정비법에 의한 농업생산기반정비 사업이 시행되었거나 시행중인 농업생산지역, 농어촌정비법에 의한 농어촌생활환경정비사업이 시행되었거나 시행중인 집단취락지역, 접경지역지원법에 의한 남북한교류협력 관련사업 추진지역

〈표 1〉 접경지역지원법시행령에 의한 접경지역의 범위

구분	시·군 별	행정구역(읍·면·동)
합계	15 시·군	98 읍·면·동(15읍·76면·7동)
인천광역시 (17)	강화군 (1읍·12면)	강화읍·교동면·삼산면·서도면·송해면·양사면· 하점면·내가면·선원면·불은면·길상면·양도면· 화도면
	옹진군(4면)	대청면·백령면·연평면·북도면
경기도 (46)	동두천시(4동)	불현동·소요동·보산동·상패동
	고양시(3동)	송산동·고봉동·송포동
	파주시 (3읍·10면)	문산읍·파주읍·법원읍·교하면·적성면·탄현면· 광탄면·파평면·월롱면·군내면·장단면·진동면· 진서면
	김포시(5면)	월곶면·통진면·하성면·대곶면·양촌면
	양주군(5면)	남면·은현면·광적면·백석면·장흥면
	연천군 (2읍·8면)	연천읍·전곡읍·군남면·미산면·청산면·중면· 장남면·신서면·백학면·왕징면
	포천군(6면)	관인면·창수면·영북면·영중면·신북면·이동면
강원도 (35)	춘천시(2면)	사북면·북산면
	철원군 (4읍·7면)	철원읍·김화읍·동송읍·갈말읍·서면·근남면· 근북면·근동면·원동면·원남면·임남면
	화천군(1읍·4면)	화천읍·사내면·하남면·간동면·상서면
	양구군(1읍·4면)	양구읍·동면·방산면·해안면·남면
	인제군(1읍·5면)	인제읍·서화면·남면·북면·기린면·상남면
	고성군(2읍·4면)	간성읍·거진읍·현내면·토성면·죽왕면·수동면

〈표 2〉 접경지역지원법시행령에 의한 접경지역의 면적과 인구

시·군별	읍·면·동		면적(km²)		인구(명)	
	전체	대상	전체	대상	전체	대상
합계	175	98	9,665.89	8,097.17	1,987,659	656.472
옹진군	7면	4면	163.92	86.62	14,056	8,860
강화군	1읍 12면	1읍 12면	410.83	410.83	67,924	67,924
동두천시	7동	4동	95.66	91.93	74,665	48,826
고양시	2구 35동	3동	267.31	57.76	772,390	22,337
파주시	2동 3읍 11동	3읍 10동	682.60	631.27	181,496	118,980
김포시	3동 6면	5면	276.59	217.61	148,066	56,378
양주군	1읍 6면	5면	309.77	224.02	108,309	55,412
연천군	2읍 8면	2읍 8면	696.33	696.33	53,766	53,766
포천군	2읍 11면	6면	827.09	493.81	144,912	46,268
춘천시	1읍 9면 15동	2면	1,116.35	367.55	248,370	4,016
철원군	4읍 7면	4읍 7면	898.82	898.82	53,946	53,946
화천군	1읍 4면	1읍 4면	909.46	909.46	25,544	25,544
양구군	1읍 4면	1읍 4면	700.68	700.68	23,756	23,756
인제군	1읍 5면	1읍 5면	1,646.33	1,646.33	34,090	34,090
고성군	2읍 4면	2읍 4면	664.15	664.15	36,369	36,369

등도 접경지역 범위에 포함된다. 끝으로 백령도·대청도·소청도·대연평도
·소연평도와 그 주변도서도 포함되며, 단 무인도서는 제외된다.

이에 따라 접경지역은 총 3개 시·도에서 15개 시·군의 98개 읍·면·

동(15읍·76면·7동)이며, <표 1>에 나열되어 있다. <표 2>는 시·군별로 전체 읍·면·동의 현황과 접경지역지원 대상 읍·면·동의 현황을 정리한 것이다.

2001년 3월 9일 의결된 접경지역종합계획수립지침은 접경지역을 보전권역, 준보전권역, 정비권역의 3개 권역으로 구분하고 있다.

먼저, 보전권역은 자연생태·문화유산의 보전과 고도의 군사 활동을 위하여 보전 및 관리가 필요한 지역으로 국토이용관리법상 자연환경보전지역, 군사시설보호법상의 통제보호구역을 중심으로 설정하되 환경부의 자연환경 기초조사결과 나타나는 생태자연도 1등급지역을 포함한다. 이 지역에서는 자연환경 및 역사·문화자원의 보전·복원과 남북교류협력사업 이외의 개발계획 입안은 원칙적으로 제한된다.

둘째, 준보전권역은 우수한 자연경관과 역사·문화 및 안보관광자원의 보전·관리 및 활용과 농업 진흥이 필요한 지역으로서 국토이용관리법상 농림지역, 문화재보호법상 보호구역 중심으로 설정하되 환경부의 자연환경 기초조사결과 나타나는 생태자연도 2등급지역을 포함한다. 자연생태의 보전, 자연경관과 안보자원을 우선 보호하고 제한적인 범위 내에서 지역 실정에 적합하도록 개발계획이 수립되는 지역이다.

셋째, 정비권역은 지역발전 및 주민생활여건 개선을 위하여 토지의 체계적 이용 및 정비가 필요한 지역으로 보전권역 및 준보전권역 이외의 접경지역으로 한다. 주민생활 환경개선 및 지역경제 발전을 위한 체계적인 개발계획이 가능한 지역이다.

접경지역지원법과 시행령에서 정하고 있는 접경지역지원의 절차는 다음과 같다. 첫째, 행정자치부장관은 관계 중앙행정기관의 장과 협의하여 접경지역종합계획의 수립을 위하여 필요한 접경지역종합계획수립지침을 수립하고, 그 수립된 지침을 해당 광역시장 및 도지사에게 통보한다. 2001

년 3월 9일 접경지역정책심의위원회는 수립지침을 심의·의결했다. 지침에 의하면, 계획기간은 기준년도가 2002년이고 목표년도는 2011년인, 즉 2002~2011년의 10년간이다.

둘째, 관계 시·도지사는 이해관계가 있는 주민의 의견을 듣고, 접경지역종합계획수립지침에 따라 지침 통보 1년 이내에 시·도 접경지역계획을 수립하여 행정자치부장관에게 제출한다. 관계 시·도지사는 이해관계가 있는 주민의 의견을 듣고자 하는 경우에는 관할 시장·군수로 하여금 시·도 계획안의 주요 내용을 공고하게 하여 14일 이상 주민이 열람할 수 있도록 하며, 필요하다고 인정되는 경우에는 공청회를 개최할 수 있다. 의견이 있는 주민은 열람기간 내에 관계 시장·군수에게 의견을 제출할 수 있으며, 시장·군수는 열람기간이 끝난 후 제출된 의견과 검토의견을 지체 없이 관계 시·도지사에게 제출한다. 관계 시·도지사는 제출 받은 의견이 타당하다고 인정하는 경우에는 이를 시·도 계획에 반영한다.

셋째, 행정자치부장관이 시·도 접경지역계획을 제출 받은 때에는 대통령령이 정하는 바에 의하여 관계 중앙행정기관의 장과 협의를 거쳐 종합계획을 수립한다. 협의의 요청을 받은 중앙행정기관의 장은 특별한 사정이 있는 경우를 제외하고는 그 요청을 받은 날로부터 30일 이내에 행정자치부장관에게 의견서를 송부하여야 하며, 의견을 받은 행정자치부장관은 특별한 사유가 없는 한 이를 종합계획에 반영한다. 행정자치부장관은 종합계획 수립시 필요하다고 인정되는 부분에 대하여는 관계 시·도지사의 의견을 청취하며, 이 역시 특별한 사유가 없는 한 반영한다.

넷째, 이렇게 수립된 종합계획은 접경지역정책심의위원회의 심의를 거쳐 대통령의 승인을 얻어 확정하며, 확정된 종합계획 중 대통령령이 정하는 중요한 사항을 변경할 때에도 또한 같다.

다섯째, 관계 시·도지사는 확정된 종합계획에 따라 연도별 사업계획을 수립하여 전년도 10월 말일까지 행정자치부장관에게 제출한다. 국가 또는 지방자치단체의 예산지원을 필요로 하는 사항에 대하여는 전전년도 10월 말일까지 제출한다. 사업계획을 수립함에 있어서는 관계 시·도지사가 관할 시장·군수의 의견을 청취하고, 특별한 사유가 없는 한 이를 반영한다.

여섯째, 행정자치부장관은 연도별 사업계획을 검토한 후 조정이 필요하다고 판단될 때에는 관계 중앙행정기관의 장 및 관계 시·도지사와 협의를 거쳐 확정하거나, 협의가 이루어지지 아니한 때에는 접경지역정책심의위원회의 심의를 거쳐 전년도 11월 말일까지 확정한다. 국가 또는 지방자치단체의 예산지원을 필요로 하는 사항에 대하여는 전전년도 11월 말일까지 확정한다. 사업계획을 확정한 때에는 행정자치부장관이 지체 없이 관계 중앙행정기관의 장 및 관계 시·도지사에게 통지한다.

일곱째, 관계 시·도지사는 행정자치부장관으로부터 통지 받은 사업계획을 지체 없이 관련 시장·군수에게 통지한다. 관계 시·도지사 및 시장·군수는 사업계획을 사무소에 비치하고 14일 이상 주민이 열람할 수 있도록 한다.

여덟째, 재원은 국비보조금, 지방비, 민간·외국 자본 등으로 조달하는데, 지방자치단체가 시행하는 사업에 대한 국가의 보조금은 '보조금의 예산 및 관리에 관한 법률'에 의한 기준보조율에 100분의 20을 가산한 율로 하되, 100분의 80을 초과하지 않도록 한다. 다만, 기준보조율이 100분의 80 이상인 경우에는 그 기준보조율을 지원보조율로 한다.

서독은 통일 전부터 동독의 접경지역을 국립공원계획에 포함시켜 통독협정에서 보호구역으로 지정한 바 있다. 독일은 30년 동안 동서독을 가로지른 1,477㎞의 국경지대를 '생태학적 복합체'로 만들어 동식물의 이동경로와 유전자확산을 돕고 있다.

브란트 정부의 '접경지역지원법'은 1971년 8월에 통과된 이후 일부 개정과정을 거치다가 1991년 독일통일과 함께 폐지되었다. 접경지역의 범위는 내독간 국경(1,393km), 체코와의 국경(358km), 북동해안선(384km) 등 경계선에서 약 40km안의 지역이며, 전체의 20%에 해당하는 46,800km²의 면적과 12%에 해당하는 700만 명(1987년 기준)의 인구를 포함하는 것이었다.

독일의 접경지역지원정책에 대한 평가는 엇갈린다. 접경지역주민들뿐만 아니라 구(舊)서독의 전체주민들을 대상으로 실시한 통일사회정책이라는 측면에서 긍정적으로 평가가 되는 반면에, 지역경제정책이라는 측면에서는 정책 혼선과 편파성 시비로 인해 부정적으로 평가되기도 했다(홍준형 1999). 우리의 접경지역지원법도 개발지향보다 평화지향으로 되어야 할 것이다.

비무장지대, 민간인통제지역, 접경지역 등의 세 개념은 군사분계선, 비무장지대남방한계선, 민통선 등 세 선으로 구분된다. 그것을 그림으로 나타낸 것이 <그림 2>이다.

북한의 여행금지구역은 획일적으로 정해져 있지 않다. 군사분계선으로부터 2km로 획일적으로 정해져있는 비무장지대의 남방한계선과 북방한계선도 엄격히 지켜지지 않고 있으며, 실제 비무장지대의 폭이 4km가 아닐 뿐만 아니라 곡선이기 때문에 면적 계산도 매우 개략적인 것에 불과하다. 민통선도 군사분계선으로부터 15km로 획일적으로 그어져 있는 것이 아니라 2km내지 15km로 다양하게 설정되어 있다. 더구나 접경지역은 민북지역의 집단취락지역을 포함하고 있기 때문에 민북지역과 접경지역은 중첩되고, 또 민통선이남 20km이내 모든 지역을 접경지역에 포함하는 것은 아니다. 또 해상과 도서에서의 경계선은 육상에서와는 전혀 다르다. 따라서 <그림 2>는 매우 단순화된 그림에 불과하고, 실제와는 많은 차이가 있다.

민북지역에 있는 접경지역과 도서지역까지 포함한 접경지역의 면적은 8,097km²이다. 환경부 토지이용용도 조사에 따르면, 비무장지대는 임야

〈그림 2〉 접경지역 개념별 개괄적 구역 범위

		여행금지선
↕ 18km	여행금지구역	
		DMZ북방한계선
↕ 2km	비무장지대	
		군사분계선(MDL)
↕ 2km	비무장지대	
		DMZ남방한계선
↕ 13km	민북지역	
		민통선(CCL)
↕ 20km	접경지역	
		접경지역남방한계선

75.5%, 초지(草地) 20.3%, 농경지 2.8%, 기타 1.4% 등으로 구성되어 있는데, 비무장지대의 초지는 군사적 관측과 시계를 확보하기 위해 벌목, 벌초, 소각 등에 의한 것이다. 민북지역은 임야 69.1%, 농경지 15.3%, 기타 15.6% 등으로 구성되어 있는데, 민북지역의 농경지는 영농제한의 완화로 확대되고 있는 상황이다. 또 민북지역의 토지 소유자가 뒤늦게 나타난다든지 개척자가 소유권을 주장한다든지 하여 토지 소유와 점유와 관련된 분쟁이 끊이지 않고 있다.

　현행 자연환경보전법 제2조에서는 관할권이 대한민국에 속하는 날부터 2년간의 비무장지대를 '자연유보지역'으로 정하고 있다. 제20, 21, 22조에서 각종 행위와 출입 등을 제한하고 있지만, 제28조에 의하면 비무장지대 안에서 남·북한간의 합의에 의하여 실시하는 평화적 이용 사업과 통일부장관이 환경부장관과 협의하여 실시하는 통일정책관련 사업에 대하여는 그러하지 아니한다고 규정하고 있다.

IV. 외국의 DMZ

1. 전쟁 진행형으로서의 DMZ

DMZ는 전쟁으로 탄생한다. 비무장지대는 종전(終戰)보다 정전(停戰)의 의미가 강하다. 전쟁을 끝내는 과정으로 탄생된다기보다 전투행위를 중지한 채 그 상태를 지속시키는 기능이다.

시리아-이스라엘 사이의 비무장지대도 각 아랍국가가 이스라엘과 체결한 정전협정에 의해 설정된 것이었다. 각 진영은 군대를 철수하여 비무장지대를 설정하였지만, 관할 및 주권 당사국에 합의하지 않아 분쟁 소지를 잉태하였다. 실제로 비무장 된 경작(耕作)행위와 관개(灌漑)작업이 시도됨으로써 상대방의 기존 정착민을 쫓아내기도 했고, 또 어떤 경우에는 상대의 어떤 적대행위에 대해 보복하기 위해 비무장지대 경작으로 상대방의 폭력행위를 유도하여 보복의 빌미를 갖기도 했다. 시리아-이스라엘 간 휴전선은 1967년 6일 전쟁에서 이스라엘이 골란고원(Golan Heights)을 점령함으로써 다시 획정되었고, 1973년 욤키푸르(Yom Kippur)전쟁으로 다시 획정되었다.

베트남의 비무장지대는 1973년 파리 평화협정(peace accord)에서도 언급되었지만, 그 탄생은 1954년 제네바 정전협정(agreement on the cessation of hostilities)을 통해서이다. 1954년 7월 20일 '인도지나(베트남, 캄보디아, 라오스)정전에 관한 제네바협정'이 조인되었고, 7월 21일에 '인도지나에 관한 제네바회의 최종선언문'이 발표됨으로써 8년간의 제1차 베트남전쟁이 종식되었다. 제네바 정전협정이 제대로 지켜지지 않았지만, 비무장지대에 관한 각종 합의는 파리 평화협정 이후에도 더욱 준수되지 않았다.

1954년 베트남 군사정전협정에 따르면, 잠정 군사분계선은 쿠아퉁강 하

〈그림 3〉 시리아-이스라엘 비무장지대

출처: http://www.mideastweb.org/isrsyrarmistice1949.htm

〈그림 4〉 베트남의 비무장지대

출처: http://grunt.space.swri.edu/visit.htm

구에서 하천의 진로를 따르며 보호수 촌락에서부터 라오스 국경선까지는
위도선(대략 북위17도선)을 따랐다. 잠정 군사분계선 양측에 폭 5km이하의
비무장지대를 설정했으며(1조), 모든 군대와 군사시설은 협정 발효 25일
이내에 비무장지대에서 철수하기로 했고(5조), 행정, 구제, 허가된 특수 목

적을 제외하곤 비무장지대의 출입을 금지하였다(7조).

베트남의 비무장지대는 통일로 자연스럽게 소멸되었다. 정전협정과 평화협정에 의해 규정되었지만 그 규정들이 제대로 준수되지 않았던 비무장지대는 그 명칭을 부여한 협정이 폐기됨으로써 오히려 진정으로 비무장지역으로 되었던 것이다.

섣부른 정전협정의 평화협정화가 과연 바람직한 것인지는 시각에 따라 다르다. 베트남이 파리 평화협정 때문에 결국 적화통일 되었으며 이는 베트남에게도 결코 바람직하지 않았다는 주장과, 반대로 남베트남에 의한 통일이 과연 베트남에게도 바람직했을 것인가 하는 의문도 가능하다. 비무장지대의 기능을 보장하지 못하는 평화협정은 평화에 결코 도움 되지 못한다고 할 수 있다.

앞서 언급한 대로 비무장지대는 전쟁으로 탄생한다. 특히 국제전보다 내전(內戰)으로 탄생될 때가 많다. 비무장지대는 국제전 또는 국가 간의 전투행위를 금지시킨다는 취지보다 내전을 중지시키는 성격이 강하다. 왜냐하면 국가 간의 전쟁은 일방의 승리 또는 적당한 선에서의 전쟁종식이 되는 것이지 일시 중지가 매우 드물기 때문이다.

내전의 성격을 대표적으로 보여주는 비무장지대는 콜롬비아의 비무장지대이다. 1980년대부터 여러 콜롬비아 대통령들은 내전을 종식시키려 하였지만 성공하지 못했다. 1998년 새로 선출된 파스트라나(Pastrana) 대통령은 좌익게릴라(FARC: Fuerzas Armadas Revolucionarias de Colombia, Revolutionary Armed Forces of Colombia)와 평화회담을 열어 FARC에게 스위스 영토 크기의 비무장지대를 부여했다. 반군들은 군사훈련, 외부공격, 마약거래, 납치 등을 위해 비무장지대를 활용했다.

2002년 2월 평화회담이 결렬된 직후 비무장지대는 공식적으로 폐지되었다. 비무장지대는 정부군과 반군 간의 군사행위가 없었다는 것이지, 다

〈그림 5〉 콜롬비아의 비무장지대

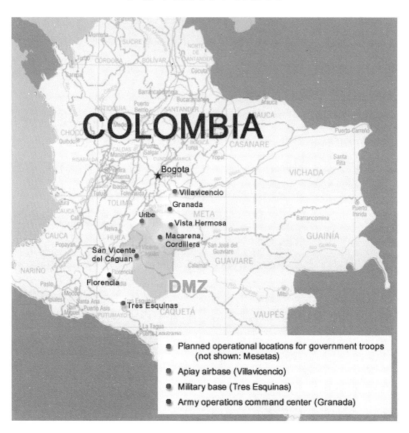

출처: http://nasaa-home.org/AF/new/americas.htm

른 지역에서의 정부군과 반군의 충돌 그리고 비무장지대 내에서의 각종
폭력은 존속하였다. 반군은 납치인사 석방의 조건으로 비무장지대의 존속
을 요구하지만 거부되고 있다.

비무장지대는 당사국 간의 정전협정 외에 유엔에 의해서도 설치되기도
한다. 시리아-이스라엘의 정전협정도 유엔안보리 결의안 62호에 의해 체결

〈그림 6〉 이라크−쿠웨이트의 비무장지대

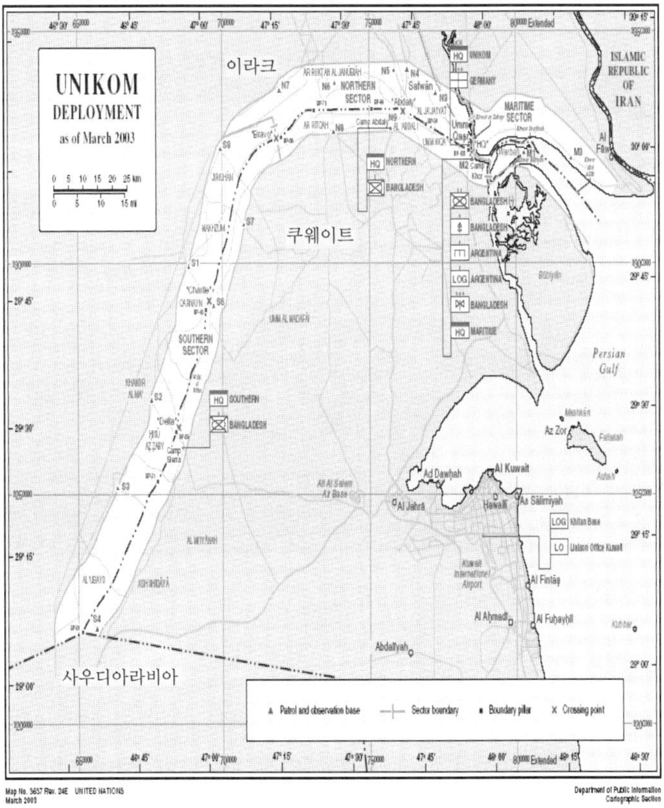

출처: http://www.un.org/Depts/Cartographic/map/dpko/unikom.pdf

된 것이었다. 이라크와 쿠웨이트 간 비무장지대도 마찬가지이다. 이는 이라크의 쿠웨이트 공격 이후 1991년 4월 3일 유엔안보리 결의안 687호에 의해, 이라크지역으로 10km(6마일) 그리고 쿠웨이트지역으로 5km(3마일)의 비무장지대가 만들어졌다. 유엔안보리결의에 의해 유엔감시단(UNIKOM: United Nations Iraq-Kuwait Observation Mission)이 비무장지대에서 감시활동

〈그림 7〉 베트남 비무장지대 국제감시위원회 관할구역

출처: http://www.virtualtourist.com/m/tt/ab27/

을 수행했다.

유엔안보리에 의해 설정된 비무장지대는 유엔안보리 결정에 의해 관리되는 것도 아니다. 오히려 힘의 질서에 의해 좌우된다. 예컨대 2003년 미국의 이라크 공격에서 UNIKOM은 유엔의 결의 없이 비무장지대에서 철수한 바 있다. 쿠웨이트-이라크의 비무장지대 가까이에 "유엔 비무장지대, 미군 진입금지(UN DMZ, US Forces Do Not Enter)"라는 표지판이 있지만(연합뉴스 2003/2/26), 이 표지판이 준수되지 않았음은 물론이다.

베트남 비무장지대도 제3국들이 감시하도록 되어 있었지만 별 효과적이지 못했다. <그림 7>에서 교각의 남쪽 절반은 노란색으로 칠해졌고 북쪽의 절반은 붉은 색으로 칠해졌었는데, 제네바협정 제34조에 의해 강 유역은 폴란드(사회주의국가), 캐나다(자본주의국가), 인도(중립국, 의장국)로 구성된 유엔위원회에 의해 감시되었다. 물론 국제감시위원회는 정전협정 위반을 제재할 아무런 강제력이 없었다. 따라서 비무장지대에 관련된 각종 조항들은 제대로 준수되지 않았었다.

2. 장벽으로서의 DMZ

비무장지대는 군사분계선(MDL)을 포함하고 있으며 이 경계는 곧 분단을 의미할 때가 많다. 1954년 제네바회의에서 베트남이 남북으로 분단되었는데, 6마일 폭의 완충지역이 사실상의(de facto) 국경선이 되었다. 물론 1954년 제네바회의 최종선언문과 1973년 파리평화협정에는 군사분계선이 정치적 또는 영토적 경계선이 아니라 단지 임시적인 것에 불과하다고 기술되어 있지만, 사실상의 국경선이었기 때문에 1954년 베트남 분할경계선에 대한 합의가 쉽지 않았다. 월맹은 분할경계선으로 북위13도선을 주장하였지만 중·소의 압력으로 양보하여 협정체결 수 시간 전에 극적으로 북

〈그림 8〉 1960년경의 동서독경계선

출처: http://www.grenzer.com/Bordmain.htm

〈그림 9〉 1970년대 이후의 동서독경계선

출처: http://www.grenzer.com/Bordmain.htm

위17도선 근방으로 합의하였던 것이다.

독일은 분단국이었지만 그 경계선의 의미는 베트남과 판이하게 달랐다. 전투가 진행되었던 베트남과 달리, 독일은 동서 간의 전투가 존재하지 않았다. 물론 독일도 군사분계선이 있었다. 2차 대전 이후 생긴 베를린의 군사분계선은 전시(戰時) 적대국 간의 경계선이 아니라 전시(戰時) 동맹국 간의 경계선이었다. 같은 동맹국이었던 미(美)·영(英)·불(佛)과 소련 간의 대치였지, 동독과 서독 간의 대치가 아니었다. 굳이 동서독을 대비시키자면 동독의 주민이탈 방지벽이었던 것이다.

동서독 경계선의 실제 모습은 설치 이래 많은 변모를 겪었다. 동시에 그 변경에 드는 비용 때문에 변경되지 않은 경계선들도 있어 다양한 경계선이 관찰되기도 했다. 다양한 경계선은 주로 그 설치 연도에 따라 구분된다. 초기 경계선은 가로로 연결된 철조망이었다. 어떤 곳에는 철사선이 외

줄만으로 쳐진 곳도 있었으며, 1960년대까지 철조망이 아예 없었던 지역도 있었다.

1960년대 후반부터 등장하기 시작한 경계선은 탈출자에게는 공포의 대상이었다. 어떤 지역에는 지뢰가 매설된 이중철조망이었다. 특히 철조망을 잡고 넘지 못하도록 그물을 설치하였었다. 1970년대 초반부터 등장한 경계선은 <그림 9>처럼 3m 높이의 축, 그물, 자동발사 지뢰 등으로 구성되었다. 앞서의 것들보다 탈출하기가 더 어려웠고 그 설치비용도 더 많이 소요되었다.

이 외에 콘크리트장벽도 있었다. 그 대부분 베를린지역에 설치되었던 것이지만, 동서독경계선에도 80km 정도의 콘크리트장벽이 있었다. 4m 전후의 높이인데, 오르지 못하도록 위가 원형으로 처리되었었다. 그 설치비용은 철조망보다 2배 이상 소요되었다.

사실 베를린장벽은 전체 동서독경계선의 1/10 조금 넘는 일부에 불과했다. 하지만 동서독 간의 정치적 경계선은 베를린장벽이었다. 베를린에 장벽이 생기기 전에는 동서 베를린 간에 비교적 자유로운 이동이 가능했으며, 많은 사람들이 동베를린에 거주하면서 서베를린의 직장에 근무하였다. 1960년 말까지 250만여 명의 동독인이 동독을 떠났다. 1952년 동독당국은 베를린을 제외한 동서독 국경지역에서 총기를 사용해도 좋다는 명령을 내렸기 때문에 베를린을 통한 동독 탈출이 많았다. 1949년부터 1989년까지 적어도 943명이 동서독 국경선에서 사살되었으며 그 가운데 764명이 베를린 장벽 건설 이후에 사살 당한 것으로 기록되어 있다. 물론 일부 시체가 아직 확인되지 않았기 때문에 동독경계선에서의 희생자는 950명 내지 1,000명으로 추정되고 있다. 경계선에서의 사살에 대한 비판이 일자, 동독당국은 1984년에 덤덤탄(dumdum bullet) 자동화기를 제거하였고 1985년에는 매설지뢰 대부분을 제거하였다. 통일 이후 나머지 폭발성 물질들이 제거되

〈그림 10〉 동서독 간 콘크리트장벽

출처: http://www.grenzer.com/Bordmain.htm

었다(Pfennig 2001).

독일의 장벽은 동독인들의 서독 행을 저지하기 위한 목적으로 동독 정부가 세운 것이다. 1961년 8월 13일 일요일 아침 세워진 철조망 방벽은 다시 장벽으로 공고화되었다. 베를린 장벽이 세워지기 직전인 1961년 6월과 7월에만 약5만 명의 동독주민이 동독을 떠났었는데, 1962년에는 21,356명에 불과했다. 동독의 고위관료들은 장벽 건립일인 8월 13일을 실질적 건국일이라고 했으며, 사실상 이때 동독이 경제력을 회복하였다

〈표 3〉 동서독 접경의 사상자 현황

접경 유형	1961년 8월 13일 이전	이후	합계
베를린장벽/접경	16	239	255
내독 접경	104	272	376
발틱해	15	174	189
불가리아, 폴란드, 헝가리, CSSR 접경(동독주민에만 해당)	4	43	47
기타 탈출로	0	7	7
탈주방지 업무수행 동독접경수비대	11	16	27
소련 사막	11	10	21
격추 항공기	18	3	21
합계	179	764	943

출처: Pfennig 2001

(Pfennig 2001). 장벽과 더불어 총기사용 허가가 동독의 단기적 체제수호에 도움이 된 것이었다. 동독의 고위관료들은 베를린장벽을 반(反)파시스트 보호벽으로 불렀다. 방벽 붕괴와 총기발사 금지는 곧 동독체제의 붕괴를 의미했다. 1989년 11월 9일 베를린 장벽은 열렸다. 장벽의 붕괴는 외부로부터가 아니라 내부로부터 온 것이었다.

서독에서도 통일의 후유증으로 장벽의 효능에 대한 주장이 있다. "왜 중국인은 늘 싱글거리며 웃고 있나? 그들은 아직도 장벽(만리장성)을 가지고 있기 때문이다"라는 조크가 독일에서 유행하기도 했다(Pfennig 2001). 통일독일 경제의 장기침체 및 사회네트워크의 불안정성 등이 모두 보호막이 없었기 때문이라는 해석이었다.

〈표 4〉 동서독 접경 현황

분계선(루벡만~호프)			1,378.1km
해안경계선(발틱해)			14.9km
합계			1,393.0km
	1979년 말	1985년 7월	1989년 6월
철제방벽(MF)	1,281.3km	1,278.4km	1,265.0km
이중철조망	100.1km	25.2km	-*
전자경보울타리(SF)	1,041.1km	1,193.8km	1,185.7km
- 경비견	-	-	119.4km
- 경비견 수			962
지뢰밭	292.5km	54.5km	-**
자동발사시설(SM 70, NS 501)	393.0km***	-	-
콘크리트슬레이브벽 (경계선근방에만 존재하였으며 배후지역에는 해당되지 않음)	24.8km	29.7km	29.1km
차량 피트	808.3km	837.7km	829.2km
- 포장	551.7km	589.5km	580.1km
종단도로	1,313.0km	1,400.8km	1,339.1km
- 포장	1,215.0km	1,309.5km	-
- SF	-	-	340.7km
발광장벽(아크램프)	271.0km	245.0km	232.4km
경비견	97.3km	128.2km	71.5km
- 경비견 수	996	1,163	886
MF 엄폐호/참호	900	751	425
- 콘크리트 재질	645	552	292
SF 엄폐호/참호	-	-	48
- SF 종단도로	-	-	22
MF 콘크리트 보초탑	665	661	529
SF 보초탑	-	-	49
- 콘크리트 재질	-	-	37
관측포스트(목재 또는 철재)	82	38	155

* 미등록
** 1985년 10월부터는 제거되었음
*** 1983년 8월 31일 당시 약 60,000개의 시설물로 439.5km까지 되었음
출처: Pfennig 2001

〈표 5〉 베를린 장벽과 베를린 외곽의 현황

분계선	동서베를린 43.1km	(서)베를린과 동독 111.9km	합계 155km
	1984년 7월 현재		1989년 7월 현재
파이프라인 덮개의 콘크리트 판넬	112.6km		106.0km
철제방벽	55.0km		66.5km
이중철조망	4.8km		-
가옥잔해	9.0km		0.5km
탱크저지시설물(일부는 5m 깊이)			0.9km
차량저지참호	108.0km		105.5km
접촉경보울타리	124.9km		127.5km
종단도로(6~7m 폭)	123.5km		124.3km
보초탑	285		302
엄폐호	69		20

서베를린에서 관측된 서베를린으로의 탈주 시도와 사상자 (1961년 8월 13일~1989년 11월 9일)	
탈출 성공	5,075
동독 군인	574
체포(관측)	3,245
총상	119
사망	239

출처: Pfennig 2001

분단 독일의 장벽에 비해서 한반도의 장벽은 여전히 두텁다. 독일의 장벽에는 게이트(gate)가 늘 존재했다. 한반도의 경우 DMZ 남방한계선에는 여러 통문(通門)이 있지만 민간인이 드나드는 문은 아니다.

장벽은 분단 그리고 격리뿐만 아니라 보호를 위한 것이기도 하다. 독일 장벽은 동독 당국이 동독인의 서독 행을 억제시키는 역할을 한 것이라면, 한반도의 철조망은 군사적 목적을 위한 것이다. 지뢰의 경우도 마찬가지이다. 독일의 경우 지뢰는 동독주민의 서독으로의 탈주를 막기 위해 자기 경계선에 설치한 것이었다. 즉 내부의 이탈을 막기 위한 것이었다.

완충의 의미는 상대국에 대한 것인데, 독일의 경우는 그렇지 않기 때문에 완충이라는 의미는 없었다. 특히 서독의 경우에는 그러한 지대 자체가 존재하지 않았던 것이다. 반면에 전쟁의 경험이 있는 한반도의 경우는 상대방의 무력도발을 억제하기 위한 것이다.

무력충돌은 늘 비무장지대에서 시작되는 것도 사실이다. 일반적으로 무장화가 많이 된 곳에서는 무력충돌로 되는 것이 억제되기도 한다.

시리아와 인접한 이스라엘 북부지역 그리고 이집트와 인접한 이스라엘 남부지역에 설정된 비무장지대도 이스라엘이 농업용으로 비무장지대를 사용하는 것에 대해 시리아가 무력 제지하고, 이에 대해 이스라엘이 보복함으로써 1967년의 6일 전쟁으로 비화되었던 것이다. 비무장지대가 1949년 7월 20일의 이스라엘-시리아 정전협정에 따라 설정되었지만 쌍방이 군대의 완전철수를 하지 않았기 때문에 비무장지대 조항은 잘 지켜지지 않았다. 현재 중동의 비무장지대는 사실상 경계의 의미를 상실하였다고 할 수 있을 정도이다.

한반도의 비무장지대를 중(重)무장지대라고 하지만, 그 정도는 외국의 사례와 비교하면 덜 그렇다고 말할 수 있다. 베트남 등 외국의 비무장지대는 명칭이 잘못된 것으로 다른 지역보다 오히려 전투가 많이 행해졌던 곳이다. 이에 비한다면 한반도 DMZ는 제 기능을 한다고 할 수 있다.

3. 통일 후의 DMZ

독일의 경우 접경협력은 상호협력이라는 용어를 사용하기에는 부적절한 정도로 서독의 일방적 지원 성격이 강했다. 물론 동서독 교류협력이 서베를린의 생존 차원에서 서독으로부터 170km 떨어진 서베를린을 연결하는 자유통행로를 확보하기 위해 추진되었던 측면도 많다. 서독정부는 통행료 일괄지불, 조세지원, 교통로 건설/유지/보수비용 지불 등을 제공하였으며, 동독정부는 산재연금 수령자의 동독방문 시 최소 환전 면제, 정치범 석방, 유로 수표와 신용카드의 도입 등을 제공하였다(강정모·박원규 2002).

또 연결기반 조성 외에 동서독의 접경지역협력은 재난에 대비한 협력체제구축과 자원 공동 관리이다. 기본조약에 의해 국경위원회(Grenz-kommission)를 설치하여 홍수, 화재, 산사태, 전염병, 병충해발생, 환경오염 등에 대하여 밀접한 정보교환체계를 구축하여 공동으로 대응하고 지하자원도 공동으로 관리하기로 합의하였다.

물론 서독의 일방적 협력은 동독이 서독을 무력으로 침공하지 않을 것이라고 믿었던 신뢰관계에서 가능했음은 물론이다.

독일의 통일 전 접경지역지원정책은 반드시 분단이라는 것에 국한되지는 않는다. 서독 접경지역의 범위는 내독 간 국경(1,393km)뿐만 아니라 체코와의 국경(358km)과 북동해안선(384km)을 따라 설정되었는데 주로 발전되지 못한 외곽지역을 중심으로 추진되었다. 한국의 경우는 독일보다도 훨씬 심한 군사적 대치이기 때문에 군사시설보호에 묶여 재산권을 행사하지 못하는 상황을 고려해야 할 것이다.

통일 후 동서독 간의 콘크리트장벽은 철저히 파괴되었다. 잔해는 대부

〈그림 11〉 동서독 경계선의 잔해들

출처: http://www.grenzer.com/Bordmain.htm

분 도로건설에 사용되었고, 나머지는 기념으로 보관되거나 외국으로 보내어졌다. 판매된 잔해 기념품 일부는 가짜이다(Pfennig 2001). 장벽은 관광목적으로 다시 건설되기도 했다.

베를린장벽은 도시 심장부에 있어 고가(高價)의 부동산이기 때문에 보존이 쉽지 않았다. 서베를린을 둘러싼 지뢰밭은 제거되었고, 동독국경수비대의 차량통행을 위한 도로는 사이클트랙, 스케이트트랙, 산책로 등으로 활용되고 있다. 경계선 대부분이 사라졌지만 그 흔적은 찾을 수 있다. 베를린 2개(Museum Haus am Checkpoint Charlie와 Parlament der Baume, Schiffbauer-Damm)를 비롯한 28개 지역에 내독접경박물관을 설치하여 운영 중이다.

베트남의 비무장지대는 밀림이었으나 전쟁을 통해 특히 미군이 시야확보를 위해 대량의 소이탄(napalm)과 제초제를 투하하였었다. 오늘날에도 산림이 아직 울창하지 못하다. 지뢰도 완전히 제거되지 못했다. 미군 폭격을 피하기 위한 목적으로 축조했던 여러 땅굴 가운데 어떤 땅굴에서는 월맹군과 베트콩이 4년 동안 숙식을 한 곳도 있다. 이제는 베트남 땅굴은 관광용으로 활용되고 있다. 비무장지대에 있는 땅굴(Vinh Moc Tunnel)은 베트남 남부에 있는 쿠치(Cuchi) 땅굴과 달리 전투 목적보다 주로 주거 목적으로 사용되었었다. 200명의 사람들이 주거하였었는데 600명 가까운 사람들이 거주한 적도 있으며 2년 동안 17명의 아이가 태어난 곳이기도 하며, 동시에 마지막 폭격에서 150명의 사람들이 매몰된 곳이기도 하다.

미국이 자본주의경제를 수호한다는 대의명분하에 베트남전쟁에 개입하였으나 패배하였다. 그러나 통일베트남은 오늘날 자본주의를 받아들이고 있다. 미국은 사회주의에 패배한 것이 아니라 민족주의에 패배한 것이다. 부정부패가 많은 쪽이 패배하는 것은 역사적 사실이기도 하다.

V. 비무장의 심화와 확대

남북한 접경, 나아가서 한반도 전체와 동북아 전체의 평화와 번영을 위해서는 현재 남북한 접경지역에 관한 기존 개념과는 다른 새로운 개념을 모색해야 한다. 정전협정에 의한 비무장지대 개념은 남북한 간의 협력·화해와는 거리가 먼 유엔사(미군)와 북한 간의 관계를 설정하는 성격이 강하고, 접경지역지원법에 의한 접경지역 개념도 북한과의 아무런 관계가 없고 남한 내부의 일로만 인식되는 것이다.

비무장지대는 일종의 장벽으로 둘러싸여 있다. 장벽은 교류를 방해하기 때문에 비난받고 있다. 반면에 담이 보호막으로 될 때도 있다. 동독의 고위관료들은 베를린장벽을 반(反)파시스트 보호벽으로 불렀고, 서독에서 통일의 후유증으로 장벽의 효능에 대한 주장도 있었다. 즉 비무장지대라는 장벽 때문에 역설적으로 생태환경 보존과 전쟁 억지가 이루어진 측면도 있다.

한반도의 비무장지대는 여러 역기능에도 불구하고 순기능도 존재하고 있다. 적어도 전쟁이 재발되지 않았으며 생태계도 적정 수준 보존되었다. 비무장지대의 역기능을 억제하고 순기능을 활성화시키기 위해 비무장지대의 심화와 확대가 필요하다. 비무장지대뿐만 아니라 일정 규모로 무기 배치를 제한하는 지대와 장거리화기 배치를 제한하는 지대를 운용한 이스라엘-이집트 간의 시나이협정도 그러한 예이다.

무장화는 인구 희소성을 가져다주기도 하는데, 대표적인 예가 지뢰이다. 지뢰는 남북한의 상호교류를 억제하는 면이 있지만, 다른 한편으로는 무차별 개발을 억제하는 면도 있다. 지뢰밭은 전쟁도발과 난(亂)개발을 억제하였는데, 적어도 자율적으로 평화와 자연을 보존하지 못하는 상황에서는 효과적이었다. 즉 무장화가 사람들의 접근을 차단하여 생태 보전에 긍정적 영향을 주기도 하였다. 하지만 궁극적으로 무장화는 긴장해소는커녕 긴장을 높이는 대표적인 요인임에는 틀림없다.

비무장지대의 긴장완화적 기능을 극대화시키고, 접촉억제적 기능을 극소화시키는 노력의 일환으로 기존 합의를 철저히 준수하는 것이 필요하다. 비무장지대의 부정적인 요소도 합의사항을 지키지 않았기 때문에 발생한 것이지, 합의사항을 지켰기 때문에 발생한 것은 아니었다.

비무장지대는 비무장지대의 본래 취지에 맞게 재조정되어야 한다. 비무장지대가 진정한 의미의 비(非)무장지대가 되어 군인은 국경관리인의 기능을 하는 것이 남북한 쌍방에게 이익이 된다. 군사대결의 긴장을 조금이라도 완화시키기 위한 목적의 비무장지대는 무장해제가 될 때 그 존립근거가 인정된다. 반대로 중(重)무장화된 비무장지대는 비무장지대의 존립근거를 위협하는 최악의 상황이다. 전쟁억지라는 상호이익이 실현되기 위해서는 비무장지대를 이름 그대로 비무장하여 화력을 후방으로 배치해야 한다.

군사적 차원의 비무장지대 확대도 필요하다. 1953년 7월 26일 열린 휴전협상 제10차 회의에서 공산측은 비무장지대를 38선에서 쌍방 10km로 할 것을 제의한 적이 있으며, UN측도 7월 27일 제11차 회의에서 비무장지대를 당시 전선으로부터 20마일로 할 것을 제안하였었다(이문항 2001). 즉 쌍방이 비무장지대 효과의 실제적 발효를 위해 지금보다 더 넓은 폭을 구상했던 것이었다.

남북한 쌍방은 상대방의 화력이 전진 배치되어 있고 따라서 기습공격(surprise attack)을 크게 우려하고 있다. 전진 배치된 군사력은 상대를 기습공격하기에는 유리하지만, 상대의 선제공격에도 그만큼 취약하다. 전쟁승리에는 도움이 될지는 몰라도, 상대방 도발에 적절하게 대응하는 억지(deterrence)와 방어(defense)에는 그렇게 도움이 되지 않는다. 반면에 후방 배치된 군사력은 상대를 기습 공격하는 기동력은 떨어지지만, 상대의 선제공격에 살아남아서 상대에 반격하는 이차공격력(second-strike capability) 면에서는 오히려 유리하다. 접경지역의 화력을 후방으로 이동시켜야 한다(김재한 1996). 물론 북한은 이에 찬성하지 않을 수 있다. 후방 배치한 이후의 상대에 대한 위협 정도는 북한이 더 감소할 것이기 때문이다.

오늘날 남북한 접경지역에 대한 여러 제안들이 많은데, 가장 많이 사용되고 있는 용어가 '평화'인 듯하다. 평화에 대해 싫어할 사람은 아무도 없겠지만, 평화라는 용어에 대한 해석은 다양하다. 남북한이 서로 다른 의미로 말하기도 하며, 심지어 남한 내부에서도 서로 다른 의미로 해석하기도 한다. 또 평화지대라는 개념도 이미 많은 사람들이 서로 다르게 사용하고 있기 때문에 혼선을 야기할 수 있다.

비무장화는 소극적 의미의 평화에 불과하다. 무기만을 줄이는 것이지, 적대감을 줄이는 것은 아니다. 하지만 당장 적극적 의미의 평화가 불가능한 상태에서 소극적 의미의 평화를 취할 수 있음에도 불구하고 적극적 의미의 평화만을 추구하는 것은 이념적으로 너무 한 쪽으로 치우친 태도이다.

진정한 비무장이야말로 평화의 필수적이고 핵심적인 구성요소이다. 민

〈그림 12〉 한반도 비무장지대 개편안

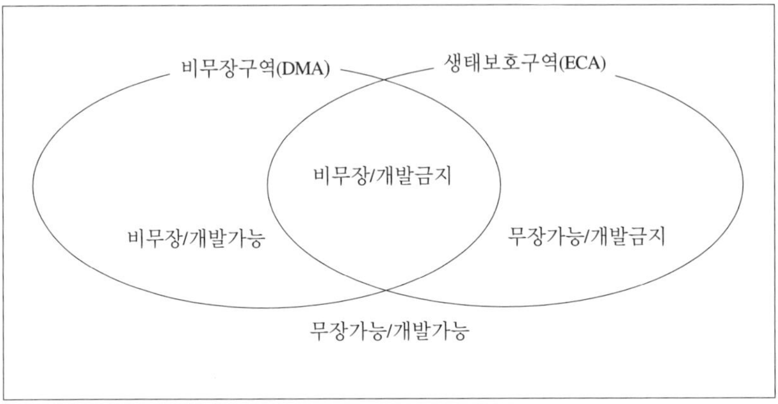

비무장구역(DMA)　　　　생태보호구역(ECA)

비무장/개발금지

비무장/개발가능　　　　무장가능/개발금지

무장가능/개발가능

통선북방지역을 포함한 접경지역을 비무장지대처럼 휴대무기에 제한을 가함으로써 비무장지대의 확대가 가능하다. 비무장화의 확대는 우발적인 단순 충돌이 전쟁으로 치닫는 것을 막을 수 있다.

금강산 육로관광 도로 및 경의선 개설에 대해 남북한 군부는 적극적 찬성을 보내지 않았다. 비무장지대의 도로 관통이 안보의 취약성을 증대시킨다는 이유에서이다.

비무장지대의 개방을 안보적인 측면에서 더 취약하게 만드는 것은 바로 비무장지대의 남·북방한계선에 배치된 중(重)화력 때문이다. 만일 전력을 후방 배치한다면, 이러한 취약성은 크게 감소할 것이다. 즉 비무장지대의 개방을 가져오기 위해서라도 비무장구역의 확대가 필요하다.

접경지역의 긴장을 완화시키기 위해서는 남북 직접교류, 더 많은 인구, 비무장화가 필요하며, 반면에 접경지역의 생태를 보전하기 위해서는 무조건적인 비무장화보다 출입제한과 같은 인구 희소성을 유지하는 것이 필요하다. 이것이 접경지역의 딜레마이기도 하다.

<그림 12>는 비무장구역(DMA)과 생태보호구역(ECA)의 두 개념을 이용

하여 접경지역을 4개 구역으로 구분한다. 비무장 생태보호 구역, 비무장 개발가능 구역, 무장가능 생태보호 구역, 무장가능 개발가능 구역 등이다 (김재한 외 2002).

여기서는 비무장구역(DMA: De-Militarized Area)이라는 용어를 사용하고 자 한다. 비무장지대(De-Militarized Zone) 개념은 이미 고유명사화 되었으며 또 여기서 말하고자 하는 비무장구역 개념과는 다르기 때문이다.

생태보호구역(ECA: Eco-Conservation Area)은 환경생태뿐만 아니라 문화 유적도 보전하는 지역이다. 개발에 반대하는 사람들은 접경지역의 개발이 곧 난(亂)개발이자 남용이며 따라서 사람의 발길을 끊는 것이 낫다는 입장 이고, 반면에 개발을 옹호하는 사람들은 보존이 곧 방치이며 적절한 개발 이 오히려 올바른 국토이용이라는 입장이다. 또 민간인의 접근을 금지한 군사시설이 생태환경을 보전했다는 주장과 반대로 훼손했다는 주장이 대 립하기도 한다. 실제로 촌락이 전혀 없는 지역에서 아사(餓死)하는 야생동 물의 개체수가 많고, 또 조류를 비롯한 야생동물들이 민가 근처에만 서식 한다. 하지만 전체적으로 볼 때 분명한 것은 사람들이 많으면 생태환경에 도움 되지 않으며, 남용된 개발보다는 차라리 방치된 보존이 보존에 더 가 깝다는 것이다.

생태보호구역에서는 출입금지를 원칙으로 하지만, 환경생태, 역사유적, 한국전 사망자 시신, 전쟁과 분단 유물 등에 대한 남북한 공동 조사·관리 그리고 솔잎혹파리, 말라리아, 광견병 등에 대한 남북한 공동방제에 국한 하여 출입을 허용한다.

무장가능 생태보호 구역은 현재의 군사시설보호구역 가운데 생태환경 이 잘 보전되어 있는 지역에 해당한다. 반면에 무장가능 개발가능 구역은 군사시설을 비롯한 각종 시설로 생태환경이 훼손된 지역에 해당한다.

비무장구역도 개발이 가능한 구역과 개발이 금지된 구역으로 구분된다.

비무장구역은 생태보호 구역이든 개발가능 구역이든 모니터링을 허용해서 비무장여부에 대한 철저하고 투명한 감시를 실시한다.

먼저, 비무장 생태보호 구역은 무장과 개발을 동시에 금지시키는데, 사실 인간의 출입과 무기 소지가 엄격히 통제되는 전형적인 비무장지대가 이 구역에 해당되어야 하나, 현재의 비무장지대에서는 목초를 소각하거나 벌채하고 있기 때문에 엄밀한 의미의 비무장 생태보호 구역은 아니다. 비무장 생태보호 구역의 조건을 충족시키기 위해서는 자연훼손을 금해야 한다.

이미 환경파괴 된 비무장지대 지역은 비무장 개발가능 구역의 범주에 포함될 수 있다. 하지만 환경파괴여부가 개발가능 구역 포함여부의 판단기준이 되어서는 아니 된다. 다시 말해서 비무장 개발가능 구역은 환경보전의 절대적 가치보다 남북한 협력이라는 가치에 더 기여할 수 있는 구역으로 각종 시설과 이용을 허용하는 구역이다. 남북한의 실질적 협력 공간은 이 비무장 개발가능 구역에서 설정될 수 있다. 경의선과 금강산육로도 모두 이 구역에 해당한다. 이 비무장 개발가능 구역에서는 무기 비소지자의 출입이 자유롭다.

이러한 구역 구분은 개별 지역 사정뿐만 아니라 전체 지역들과 조율되어야 한다. 생태보호는 띠(벨트)로 접근해야 하고 군사시설은 거점 위주로 접근해야 하는데, 현재는 반대로 접근되고 있는 실정이다.

절대보전의 핵심(core)지역을 중심으로 외곽의 완충(buffer)지역과 전이(transition)지역을 설정하는 방식은 권역 단위로 접근되기가 쉽다. 무장구역이든 비무장구역이든 생태보호 구역은 전체가 선으로 연결되게끔 생태연결로(eco-route)를 만들어야 할 것이다. 비무장지대가 지금껏 생태 복원과 보전이 비교적 잘 된 것도 바로 연결로라는 이유 때문이다. 비무장지대 일원에 지정예정인 '접경생물권보전지역' 자연생태공원도 띠의 개념으로 설정되어야 할 것이다.

군사안보와 지역개발도 벨트로 접근되기도 한다. 다만, 생태보호가 동서 횡단의 축으로 추진되어야 한다면, 개발은 남북 종단의 도로로 추진되고 군사안보는 화력과 병참의 거점 간 연결선으로 방어망과 저지선이 결정되는 것이다.

남북한이 구역을 설정할 때에는 기존의 비무장지대를 절대적으로 받아들이지 않고 각각 군사분계선(MDL) 이남과 이북만을 관할하되, 자신이 관할하는 구역 내에서 기존의 비무장지대 일부와 민북지역 일부의 기능을 맞바꾸는 것도 가능하다. 물론 상대방의 구획과 연계하여 자신의 구획을 설정해야 할 것이다.

만일 그러한 구획설정에 남북한 간 합의가 성사되지 않으면, 먼저 각 구역의 면적만 남북한이 합의하고, 다음으로 그 책정된 면적을 자국 관할 내에서 배분하는 구체적 구획설정은 각자가 알아서 결정하고 상대방에게 통보만 해 주는 것도 가능하다. 각자 군사전략적 측면에서 무장구역과 비무장구역을 구분·설정하며, 또 생태적 가치가 높은 지역 또는 현재 69㎢에 이르는 미확인 지뢰지대 가운데 지뢰제거가 어려운 지역을 생태보호구역으로 하고 그렇지 않은 지역을 개발가능구역으로 설정할 수도 있을 것이다.

또 상대방 구획을 임대하는 방안도 있다. 남북이 합의하여 상대방의 특정지역의 비무장을 실현시킬 수도 있을 것이다. 북한은 남한의 특정 지역을 임대하지 않고 북측 지역만 임차하여 수익을 얻을 수도 있다. 북한의 특정 지역을 안보상 비무장을 시키거나 생태보전을 시킬 필요가 있다면 그 지역을 임대하여 해당 비무장구역 또는 생태보호구역으로 지정하는 방안이다. 그 경우에는 최소한의 관리·감시 인원이 파견될 수 있어야 한다. 임대비용은 금강산관광사업에 소요되는 비용보다 훨씬 적게 들 것이다. 접경지역의 생태보호에 대해 많은 논의가 있음에도 불구하고 북측의 생태보호에 대해선 전혀 언급할 수 없는 것이 지금의 현실인데, 통일 이후를 고려한다면 북한의 생태보존에 대해 많은 노력이 필요하다.

이러한 면적단위의 비무장구역 증대와 생태보호구역 신설은 군사분계선에서 일괄적으로 2km, 10km, 20마일 등 일정 거리 후방으로 물러나는 방안보다는 복잡하지만 상대적으로 더 현실적이고 효과적인 방안이다. 남북관계의 진전에 따라 구획이 재조정되고 합의하에 증감이 될 수 있음은 물론이다.

사실 구획 설정은 해당 지역주민의 입장에서는 규제를 받는 것으로만 인식되지 새로운 기회를 제공받는다고 인식되지 않는다. 위대한 자연유산을 물려받았는데 이 유산이 부귀영화(富貴榮華)의 수단이 되지 못하고 오히려 구조적 빈곤(貧困)의 빌미가 된다는 피해의식을 해소시켜야 할 것이다. 무장구역 또는 생태보호구역으로 설정된 토지는 다른 보상수단이 없으면 적절한 가격으로 정부가 매입해야 할 것이다.

이상의 구역설정이 가능하기 위해서는 50년 역사의 정전협정을 대체하는 새로운 평화협정이 있어야 한다. 일방의 출입인원을 1,000명으로 제한하는 정전협정 규정은 경의선만 개통되어도 문제가 될 수 있으며, 구획 자체가 바뀌기 때문에 새로운 협정이 필요한 것이다.

이렇게 개방된 비무장지대에 행정적 기능의 소규모 시설을 설립하는 것이 비무장지대의 평화적 이용이다. 비무장지대에 국제기구의 사무국을 설치하는 것은 비무장화에도 큰 도움이 될 것이다. 진정한 동북아평화공동체가 되려면 제도화가 되어야 하고, 제도화의 대표적 모습은 사무국 존재이다(김재한 2005a). 비무장지대에 여러 동북아 다자기구의 사무국들을 유치하는 것은 동북아공동체 추진에 있어서 한국의 중추적 역할을 제고시킬 수 있다. 가장 불안정한 지역에 평화공동체의 사무국을 설치하는 것이다. 정규적인 북핵6자회담, 동아시아정상회의(EAS), 아세안지역포럼(ARF) 등의 사무국을 설치함으로써 한반도의 안정에 기여할 수 있다(김재한 2000a; 손기웅 2004).

사무국 설치 이전 단계로 비공식적인 동북아다자간안보협의체 회의를 개최하는 것이 도움이 될 것이다.

VI. 초(超)DMZ

1. DMZ 영공의 의미

DMZ는 금단(禁斷)의 땅이라고 일컬어진다. 하지만 하늘은 조금 다르다. 먼저, DMZ영공에는 새가 자유롭게 넘나들고 있다. 새들은 DMZ를 자유롭게 들어갈 수 있을 뿐만 아니라 DMZ북방한계선을 넘어 북한 지역으로도 들어갈 수 있다. 비무장지대라 밀렵도 불가능하기 때문에 안전하기도 하다.

DMZ에서 관찰되는 상징적 조류는 두루미이다. 파주시 군내면 조산리 대성동, 판문점일대, 철원군 철원읍 대마리, 동송읍, 강화도 화도면 여차리, 길상면 선두리 해안갯벌 등은 두루미의 대표적 월동지다. 세계에 개체수가 2,000마리 미만으로 알려진 가운데 철원평야를 찾는 수가 2002년 초의 국립환경연구원의 조사에 따르면 처음으로 500마리를 넘었다. 아이스크림고지 주변 243마리, 유곡리 도창리 일대 133마리, 대마리 초소 안쪽 100마리, 백마고지 71마리 등이었다. 재두루미도 전 세계의 6,000마리 가운데 879마리가 철원지역에서 월동하는 것으로 조사되었다.

천연기념물 제243호 독수리도 DMZ 인근지역에 월동하고 있다. 2002년 12월 21일 문화재청의 개체 수 조사에 의하면 전국의 월동 독수리 개체 수는 1,236마리로 2000년 12월 23일의 환경부 국립환경연구원 조사 때의 837마리보다 증가한 수치다. 파주시 적성면 장단반도와 문산읍, 철원군 및 양구군 방산면 현리 선안 지역이 대표적 월동지다. 또 고성군에도 흑고니와 쇠가락갈매기가 월동한다.

DMZ의 인접지역의 철새하면 겨울철새를 떠올리는데, 사실 여름 철새들도 있다. 남대천 주위에 천연기념물 제323호 황조롱이를 비롯한 수십여 종의 여름 철새가 발견되고 있다.

생명체가 아닌 비행기도 DMZ 영공을 지날 수도 있다. 현재의 남북한 직항로는 DMZ 상공을 경유하지 않는다. DMZ 인접지역의 비행기하면 U-2기와 같은 정찰기가 떠오른다. 최대 고도 27,000m에서 최고 시속 692km로 임무수행이 가능한 U-2기는 DMZ 24km 상공을 동서로 운항하면서 DMZ 북쪽 40~100km 지역에 대해 사진촬영과 통신감청의 임무를 수행하는 것으로 알려져 있다.

전파도 DMZ 영공을 자유롭게 지난다. DMZ의 대남(對南)방송과 대북(對北)방송은 상대의 방해 전파에도 불구하고 DMZ를 통과하고 있다. 대남방송·대북방송뿐만 아니라 진정한 의미의 남북한 방송개방은 DMZ 영공을 통과할 것이다.

2. DMZ 영공의 속성

하늘의 DMZ 속성은 다음과 같다. 첫째, 직접성과 초(超)경계성이다. 남북한관계를 보면 아직까지 간접적인 교류에 불과하다. 사업의 당사자들은 직접 교류라고 강변할지는 몰라도 직접성과 상호성이 부족한 실정이다. 뭍이라는 것은 아직도 대량으로 깔려있는 지뢰를 염두에 둔다면 매우 제한된 교류일 수밖에 없다. 물 특히 바다를 통한 교류는 그 자체가 간접적이기 때문에 직접성이 부족한 것은 당연하다. 반면에 DMZ상공은 남북한 직접교류의 잠재적 현장이라고 할 수 있다.

양양과 선덕 간의 동해 직항로는 한반도에너지개발기구(KEDO)와 북한 간의 합의에 의해 이뤄진 것이었다. 하지만 현재의 남북한직항로는 DMZ 영공을 지나지 않는다. 남북한직항로는 DMZ 하늘길을 바로 지나는 연결의 길이 되어야 할 것이다.

DMZ상공뿐만 아니라 다른 지역의 북한 영공도 잘 개방되어 있지 않아 비효율적 교류가 되고 있다. 기존의 허가 노선도 허가 기종이 아니면 통과가 되지 않고 있다. 인천공항과 블라디보스토크공항 사이를 오가는 여객기는 북한의 비행정보구역(flight information region)을 통과하고 있는데, 활주로의 접촉사고로 여객기가 대체되었지만 편명 변경을 제대로 통보하지 못해 블라디보스토크에서 바로 오지 못하고 일본을 경유해 인천공항으로 온 2002년의 사건도 그러한 비효율의 예였다.

자유는 경계선을 초월할 때 이루어지는 경향이 강하다. DMZ를 생태적으로 접근하는 사람들은 초경계(trans-frontier)라는 개념을 사용하고 있는데(Westing 2001), 경계를 초월하는 것은 땅이나 물보다 하늘임은 말할 나위가 없다. 하늘의 DMZ는 가시적으론 경계선이 명확하지 않다고 말할 수 있다.

경계선이 불확실한 하늘의 DMZ는 공공재(public goods)적 특성을 지닌다. 즉 DMZ영공의 가치를 함께 향유하는 것이지 누가 누구를 배제할 수 없다. 즉 글로벌 가치다. 한반도 DMZ에서 전쟁이 일어나면 미국과 중국의 개입으로 이른바 제3차 세계대전의 가능성도 높다. 즉 한반도 DMZ의 평화는 남북한뿐만 아니라 전(全)인류적인 가치이기도 하다.

공공재는 비(非)배제성을 지니지만 동시에 상호영향을 준다. 먼저 음(陰)의 상호관계다. 두루미의 경우 다른 월동지(越冬地)가 파괴되면 DMZ에 더 많은 개체수가 월동한다. DMZ 인근 지역에 두루미와 독수리 등이 증가하고 있는 것은 러시아, 중국, 몽골의 서식환경이 나빠졌기 때문이며, 또

DMZ 지역의 재두루미의 월동 개체 수 증가도 한강의 월동 환경이 나빠졌기 때문이다. 다른 지역의 서식지가 파괴되면 될수록 한반도 DMZ의 중요성은 더욱 증대되는 것이다.

반면에 양(陽)의 상호관계도 있다. 겨울철새들이 여름을 나는 지역의 번식환경이 파손되면 그만큼 개체 수 자체가 줄어들어 겨울에 DMZ를 찾는 개체 수도 준다. 그래서 CITES(멸종위기에 처한 야생동식물종의 국제거래에 관한 협약), RAMSAR협약, 한러철새보호협정(1994), 한일철새보호협력회의(1996~현재), 한중철새도래서식실태조사(1996) 등이 추진되어 왔다. 이러한 양의 상호관계는 후술할 네트워크성의 기본 전제다.

군사력도 마찬가지다. 유사시가 아닌 평시에도 남한의 체공(滯空) 전투기 수와 북한의 체공 전투기 수는 매우 밀접히 관련되어 있다.

이처럼 하늘 DMZ의 초경계적 특성은 직접성을 더욱 용이하게 하고, 동시에 자연스럽게 네트워크적 특성을 가져다준다.

둘째, 네트워크성이다. DMZ는 한반도의 허리이자 동북아의 허브(hub)로 거론되기도 한다. 허리는 상체와 하체의 연결부위이며, 허브는 바퀴 가운데 즉 바퀴 살이 모여 있는 곳을 말한다. 진정한 의미의 허브는 변방과 연결되어야 한다. DMZ가 허브의 역할을 하기 위해서는 무엇보다도 네트워크(network)가 존재해야 한다.

하늘의 DMZ는 네트워크라는 특징을 지닌다. 특정 지점의 존재를 그것만 가지고는 이해할 수 없고 다른 지점과 실처럼 연결되는 망(網)으로 이해해야 하는 것이다.

민간항공기 항로야말로 네트워크공학에 의해 운영되는 것이다. 미사일, 야포, 함포, 전투기, 폭격기 등 모든 것이 선(線)으로 표시될 것이고, 워게임 자체가 시계열(time-series)적으로 시나리오(scenario)식으로 모델링되고 있으며, 실제 현대 전쟁에서도 병참(logistic)이 중요하고 그 병참도 매우

로그(log)곡선(曲線)적이다.

　DMZ지역에서의 조류의 경우도 총 417종의 관찰조류 가운데 약 79%인 291종이 철새다. 순수토종의 비율이 낮다. 철새가 많다는 것은 그만큼 DMZ의 생태도 다른 지역과 연관되어 있다는 의미이다.

　두루미의 명칭을 보면 여러 지역에 걸쳐 있음을 짐작할 수 있다. 두루미의 학명은 그루 야포넨시스(*Grus japonensis*)라 하여 일본을 원산지명으로 표기하고 있다. 일본두루미(*G j japonensis*)와 판문점두루미(*G j panmunjomii*)를 구분하는 사람도 있지만, 동일한 종으로 이해되고 있는 듯하다. 또 두루미를 일반 영어로는 만주두루미(Manchurian crane)라고 칭하기도 한다. 즉 두루미의 명칭만 보아도, 두루미가 일본, 중국, 몽골, 한국 등으로 하나의 네트워크를 형성하고 있음을 알 수 있다.

　두루미 명칭과 관련하여 재미있는 사실은 지역과 문화에 따라 동일한 종을 부르는 기준이 다르다. 네트워크적이지만 그렇다고 동질적이지만은 아닌 것이다. 두루미(red-crowned crane), 재두루미(white-naped crane), 깃털두루미(blue crane), 검은목두루미(common crane), 흑두루미(hooded crane), 검은꼬리두루미(black-necked crane), 관머리두루미(black crowned crane), 흰볼관머리두루미(grey crowned crane) 등 두루미류의 한글 명칭과 영어 명칭을 비교해 보면, 그 지역에 흔한 종을 먼저 기준으로 한 후 나머지 종의 명칭을 부여하는 것을 알 수 있다. 우리의 경우 두루미를 기준으로 명칭이 부여되는 경향이 있는 반면, 영어권에서는 검은목두루미(*Grus grus*, common crane)를 기준으로 하는 경향이 있는 듯하다. 그렇다보니 우리의 경우 몸 색깔을 중요시 여긴다면, 영어권에서는 몸의 색깔보다는 머리, 목, 꼬리 등의 색깔을 중시여기는 측면도 있다. 특징을 추출하다보면 그 특징은 비교기준에 따라 달라질 수밖에 없는데, 이처럼 네트워크성의 이면에는 토착성(土着性)이 자리하고 있는 것이다.

〈그림 13〉 인공위성 추적에 의한 두루미류의 이동경로

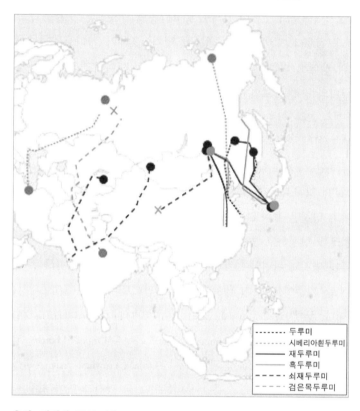

	두루미
	시베리아흰두루미
	재두루미
	흑두루미
	쇠재두루미
	검은목두루미

출처: 김진한 2001, 26

　비무장지대에서 월동 또는 중간기착하는 두루미는 1,000km 가까운 거리를 이동한다. <그림 13>은 인공위성을 이용하여 추적한 두루미류의 이동경로다. 두루미는 월동지역으로, 재두루미와 흑두루미는 월동지역 또는 중간기착지로 DMZ 지역을 활용하고 있다. 시베리아흰두루미, 검은목두루미, 쇠재두루미, 캐나다두루미 등은 비록 그 관찰 개체수가 1~2개체에 불과하지만 철원지역을 중간기착지로 이용하는 것으로 관찰되고 있다.

이동성 조류는 국경을 넘어 이동하므로 국가 간 협력이 절대적이다. DMZ지역의 상징적 철새인 두루미를 멸종위기에서 구하기 위해서는 번식지, 월동지, 통과지 모두를 포함한 지역의 공동 노력이 있어야 가능하다. 이동경로 가운데 한 곳이라도 문제가 발생하면 곧 전체 네트워크에 문제를 일으킨다.

1996년 3월 동아시아대양주도요새보호네트워크(East Asian Australasian Shorebird Reserve Network)가 창설된 이래 동북아두루미도래지네트워크(North East Asian Crane Site Network)와 동아시아수금류(오리·기러기)도래지네트워크(East Asian Anatidae Site Network)가 각각 1997년과 1999년 설립됨으로써 이동성물새류를 보호하기 위한 네트워크가 시도되고 있다.

먼저, 도요새 네트워크는 동아시아-호주 간을 이동하는 도요새를 보호하기 위하여 1996년 3월 호주 브리스번 제6차 람사협약 당사국회의에서 발족된 국제 네트워크다. 10개국이 참여하였는데, 한국은 1997년 5월에 동진강하구(150ha) 1개소에 대한 가입기탁서를 제출한 바 있다. 수금류 네트워크는 동아시아지역의 오리, 기러기, 고니류 보호를 위해 1999년 5월 코스타리카 제7차 람사협약 당사국회의에서 6개국이 참여하여 발족된 네트워크이다.

DMZ와 관련되어 있는 네트워크는 두루미 네트워크다. 1997년 3월 중국 허베이성 칭후앙다오시 베이다허에서 한국, 러시아, 중국을 포함한 9개국과 람사 사무국을 포함한 7개 국제기구는 동북아시아 지역의 두루미 종 보존을 위한 서식지 보호와 정보·자료교환 및 연구 등을 위한 국제협력체계를 구축하기 위하여 두루미 서식지 18개소를 네트워크로 결성하였는데 한국 2개소, 북한 2개소, 러시아 4개소, 중국 4개소, 일본 5개소, 몽골 1개소로 두루미 이동경로 상에 위치한 번식지, 중계지 및 월동지들이다. 한국은 천연기념물 보호지역인 철원지역(40ha)과 한강하구(381ha)가 두루미네트워크에 가입되어 있다.

세 번째 속성은 취약성(vulnerability)이다. 하늘에서의 활동은 매우 민감하다. DMZ새들은 작은 변화에도 민감하게 반응한다. 두루미가 얕은 물에서 잠을 자는 것도 적의 기습을 사전에 소리로 알기 위해서라고 한다.

조류 서식을 방해하는 요인은 매우 많다. 그만큼 서식환경이 까다롭다는 의미이다. 각종 시설의 설치공사가 대표적인 방해요인이다. 도로(농로 포함)건설, 공항 건설, 방조제 공사, 댐 건설(아무르강·양쯔강) 등이다. 새 탐조를 위해 도로를 개설하였는데 개설 이후 오히려 새들이 오지 않는 예는 허다하다. 첫 독수리 보호지역으로 지정되어 있는 경기도 파주시 장단면 민통선 안도 이미 그러한 경험을 한 바 있다.

철원지역의 두루미의 경우, 차량이 지나갈 때 도로로부터 200m이내의 개체들이 보이는 행동은 도로로부터 천천히 걸어서 멀어지기, 오랫동안 고개를 들고 있기, 100m이상의 먼 거리를 비행하여 멀어지기, 100m미만의 비행으로 도로에서 멀어지기, 급하게 뛰어서 멀어지기 등의 빈도순서로 반응을 보였다. 두루미는 잠시 고개 들기와 같은 단순경계 행동 대신에 민감한 경계 행동을 보이는 것으로 관측되었다(한국자연정보연구원 2002).

방화, 농경지개발, 삼림벌채뿐만 아니라 조림도 서식에 방해된다. 조류에 따라 우거진 밀림을 피하기 때문이다. 고압전선, 비닐하우스, 액비(液肥), 농약, 쥐약 등도 새들의 서식에 부정적이다.

조류서식에 방해되는 것은 무엇보다 인간의 행위다. 밀렵행위는 직접적인 방해요인이다. 또 DMZ인접지역에는 존재하지 않지만 양식장의 공포사격도 새들을 쫓는다. 관광객, 취재진, 각종 행사 참석자들의 차량소음, 행사소음, 서식지 침입, 촬영 등이 조류 서식에 방해된다. 일부 방송국 헬리콥터는 저공비행 하여 새들을 날게 하면서 촬영했다고 주민들은 말하기도 한다.

철새 서식의 가장 대량적 방해요인은 전쟁이다. 세계적으론 양차 세계 대전, 한반도에서는 한국전쟁으로 이미 두루미의 많은 개체수가 희생된 것으로 알려져 있다. 새로운 전쟁은 희귀종을 멸종시킬 수도 있는 것이다. 남북한 통일도 비무장지대의 활용 내용에 따라서는 방해요인이 될 가능성 을 배제하지 못한다.

네 번째 속성은 공존가능성이다. 하늘의 DMZ에서 민(民)과 군(軍)의 공 존가능성에 대해서 여러 다양한 입장이 가능하다. 민간항공기와 미사일이 상호배타적인지 아니면 상호보완적인지는 입장에 따라 다르다. 예컨대 인 천 송도 미사일기지를 국제공항 인근인 영종도로 옮기는 안을 둘러싼 논 쟁도 그러한 예이다.

하늘에서 인간 또는 문명이 자연과 공존하는 것은 아마 새와 비행기간 의 관계로 상징될 수 있다. 새와 비행기를 묶어서 생각하면 '아름다운 비 행(Fly Away)'이라는 영화가 떠오른다. 새들은 자기와 달리 생겨도 양육한 사람을 엄마로 인식하는 경향이 있는데, 두루미 등의 조류를 인공번식 후 새끼들에게 먹이를 줄 때 사람을 어미로 잘못 알지 못하도록 어미 모양의 인형을 팔에 끼고 주는 것도 그러한 배경에서다. 이러한 배경으로 어떤 어 린이에 의해 부화되어 길러진 기러기들이 그가 탄 비행기를 엄마기러기로 알고 따라 날아가는 영화 장면이 많은 사람들에게 깊은 인상을 준 적이 있다.

일반적으로 공항 부지는 공항 건설 이전에 많은 새들이 서식한 장소다. 양양공항의 학(鶴)포리 지명은 이미 두루미 학(鶴)을 포함하고 있다. 양양 공항의 북쪽인 양양읍 포월리에서 한 쌍의 두루미가 1980년 2월 8일 도래 한 기록이 있으며(배성환 2000), 또 양양공항의 남쪽인 현남면 포매리 일대 가 백로·왜가리 번식지로 천연기념물 229호로 지정되어 있기도 하다.

하지만 현실은 비행기와 새의 공존이 그렇게 간단한 것은 아니다. 공항 주변에 비행기 이착륙에 방해되는 조류 사냥이 실시되고 있다는 사실은 그러한 예다.

그렇다고 인간과 격리된 새의 서식 환경이 유리한 것만은 아니다. 환경주의자들도 새가 살지 못하는 곳에는 인간도 살지 못한다는 전제하에 조류 서식 현황을 환경오염의 척도로 삼고 있는 것이다.

조류 서식의 가장 중요한 조건은 마실 물과 먹을 식량이다. 철원지역만 보아도 인간생활과 밀접한 관련을 갖고 있다. 섭씨 15도 온천샘물의 샘통(천통지역)은 자연스럽게 철새도래지가 되었다. 천통지역뿐만 아니라 실핏줄 같은 한탄강지류가 새들에게 좋은 서식환경을 제공하는 것이다. 또 곡식 낟알이 많은 철원평야도 조류 서식에 도움이 된다. 겨울철새들이 한반도에 월동하는 것도 자신의 번식지가 추워서라기보다 번식지에서 먹이를 구할 수 없기 때문이다.

추운 겨울의 먹이란 인간사회와 아주 격리된 곳에서는 어렵다. 동시에 새의 특성상 인간사회와 너무 밀접하게 가까운 지역에서 서식하는 것도 어렵다. 많은 철새들이 철원에서 월동하는 것도 민통선 이북 지역의 농경지가 식량을 제공하면서도 동시에 인간들을 차단하기 때문이다. 특히 철원 아이스크림고지 북쪽 지역에 많은 개체수가 발견되는 것은 각종 먹이 공급이 이루어지면서 동시에 바로 옆 비무장지대라는 안전한 잠자리가 있기 때문일 것이다. 즉 먹이공급뿐만 아니라 안전이라는 요소가 충족되어 있다.

군사시설보호구역으로 인해 주민의 재산권행사에 막대한 침해를 받고 있는 DMZ인접지역은 다른 한편으로는 개발과 보존을 둘러싸고 갈등과 대립이 지속되어 왔다. 환경론자와 개발론자 간의 반목이 철새보호와 같은 이슈에 대해서도 첨예하게 대립하고 있다.

지역주민들은 주위에 천연기념물이 있어서 거주하기에 좋은 조건이 되는 것이 아니라 재산권을 구속하는 제약조건으로 작용한다고 반발하고 있다. 자신의 땅에 철새가 온다는 이유로 재산권이 침해되는 것은 사람보다 새를 더 중시하고 새들이 주민을 내쫓는 꼴이라는 것이다.

항의 방문, 단식 투쟁, 서명 등 집단행동뿐만 아니라 새들의 서식을 방해하는 행위까지 나왔던 것이다. 논 갈아엎기와 논두렁 갈대/볏짚 태우기로 새들의 먹이인 낟알과 곤충류를 없애고 은신처를 감소시키거나, 또는 논물을 빼는 것도 개발억제에 대한 악화된 감정이 표현된 것이다. 심지어 먹이주기 행사도 지역사회의 남은 쌀을 소비하는 것이 아니라 외지에서 가져온다고 하여 부정적 인식도 존재하고 있는 실정이다.

분명한 것은 위대한 자연유산이 삶을 윤택하게 하는 자산이 되어야지, 삶을 억압하는 엄청난 부채가 되어서는 아니 된다. 장기적인 안목에서는 생태보호의 필요성이 대두되고 있다.

종(種)보호를 위해 자연환경보전법에서 멸종위기야생조류(두루미 등)와 보호야생조류(재두루미 등)를, 문화재보호법에서 천연기념물(저어새, 고니, 두루미 등의 조류와 조류 서식지·도래지·번식지·가금사육지)을 지정하고 있다. 또 서식지 보호를 위해 '조수보호 및 수렵에 관한 법률'에서 조수보호구를 지정하고 있다. 생태계보전지역과 습지보호지역도 지정되고 있다. 전국겨울철조류동시센서스도 1999년 2월 7일 처음 실시된 이래 계속 실시되고 있다.

주민들은 철새들과 더불어 잘 살아왔는데 중앙정부의 관심이 생기면서 각종 규제와 제한이 뒤따르고 있다는 입장이다. 1995년 환경부에서 통일에 대비하여 철원평야 일대, 대암산, 두타연 일대, 향로봉 산맥 일대 등 민통선 지역 일대를 자연생태계 보전지역으로 지정하려는 시도와 2000년 문화재청에서 천연기념물 제245호 철원 천통리 철새도래지 지역을 확대지정하려 한 시도는 지역사회의 큰 반발을 가져왔다.

규제중심의 정부 관여는 말없이 순종한 주민에게는 희생을 강요하였고 집단행동으로 반발하는 주민들에게는 제대로의 규제를 행하지도 못했다.

회수 불가능한 것에 대해서 공적자금이 투입되고 있지만, 보호구역 토지 매입은 회수불가능한 성질의 것도 아님에도 불구하고 보존지 구매에 난색을 표하고 특정 계층의 희생만을 강요하는 것은 매우 잘못된 것이다.

생태보호를 위해 공공 소유가 필요한 토지는 정부에서 구입해야 할 것이고, 소유보다 운영이 중요한 지역은 임대하여 그러한 사업을 진행하면 된다. 꼭 정부가 아니더라도 1895년 설립된 영국명승사적보존단체(National Trust)와 같은 단체 활동을 정부가 적극 지원할 필요가 있는 것이다. 일본의 경우 이모작 지대라도 추수 이후 휴경하게 하고 소유자에게 예상 수확량에 상응하는 보상금을 지급한다. 논에다 물을 가두거나 먹이를 살포하기 위해서 필요한 토지를 임차 또는 매입해야 한다.

막연한 규제행위보다 고압전선에 표지판을 설치하는 것, 농약에 조류가 싫어하는 향을 첨가하는 것, 효과적인 유기농법을 개발 보급하는 것 등이 정부가 우선적으로 할 일의 예들이다.

본격적인 사업의 추진을 중앙정부가 한다고 해보았자 시혜의 성격으로 그쳐 실제 효과가 없을 때가 많다. 적절하게 투자되도록 하기 위해서는 관료적 비효율성을 지양해야 된다.

주민에게 경제적 이득과 자부심을 부여해야 진정한 생태보호가 가능하다. 100,000㎡의 지역에 1만 마리의 두루미가 있는 이즈미시(出水)의 경우 관람객이 휴일에는 1만 명이고 5개월간 50만 명이나 되어 경제적 이득과 자부심이 부여되는 것으로 평가되고 있다.

생태보호도 지역주민의 의식과 참여 없이는 불가능하다. 일방적 희생을 강요하는 것이 결코 효과적이지 못하다.

진익태 생태사진작가가 운영하는 철원두루미학교, 백종환 한국두루미보호협회 철원지회장이 주도가 된 민북 동송읍 양지리 마을의 겨울철새모이주기자원봉사단, 철원군청의 환경보호계의 먹이주기 행사, 철원 강포초등학교의 전교생과 교직원이 매년 겨울 철새들을 위해 동송읍 강산저수지 주위에서 밀과 옥수수를 뿌려준 행사 등, 이 모두가 자연(철새)과 인간이 공존하려는 노력의 일환이고 현재 많은 결실을 맺고 있으며 중앙정부 차원의 지원이 절실한 시점이다.

환경학교 운영 재정에 대해서는 교육부와 환경부에서 전액 지원해야 할 것이다. 많은 나라에서 보호지역 방문이 학교 교육과정으로 포함되어 있다(Chan 2000). 보호지역 방문은 너무 많은 인원의 방문으로 새들을 내쫓는 결과가 되지 않도록 해야 하는 것은 물론이다. 먹이주기 행사도 가식적인 행사보다 실질적인 도움이 되도록 해야 할 것이다.

철새이든 비행기이든 전파이든, 하늘의 DMZ는 인간과 너무 멀리 떨어져 있으면 존재 자체가 부정된다. 즉 공존해야 한다. 동시에 개발의 위협으로부터 떨어져 있어야 한다. 그러한 점에서 하늘의 DMZ는 그 이동성 때문에 인가(人家)와 접근금지지역을 동시에 활용하는 속성을 지니기도 한다.

접경지역 개발과 관련하여 지방분권의 취지도 잘 살려야 한다. 동서고금(東西古今)의 대부분이 중앙과 지방의 대립에서 개혁적 중앙과 부패한 지방 간의 대립이었던 경우가 많았다. 지방분권이 토호세력 발호의 기회가 되어서는 아니 되며 또 다른 지역의 재정적 지원을 받으면서도 철저한 지역이기주의로 나아가는 것도 곤란하다.

일선군청 담당자가 두루미와 재두루미를 구분 못할 정도로 전문성이 약해서는 아니 된다(대한매일 2001/10/20). 또 새로운 것이라고는 전혀 없고 활용가치가 없는 용역을 발주하는 데에 지역발전과 관련된 예산을 사용하는 것도 결코 바람직하지 않다.

DMZ는 공존을 위한 존재이어야 한다. 공간적으론 남한과 북한의 공존,

주민-정부-시민단체의 공존, 인간과 자연의 공존이다. 시간적으론 미래와의 공존이다. 이러한 목표에 대해서는 누구나 공감할 것이다. 다만 방법론에서 차이가 날 것인데, 이는 전문성과 객관성을 높임으로써 풀어나가야 한다.

철새 가운데 텃새로 된 것도 많듯이 자연도 진화하고 변화하는 것이다. 그러한 점에서 DMZ도 진화의 법칙에 따라 변하는 것이 자연스럽다. 변화에 순응하는 것도 그만큼 자연적이다.

하늘의 DMZ에 대해서 무조건 환상을 가지는 것은 바람직하지 않다. 철새가 독감 바이러스를 옮기는 숙주 역할을 한다는 주장도 있다. 철새의 배설기관에 독감바이러스가 기생하다가 배설물과 함께 닭과 같은 가금류에 옮아가고 다시 바이러스의 인큐베이터 역할을 하는 돼지 몸속으로 가서 유전자 변이와 합성을 거쳐 새로운 종으로 진화된다는 것이다. 독감전파 가능성을 제기하여 지나친 철새탐조를 막아 철새를 보호하자는 주장도 나올지 모르겠지만, 만일 그렇다면 반대로 독감을 전파하는 철새를 아예 멸종시키자는 주장도 나올 수 있다. 하여튼 독감 바이러스 주장에 대한 확실한 증거는 아직 나오지 않고 있다. 철새탐조가 직접 인체에 해를 주었다는 근거는 아직 없다.

일본 가고시마현 이즈미시의 인공적 먹이 공급으로 인해 너무 많은 철새들이 함께 서식하다 보니 전염병이 발생하였을 때 매우 취약할 수밖에 없다는 지적도 있다.

야생동물치료센터도 인간사회로 인해 다치고 병드는 것을 치유하여 희귀종을 보존하는 것이 목적이어야지, 자연진화적으로 도태될 동물을 지나치게 번식하는 것을 목적으로 하는 것은 곤란하다. 희귀종은 희귀하기 때문에 가치 있는 것이다. 흔하면 그 가치가 떨어짐은 말할 것도 없다. 먹이주기 행사도 새들의 자생력을 도와주는 것으로 추진되어야 한다.

철새라고 하면 신의가 없는 것으로 인식되고 있지만 사실 철새인 두루미는 전통적으로 신뢰의 상징이었다. 두루미 등의 철새는 천년해로(千年偕老), 즉 '함께' 그리고 '오래'를 상징한다. 아울러 깨끗함, 청정, 환경, 반(反)부패 등도 상징한다.

철새들은 외지인에 대해서는 강한 경계심을 보이지만, 주민에 대한 경계심은 조금 덜한 편이다. 새와 인간 사이의 불신도 극복될 수 있다는 의미이기도 하다. 인간과 자연(새) 간에 신뢰가 형성되어야 한다.

지역주민들도 "환경이 돈이 될 수 있다"고 인식하는 경향이 높아졌다. 철새들이 방문하는 지역은 저(低)농약지역이고 그곳에서 생산된 쌀도 일반 쌀보다 비싸게 팔린다. 서산의 '기러기 오는 쌀'과 화천의 '토고미 쌀' 등이 그러한 예다.

두루미보호네트워크의 관계자들은 그 네트워크로 인해 두루미보호뿐만 아니라 동북아시아 국민들 간의 신뢰가 증진되었다고 주장한다(Harris 2000). 자연을 매개로 인간 간의 신뢰도 형성될 수 있는 것이다. 주민 간, 주민-정부 간, 중앙정부-지방정부 간, 시민단체-주민 간, 비정부기관(NGO)-정부기관(GO) 간, 남한-북한-미국 간, 한국-국제기구 간 등의 신뢰구축이 필요하고 가능하다.

자신에게 부과된 규제와 요구를 순수한 의도로 준수하는 자에게는 지속적인 희생을 강요하고, 반대로 억지 부리는 자에게는 과도한 대우를 해주는 것은 신뢰관계에 보탬이 되지 않고 오히려 관계를 불안정하게 하는 것이다. 민관관계이든 남북관계이든 마찬가지로 적용된다.

이상에서 하늘 DMZ의 의미를 강변하였지만, DMZ영공만이 의미가 있다고 역설하는 것은 아니다. 하늘 DMZ속성 자체가 극단적이고 획일적이기보다 다원적이고 자유롭고 초(超)경계적인 것이다. DMZ영공이 공간적으로 남과 공존하는 것뿐만 아니라 시간적으로도 미래에 기여하는 잠재성을 실천하도록 노력해야 할 것이다.

　DMZ는 늘 양면성을 지닌다. DMZ는 인간사회와 격리된 자연을 의미할 때가 많다. 자연이라는 단어는 매우 복합적이다. 만인(萬人)대(對)만인(萬人)의 투쟁이라는 정글의 법칙을 연상시키거나 반대로 목가적(牧歌的)이고 전원적(田園的)인 평화 상태를 의미하기도 한다. 마찬가지로 문명이라는 것도 가난과 질병으로부터 벗어나서 인간의 삶을 윤택하게 해주는 이미지와, 동시에 대량살상무기와 운반수단의 개발로 대량살상의 위험에 노출시키는 이미지도 있다. 그러한 양면성의 DMZ를 어떻게, 어떤 것을 선택하느냐 하는 것이 앞으로의 과제이다.

제2장

DMZ 논의가 어떻게 전개되었나?

남북한 화해로 비무장지대가 바로 사라질 수 있고 따라서 DMZ에 관한 논의가 의미를 상실한다고 보는 견해도 있을 수 있다. 하지만 남북한 간의 긴장이 높으면 DMZ는 긴장완화라는 본연의 목적을 수행할 것이고, 남북한 간의 화해가 이루어질 때에도 평화적으로 이용될 것이며, 통일 이후에도 생태보전지대와 같은 기능을 할 수 있기 때문에 DMZ에 관한 논의를 단기적으로만 접근해서는 아니 된다. DMZ이슈는 통일 이전과 이후에 모두 중요하다.

I. DMZ 연구 및 활동의 역사

실존하는 한반도 비무장지대는 '무장이 해제된' 비(非)무장의 지대가 아

니라, '슬픈 무장'의 비(悲)무장지대, '무장이 숨겨진' 비(秘)무장의 지대 또
는 '비방과 무기가 난무한' 비(誹)무장의 지대라고 할 수 있다.

DMZ인접지역에 대한 최초의 조사는 휴전협정 체결의 다음 해인 1954
년에 한국 정부가 민통선지역을 대상으로 실시한 것이다. 조사보고서가
남아있는 최초의 조사는 한국자연보존연구소(한국자연보존협회 전신)에 의
한 조사이다. 1966년에 한국자연보존연구소는 미국 스미소니안 연구소와
공동으로 2년 동안 예비생태학술조사를 실시한 바 있다. 1972년에 한국자
연보존협회가 문화재관리국의 재정보조로 다시 현지조사를 실시하고 그
결과를 종합하여 한 권의 조사보고서로 발간하였다(한국자연보존협회 1972).
또 자연보호중앙협의회는 1987년에 경기도와 강원도의 민통선 북방지역
자원조사를 실시하였다(자연보호중앙협의회 1987). 성천문화재단에서도 1991~
1992년 생태조사를 실시한 바 있다(성천문화재단 1996). 기타 여러 단행본
들도 출판되어 있다(김창환 외 1975; 조규송 1987; 김태정 1994; 차종환 외
2000).

환경부에서도 DMZ인접지대 생태조사를 실시하였다. 1991년에 강원도,
경기도, 도서지방(백령도 · 연평도)에 대한 자연생태계 조사가 실시되었으며,
다시 이를 기초로 하여 1995년에 강원도 민통선지역에 대한 자연환경 정
밀조사가 실시되었다(환경처 1992; 환경부 1995). 1995년 환경부가 강원도 3
개 지역을 자연생태계보호지역으로 지정하려다 현지의 반발로 취소된 바
있는데 다시 그 지역에 대한 정밀조사를 유네스코한국위원회에 용역으로
의뢰한 바 있다(유네스코한국위원회 1997).

국립문화재연구소에서도 휴전선 부근 군사보호구역에 대한 문화유적
학술지표조사를 1991년부터 시작해 10개년의 계획으로 실시하여 2000년
에 보고서를 출판한 바 있다(국립문화재연구소 2000). 국토통일원의 여러 보
고서도 DMZ를 다루었으며(국토통일원 1972, 1973), 통일원 시절에는 인천

의 옹진·강화, 경기의 파주·김포·연천, 강원의 고성·인제·양구·화천·
철원 등 10개 시·군을 대상으로 접경지역 기초조사를 인천개발연구원, 경
기개발연구원, 강원개발연구원 등에게 의뢰한 바 있다. 주요 조사내용은
접경지역의 토지이용 및 소유, 사회간접자본, 인구 및 산업, 관광자원, 생
태계 현황 등이었다. 통일부로 지위가 바뀐 이후에는 접경지역(민통선북방
지역)의 주관할부서가 행정자치부이기 때문에 독자적 조사를 실시하지는
않고 있다. 다만 노무현 정부에 들어와서 다시 통일부가 주도적 입장에서
DMZ정책을 검토하고 있다.

　　DMZ인접지역의 생태체계에는 그 지역에 고정적으로 존재하는 동식물
뿐만 아니라 일부 계절에만 서식하는 조류도 중요한 구성요소이다. 두루
미목(gruigormes) 두루미과(gruidae)에는 15종이 있는데 그 가운데 두루미
(red-crowned crane), 재두루미(white-naped crane), 흑두루미(hooded crane)의 3
종이 철원 등의 남한 지역에 월동한다. 물론 검은목두루미, 캐나다두루미,
시베리아두루미, 쇠재두루미도 가끔 도래한다. 전세계적으로 두루미는
2,000마리, 재두루미는 5,000마리, 흑두루미는 10,000마리 정도가 생존하
는 것으로 추정되고 있다. 1992년부터 1994년까지의 위성추적으로 산림청
임업연구원 조류연구실은 일본연구팀과 공동으로 판문점과 철원지역이 흑
두루미와 재두루미가 이동하는 중간휴식처라는 사실을 밝힌 바 있다.

　　대부분의 DMZ현지조사에서 그 조사대상은 DMZ내부가 아니라 민통선
지역이었다. DMZ인접지역의 생태조사는 국제기구에 의해서도 활발히 지
원되고 있다. 국제자연보호연맹(IUCN: International Union for Conservation of Nature
and Natural Resources)이 유엔환경계획(UNEP)을 통해 남북한에 DMZ국제공
원 조성안을 제안하여 원칙적인 동의를 얻고 미국의 웨스팅(Westing)사에
조사를 의뢰하였으나 북한은 대답하지 않았다(Westing 2001). UNEP는
1992년 웨스팅사의 보고서에 기초하여 판문점 동쪽 저지대와 강원도 동부

산림지역의 두 지역을 자연환경공원으로 조성하자고 제안한 바 있다.

또 유엔개발계획(UNDP)이 서울대 환경생태계획연구실에 연구용역을 의뢰했는데, 이에 따라 과학기술부, 서울대, 한국토지공사 등과 공동으로 1997년 1월부터 1998년 10월까지 파주일대의 DMZ와 민통선 서부 지역의 생태조사를 실시한 바 있다(김귀곤 2000). 이 사업과 관련하여 파주시 DMZ와 민통선지역에 대한 생태지도가 처음으로 작성되기도 했다. 미국 아시아재단(Asia Foundation)도 1990년대 중반에 DMZ생태에 관한 연구용역을 의뢰한 바 있다.

DMZ인접지역의 생태기초조사는 아니지만 정책조사에 해당되는 용역도 여러 차례 실시되었다. 1999년 문화관광부와 강원도가 한국관광연구원과 강원개발연구원에 발주한 설악-금강 연계 개발 용역연구과제도 그 예이다. 또 강원도가 DMZ지역에 관한 각종 자료를 2001년 3월부터 인터넷상에 띄우는 사업도 추진하였다. 특히 해방 60년을 맞는 2005년에 강원도와 경기도는 경쟁적으로 여러 DMZ 사업을 추진한 바 있다.

지역 언론의 활약도 크다. 특히 강원도 언론인들의 활약이 눈부시다. 함광복(1995, 2002, 2004, 2005), 강원일보사(2000), 전영재(2002, 2004), 이해용(2003) 등의 탐사보고서는 오랫동안 DMZ인접지역을 직접 다닌 후 일반인들이 쉽게 또 재미있게 이해할 수 있도록 한 결과물이며, 각종 언론대상을 휩쓸기도 한 작품들이다. 강원민방과 강원일보사는 2006년 DMZ 연구소를 각각 설립하기도 했다.

DMZ환경보존에 대한 제안 또는 운동의 역사는 그렇게 긴 것도 아니지만 그렇게 짧은 것도 아니다. 1980년대부터 환경단체와 개별 시민의 차원에서 그러한 논의가 비공식적으로 진행되어 왔다.

DMZ라는 하나의 주제만을 가지고 개최된 학술회의는 1996년 5월부터 개최되고 있는 DMZ야외토론회가 최초일 것이다(김재한 1999, 2000b, 2002,

2003, 2004, 2005b, 2006; Kim 2001). 물론 그 이후로 여러 단체들이 DMZ 에 관한 학술회의를 개최하였지만, DMZ야외토론회는 연속적으로 DMZ현 지에서 개최되며 발표 논문과 관련 자료를 묶어 출간하고 있다는 점에서 다른 회의와 차별화된다. 고성, 양구, 화천, 철원, 연천, 파주, 김포, 강화, 백령 등지의 DMZ 남방한계선상 혹은 NLL 인접지역에서 실시되었는데, 실제 DMZ남방한계선이 군사분계선으로부터 2km미만 떨어져 있다는 점을 감안하면 국제법적으론 DMZ안에서 개최되고 있다고 할 수 있는 유일한 학술모임이다.

학술적인 성격은 없지만 나름대로의 큰 의미를 가지고 있는 행사들이 있다. 먼저, DMZ를 흐르는 남강에 연결되는 명파천에서 연어사랑시민모 임이 중심이 되어 연어 치어를 방류하는 행사는 1997년부터 매년 계속되 고 있다.

이 외에 DMZ관련 문화행사도 많아졌다. 가장 먼저 시작되었고 또 가 장 규모가 컸다는 점에서 이반 교수가 주도한 비무장지대예술문화운동이 눈에 띈다. 1991년 6월 예술의 전당 미술관에서, 1993년 8월 서울시립미 술관에서, 1995년 8월에 세종문화회관에서 각각 FRONT DMZ작업전을 개최하였다(이반 1995). 2005년 6~7월에는 경기도 주최의 여러 전시회가 개최되었다(김유연 2005).

음악행사도 여러 단체에서 시도하여 성공하기도 하고 실현되지 못하기 도 했다. 시간적으론 1994년 6월에 철원군 관전리 노동당사 앞에서 KBS 비무장지대 음악제가 개최된 것을 효시로 볼 수 있으나, 노동당사는 당시 민통선의 입구(현재 민통선 밖)에 위치한 것뿐이지 DMZ와 거리가 멀다는 점에서는 DMZ음악제는 아니다. 대규모의 최초 음악행사는 양구 펀치볼 제4땅굴 앞 광장에서 국방부와 KBS가 공동으로 개최한 건군50주년 열린 음악회인 듯하다. 이 외 무수히 많은 용역, 조사, 세미나, 활동들이 있었다.

DMZ에 관한 단편적 정책 제안들은 너무 많아 일일이 나열할 수 없다. 그 효시를 소개하면, 아마도 1970년에 글렌 페이지(Glenn D. Paige)가 DMZ에 공원과 복지시설을 건립할 것을 제안한 것이 최초인 듯하고, 군사 정전위 로저스(Felizh Rogers) 유엔군수석대표가 DMZ의 평화적 이용을 위한 4개항을 제안한 것도 효시의 반열에 든다.

국내에서는 국토통일원 이영호 박사가 1971년 영남대 세미나에서 DMZ 의 국제평화지대(international peace zone)화를 제안한 것과 김용식 외무장관이 평화통일의 선행조건으로 DMZ의 평화적 이용을 제안한 것을 정책 제안의 효시로 볼 수 있을 것이다. 물론 좀 더 구체적이고 공식적인 제안으로는 노태우 정부에 와서 남북교역 자유지대와 평화구역의 설치 및 남북 관광지 공동개발 제안들을 들 수 있다.

그 이후 각 부처별로 DMZ에 관련된 여러 대북 제의들이 많았다. 통일부, 교육부, 과학기술부, 농림부, 산업자원부, 환경부, 건설교통부, 해양수산부 등의 각 부처와 산하기관 그리고 한국관광공사, 한국담배인삼공사, 한국수자원공사, 한국전력공사, 한국통신 등의 정부투자기관, 그리고 경기도, 강원도, 파주시, 철원군, 고성군 등의 자치단체에서 여러 제안들을 한 바 있다. 특히 북한의 참가가 요구되는 제안들은 제안을 위한 제안이라고 생각될 만큼 전혀 실현되지 않았다. 지방자치단체장과 지방의회 선거가 실시된 이후에는 중앙정부에서 발표되던 선전(宣傳)성 대북 제의들이 지방 정부로도 이양된 듯하다.

하지만 김대중 정부의 포용정책은 남북한이 참여하는 DMZ정책의 실현 가능성을 더 높였다. 금강산관광과 개성공단사업은 이미 실시되고 있는데, 앞으로 DMZ에 관련된 남북한 합의도 기대할 수 있다.

제2장 | DMZ 논의가 어떻게 전개되었나? 83

II. DMZ 연구 및 활동의 평가

DMZ에 관한 활동에 대한 평가는 다음과 같이 요약될 수 있다. 첫째, 진정한 의미의 DMZ조사가 이루어진 것은 아니다. 일부의 DMZ 또는 DMZ의 인접지역에 관한 조사였다. DMZ라는 용어를 민통선북방지역과 동일시하는 경향이 있다. 더구나 북한지역에 대한 조사는 전혀 알려져 있지 않다. 부제가 '국내 최초의 남북한 DMZ 전지역 현지답사'라고 되어있는 단행본도 북한 지역에 대한 언급은 거의 없다. 북한 DMZ지역에 대한 조사보고는 제대로 공개되어 있지 않다.

둘째, 여러 차례 실시된 조사들이 중복되어 있었으며, 또 상호보완적이지 못했다. 따라서 조사들이 연속적이지 못하고 활용도가 극히 낮은 형편이다. 조사나 연구용역이 단발적 보고서로 끝났으며, 엄격한 기준의 학문적 결과로 학술지나 학술서적으로 출판된 것은 많지 않다. 이는 조사와 연구의 축적에 큰 지장을 초래하였다. 즉 연구비와 사업비의 집행이 비효율적이라고 할 수 있다. 물론 이러한 현상은 DMZ조사에만 적용되는 것이 아니라, 국내의 다른 연구용역에서 쉽게 볼 수 있는 현상이다.

셋째, 대부분의 생태조사가 '인간의 개입은 악(惡), 불개입은 선(善)'이라는 기본 전제에 매여 있다는 비판이 있다. DMZ가 사람의 손끝 하나 까딱하지 않은 천연의 세계가 펼쳐져 있다는 것은 오해이며, DMZ는 자연적이라기보다 군사적이고, DMZ자연은 끊임없이 파괴되고 있다는 입장이다(함광복 1995). DMZ는 방해극상림(disclimax forest)이지 원시림이 아니라는 점, DMZ에 창궐하는 독초라고 할 수 있는 돼지풀(hogwood)이 한국전쟁 때에 유입되었다는 점, 들고양이 떼와 까치 떼도 인간이 살기 때문에 그 개체수가 증대되었다는 점, 철새들이 DMZ 안으로는 잘 들어가지 않는다는 점, 인공저수지인 철원 토교저수지와 낟알을 많이 떨어뜨리는 기계화영농이 철새들을 유인한다는 점 등이 그러한 주장의 근거들이다.

넷째, DMZ와 그 인접지역을 군사안보적 고려가 전혀 필요 없는 다른 지역 생태와 비교해보는 노력이 적다. 즉 민통선지역의 목적이 그린벨트의 목적과 전혀 구분되지 않을 때도 있다. 만일 군사안보적인 목적으로 인해 DMZ와 인접지역이 보존되었다고 한다면, 그것의 지속과 유지도 군사안보적인 면을 고려해야 할 것이다. 마찬가지로 군사안보적인 이유로 DMZ와 인접지역이 훼손되었다고 한다면, 그것의 복구와 회복도 군사안보적인 측면을 고려해야 한다. 1968~1969년에 DMZ의 사계(射界)청소를 위해 대량 살포된 에이전트 오렌지, 블루, 모류런 등의 3가지 고엽제는 DMZ 생태에 큰 영향을 주었을 뿐만 아니라 이미 DMZ를 떠난 인간 그리고 그 지역에 간 적이 없는 후손들에게도 영향을 주고 있다.

다섯째, DMZ에 대한 연구와 활동은 여러 사람에게 공유되어야 한다. DMZ에 관한 연구와 활동에서 마치 독점권을 가진 것처럼 행동하는 것이야말로 DMZ의 부정적인 면을 그대로 보여주는 것이다. 특히 DMZ에 관한 연구를 남들보다 뒤늦게 시작하고 또 그 연구가 미천함에도 불구하고 마치 DMZ가 자신의 특허권인 양 행동하는 것은 잘못된 것이다. 비합리적인 DMZ정책은 모두에게 개방되지 않고 기득권에 의해 폐쇄되어 있기 때문에 지속되는 것이다.

마지막으로, 독점과 마찬가지로 표절도 있어서는 아니 된다. 표절에 가까운 획일적 DMZ정책도 폐쇄되어 있기 때문에 가능한 것이지, 개방되어 있다면 불가능한 일이다. 김대중 정부의 등장 이래 DMZ에 관한 각종 행사도 많아졌다. 접경지역에서는 DMZ가 환골탈태(換骨奪胎)의 매개로 생각하기도 한다. 그렇지만 대부분의 DMZ 연구 또는 행사 제안은 단발성 연구 또는 행사에 그쳤고 지속적인 지원으로 계속되지 않았다. 독창성이나 기여도가 없으면 자연스럽게 지속되기 어려운 것이다.

III. 갈등·대립의 DMZ 이해관계

DMZ를 둘러싼 당사자 간의 첨예한 이해관계 대립은 상대방에 대한 불신에서 시작되기도 하고 또 그 불신을 심화시키기도 한다. 남북한 간의 불신은 한국전쟁이라는 목숨 건 싸움을 겪었기 때문에 어쩌면 당연할 지도 모른다. 그러한 당사자들 간의 나쁜 감정을 버리고 서로 좋아하자는 것은 위선에 불과할지도 모르겠다. 물론 한국전쟁을 겪지 않은 세대의 성장과 김대중 정부의 대북 포용 정책으로 감정적 차원의 적대감은 줄어들었다.

불신을 해소하여 신뢰구축(confidence building)을 하자는 것은 서로 호감을 가지자는 것과 구별해야 한다. 군사적 신뢰구축방안(CBM: confidence building measures)은 투명화를 요구하는 것이지 무장해제를 의미하는 것은 아니다. 즉 신뢰구축조치라는 것은 쌍방을 좋아하자는 것이 아니라, 상대방에게 오해를 주지 말자는 것이다.

DMZ도 의도에 대한 불신에 기초하지만, 행동과 절차에 대한 투명화를 지향한다. 상대방의 의도에 대해 전혀 신뢰하지 않기 때문에 무장해제의 완충지대를 만들어 이를 철저하게 지키자는 것이다.

이처럼 남북한 간의 이해대립은 새로운 사실이 아니다. 이에 더해 남한 내부에서도 DMZ를 둘러싼 첨예한 이해대립이 있다는 점은 DMZ에 관한 정책결정을 복잡하게 만든다.

첫째, 중앙정부-지방정부 간에는 전통적으로 갈등이 있어왔는데, DMZ 정책에서도 예외가 아니다. 특히 대북 정책을 중앙정부가 독점하다시피 하니, 중앙정부는 개발을 억제하고 지방정부는 개발을 지향하는 이분법적 인식이 팽배하다.

강원도의 접경지역 5개 군의 총면적 가운데 절반 이상이 군사시설보호구역으로 묶여 각종 규제를 받고 있는데, 접경지역 주민들은 군사시설 보호구역 축소조치나 규제완화 등을 강력히 요구하고 있다. 중앙부처에서 생태보호구역의 지정 혹은 확대를 추진하자 해당 군이 반발하는 것도 그러한 맥락에서이다. 또 중앙부처가 추진하려는 임진강 댐 건설도 마찬가지이다. 철원, 연천, 포천 지역 주민들은 댐 건설에 반대하고 있다. 철원 주민들은 한탄강에 댐이 건설될 경우 집중호우 시 철원평야는 물바다가 되고 한탄강 상류가 블루벨트로 묶일 수밖에 없다며 댐 건설에 반대한다.

둘째, 정부부처 간의 대립도 있다. 접경지역지원법 통과에서 드러난 각 부처의 입장은 각기 달랐다. 예컨대 1999년 12월 제정된 접경지역지원법은 공포 6개월만인 2000년 6월 22일에 공식적으로 효력을 발생하게 되어 있었으나 중앙부처 간 입장이 엇갈려, 8월 21일에야 시행령을 의결한 바 있다. 건설교통부는 국토이용관리법 등 일반법보다 우선 적용되는 지역단위 특별법이기 때문에 적용대상 범위를 최소한으로 선정해야 하며 수도권 일부 북부지역을 적용대상에서 제외해야 한다는 입장이었다. 환경부도 행정자치부의 입법예고안이 법 적용대상을 민통선 이남 15개 시·군으로 선정한데 대해 민통선에 접하는 10개 시·군으로 한정해야 한다는 입장이었다. 통일부의 입장은 남북교류 차원의 개발 지지라면, 국방부의 입장은 국가안보 차원의 개발 억제이고, 환경부의 입장은 개발이 아닌 환경보전이다. 행정자치부가 주관하는 것 자체가 벌써 접경지원법을 그린벨트정책과 동일시하는 기본 전제를 인정하는 것이다.

통일 이후에 DMZ를 자연보호권역으로 만드는 것은 더욱 어렵다는 것이 전반적인 전망이다. 그렇다고 통일 이후를 대비하여 통일 이전에 관련 법 조항을 정비하는 것도 쉽지 않다. 1997년 환경부가 국회에 제출한 자연환경보전법 개정안의 원안에는 "비무장지대는 대한민국 관할권을 행사할 수 있는 날로부터 관할권이 미치는 범위의 지역을 이 법에 의한 자연유보지역으로 지정한다"는 부칙조항이 있었으나 국방부의 반대로 삭제된 바 있다. 국방부는 통일 이전이라도 북한과의 평화협정이 체결될 경우 일부 지역에 관할권이 미칠 수 있게 되며 그 경우 군사시설을 배치할 필요가 있다는 입장이다.

셋째, 지방정부 간의 이해대립도 있다. 경기도와 강원도 간에는 접경지역 개발과 관련하여 추진사업이 유사하거나 중복되어 동시에 양립하기 어려운 사업들이 많다. 예컨대 평화시(市), 이산가족면회소, 남북협력단지, 수자원관련사업, 생태공원, 생태관광공원 등을 강원도와 경기도가 각각 추진하고 있는데, 경기도와 강원도에 별도로 동일 사업을 시행하는 것이 어려운 부분도 있을 것이다.

이산가족면회소, 평화시, 길게는 통일한국의 수도의 후보로 언급되는 지역으로 경기도 파주와 강원도 철원이 있다. 철원은 후삼국시대 태봉국의 수도였고 후삼국통일의 기반을 제공했다는 역사적 사실에서 철원이 통일한국의 수도가 되어야 한다는 주장이 있다. 마찬가지로 파주 교하에 대해서도 조선 광해군 때 천도(遷都) 논의가 있었고 오늘날에 와서도 통일한국의 행정수도가 되어야 한다는 지리학자의 주장도 있다. 이를 둘러싼 광역단체 간 첨예한 시각차가 있었다.

접경지 지원범위에 대해서도 경기도와 강원도는 견해를 달리하고 있다. 지원 대상에 포함되는 여부에 따라 도 단위 그리고 시·군 단위뿐만 아니라 면 단위에 따라 입장이 다르다.

넷째, 광역자치단체 간뿐만 아니라 동일한 광역자치단체에 속하는 기초자치단체 간의 갈등과 경쟁도 있다. 4,500년 전에 형성되어 1989년 환경부에 의해 생태보전지역으로 지정되었고 1997년에는 국내 최초의 람사 습지로 등록된 대암산 용늪 관할과 둘러싼 양구군과 인제군의 갈등도 그러한 예에 속한다.

다섯째, 지역주민 간의 갈등이다. 이 유형의 대표적 갈등은 토지소유권 분쟁이다. 수복지구에서 민통선출입 경작자와 토지소유주 간의 갈등은 '수복지역 소유자 미복구 토지의 복구 등록과 보전 등기에 관한 특별법'으로 해결되었지만 감정적 대립은 완전히 해소되지 못한 듯하다.

여섯째, 지역주민과 시민단체 간의 갈등이다. 접경지개발지원법 통과 시도와 관련된 지역사회와 시민단체의 첨예한 대립과 갈등은 매우 심각하였다. 그 대립 축은 개발과 보존이라는 축이다. 물론 이 대립 축은 지역주민과 시민단체 간의 갈등 축으로 될 때도 있지만 중앙-지방 또는 주민 간의 갈등 축으로 드러날 때도 있다.

이제 DMZ와 DMZ인접지역의 개발과 보존을 둘러싼 갈등과 불신의 구체적 내용을 살펴보자.

접경지역주민들은 피해의식을 가지고 있다. 규제는 곧 손해라는 인식이 팽배하다. 경기북부지역주민을 대상으로 실시한 조사에서 '수도권 규제완화', '군사시설 보호구역 규제개선', '개발제한구역 규제개선' 등에 대한 질문에서 '만족' 또는 '매우 만족'이라고 응답한 주민은 8%에도 미치지 못했으며, '보통'이라고 응답한 비율보다 '불만족' 또는 '매우 불만족'이라고 응답한 비율이 더 높았다. "정부 및 광역자치단체에서 해야 할 시급한 과제"에 대한 질문에서 '지역개발 육성을 위한 정부의 규제완화'가 39.6%로 가장 많았으며, '지역특성을 살린 단지 및 상품개발 지원'이 22.7%, '주민의 지역개발 참여 분위기 조성' 14.8%, '개발보조금 지원' 9.9%, '경기북부 연계 관광코스 개발 및 문화벨트 조성' 7.6%, '해외 및 외지인 투자유치' 4.1% 순이었다(안병용 1999). "지역발전 저해요인"에 대한 질문에서 '지방정부의 개발의지 부족'을 응답한 비율은 12.2%인 반면, '중앙정부의 개발의지 및 재정지원 부족'을 응답한 비율은 26.9%에 이르렀다.

1995년 9월 환경부가 향로봉, 대암산·두타연, 철원평야의 3개 지역을 자연생태계보호지역으로 설정하려 하였으나, 지역주민의 반발로 백지화되어 재검토된 적이 있다. '자연생태계보호지역' 지정에 대해 철원군 의회를 중심으로 지정반대투쟁위원회 결성, 결의문 채택, 반대서면운동, 군민궐기대회 등이 있었다. 철새 도래지의 먹이를 없애고 농약을 살포하자는 극단적인 주장까지도 나왔다. 인제군은 설악산 국립공원구역의 폐지를 건의하기도 했다.

생태보존이 지역주민의 일방적 희생을 강요한다는 오해가 있으며, 생태계보호법은 영농을 못하게 하는 것이고 유네스코 생물권보전지역 선포는 국제법으로 반드시 준수해야 할 것으로 인식한 것이다(유네스코한국위원회 1997). 보존은 지역주민에 대한 착취이며, 중앙정부가 추진하는 환경보호나 군사시설보호는 지역개발을 저해한다고 인식하는 것이다.

보호구역 지정에 반대하는 계층은 철원의 경우 농민과 상인이며, 대암산의 경우 나물 채취주민과 상인들이다. 사실 농민들은 관광 사업에 그렇게 호의적이지 않기 때문에 개발을 원하지도 않는다. 다른 계층들은 통일 이후의 개발 가능성을 염두에 두고 보존지역으로 지정되는 것을 반대하기도 한다. 상인들이 이러한 부류에 속한다.

생태계보전지역을 지정하는 대신에 군사시설보호법에 의한 규제를 완화시키려는 목적으로 찬성하는 층도 있다. 또는 특정지역을 생태계보전지역으로 지정하고 대신에 다른 지역들에 대한 규제를 완화시키려는 주장도 있다.

양구 해안면의 경우, 환경보호보다 군사시설보호로 지역개발이 지연된다고 인식하고 있다. "지역민들이 건물 하나를 지으려 해도 농림부에서 허가받은 사항을 국방부에서 거절하기 때문에 짓지 못하는 경우가 많다"는 것이다. 대암산의 경우에도 대부분의 주민들은 대암산 생태계보호지역 설정이 생계에 불편을 주는 것으로 보지 않기 때문에 대암산자연보호설정에 반대하지 않지만 그것을 다른 요구와 연계시키는 것이다. 고성의 경우,

"경관 좋고 생태적인 보존가치가 높은 곳을 깎아서 고층건물을 짓도록 허가하면서 주민들이 가옥을 보수하려면 눈을 부라리는 관공서에 대한 불만"이 많다는 것이다. 집을 개축하거나 농토를 늘리려면 군 당국의 허가를 받아야 하는데, 대부분은 '군 작전에 방해가 된다'고 불허되지만 인근에 스키장도 세워지고 있는 이상, 불허 이유가 합리적으로 설명되어야 한다는 것이다(유네스코한국위원회 1997).

주둔 군인과 부대에 대한 불신도 있다. "서화면의 개천이 ... 너무 심하게 오염되어 있다는 지적이 많다. ... 군부대들의 취사문제와 오물처리가 심각한 원인으로 지적된다. ... 대암산 훼손과 관련된 지적도 있었다. ... 상사에게 상납을 하기 위해 군부대 자체적으로 병사들을 풀어 나무를 베어갔다는 주장을 하였으며, ... 군사시설을 만들기 위해 용늪의 물꼬를 틀어놓았다는 지적도 있다"(유네스코한국위원회 1997).

접경지역지원법에 대해서도 불신이 많다. 접경지역지원법의 진짜 의도는 군사시설과 관련한 각종 규제에 묶여 온 민통선 인근지역 주민들에게 개발 이익을 돌려주자는 것인데, 민통선 인근지역의 땅은 이미 다수가 외지인 소유로 추정되고 있다. 시민단체들은 몇몇 지주들을 위해 개발을 추진하는 자체가 전형적인 탁상공론이라고 비판하였다. 개발에 방해되는 새들을 쫓아내기 위해 독극물을 뿌렸기 때문에 새들이 죽었다든지 또는 토지개발을 하기 위해 영동지역에 산불을 방화했다는 주장들이 모두 상대방에 대한 불신에 기초하는 것이다.

환경친화적 개발은 곧 '눈 가리고 아웅' 식의 개발전략이라는 주장도 있다. 한편으로는 '개발을 위장한 규제'라는 주장과, 다른 한편으로는 '환경친화를 가장한 개발'에 불과하다는 주장이 공존한다는 사실은 DMZ와 관련된 많은 사실들이 왜곡되어 있고 협의도 선동적이라는 것을 보여준다. "새들은 먹이 때문에 사람이 사는 마을 근처에서 살 수 있다"는 점과 "새는 오염이 덜 된 지역에서만 먹이를 구할 수 있다"는 두 가지 다 사실일 수 있지만 하나만 사실이고 나머지 하나는 거짓이라는 폐쇄적 논의가 상생(相生)의 DMZ실현을 방해하는 것이다.

IV. 화해 · 협력의 DMZ 이해관계

DMZ와 관련된 정책과 사업은 일방적으로 추진되어서는 아니 되고 공동으로 추진될 수밖에 없다. DMZ자체가 이미 남북한 간의 공동 공간이기 때문이다.

공동상호협력의 기본전제는 공동이익이다. 남북한 간의 공동사업이 실현되기 위한 가장 중요한 조건은 그 사업이 남북한 모두에게 진정으로 이익을 제공해주어야 한다. DMZ를 둘러 싼 여러 제안들이 실현되지 못하는 것은 남북한 모두에게 협력의 동기부여가 제대로 되어있지 않기 때문이다. DMZ와 관련하여 제안된 많은 정책제안이 아이디어 차원이지 구체적 방안은 아니었다.

DMZ를 생태보존지역으로 하는 것도 그것으로 인해 전체 사회구성원의 이익이 증가되어야 한다. 최근에 구체적인 정책들이 추진되고 있지만, 그것도 주민들에게 보상해 주는 차원으로 언급되고만 있지, 보존의 경우에 전체 사회의 이익이 얼마나 증대되고 반대로 개발의 경우에는 전체 사회의 이익이 얼마나 감소하는 것인지를 보여주지 못하고 있다.

공동이익은 밀실에서 언급되는 것이 아니라 공개적으로 논의될 수 있어야 공동이익이다. DMZ에 관한 정책도 그 정책으로 인한 공동이익을 명시하는 것이 필요하지, 폐쇄적으로 논의하고 결정하는 것은 단기적으론 몰라도 궁극적으론 비현실적이다. 따라서 DMZ에 대한 논의도 더 공개적이고 투명해야 한다.

남북한관계에서도 DMZ의 어두운 면을 인정하는 자세가 필요하다. 상대방의 도발적 행위에 관한 엄연한 과거 그리고 그것에 대한 과장된 선전뿐만 아니라 자신의 도발적 행위에 대한 엄연한 과거를 인정하고 그것으로부터 벗어나겠다는 것이 훨씬 더 신뢰구축에 도움이 되지, 과거에 대한 의도적 외면은 별로 그렇게 신뢰수준을 높이는 것이 아니다. '눈 가리고 아웅 하는'식의 화해협력은 오래가지 않을 것이다. 남북한이 사과할 과거 행동은 각각 사과하는 것이 바람직하다.

물론 공동이익이 존재한다고 하여 상호협력이 보장되는 것은 아니다. 이는 죄수딜레마(prisoners' dilemma)게임의 예에서 쉽게 알 수 있다(김재한 1998). 환경과 같은 공공재(public good)는 그 재화를 향유하는 데에 있어 그것의 생산에 기여한 자나 그렇지 않은 자를 차별시키지 못한다. DMZ보전지역 설정도 해당 지역의 희생만을 강요해 왔던 것이 사실이다. 공공이익을 실현시키기 위해서는 보상이 필수적이다.

1. 비무장화의 심화와 확대

DMZ는 DMZ의 본래 취지에 맞게 재조정되어야 한다. DMZ가 진정한 의미의 비(非)무장지대가 되어 군인은 국경관리인의 기능을 하는 것이 남북한 쌍방에게 이익이 된다.

대부분의 화력을 최전방에 배치하는 것은 상대방을 기습공격하기에 도움이 되는 만큼 상대방의 기습공격에도 취약하다. 전쟁승리에는 도움이 될지는 몰라도, 상대방 공격에 적절하게 대응하는 억지(deterrence)와 방어(defense)에는 그렇게 도움이 되지 않는다. DMZ의 화력을 후방으로 이동시켜야 한다(김재한 1996).

군사대결의 긴장을 조금이라도 완화시키기 위한 목적의 DMZ는 무장해제가 될 때 그 존립근거가 인정된다. 반대로 중(重)무장화된 DMZ는 DMZ 존립근거를 위협하는 최악의 상황이다. 전쟁억지라는 상호이익이 실현되기 위해서는 DMZ를 이름 그대로 비무장하여 화력을 후방으로 배치해야 한다.

여러 남북한 협력 사업에는 지뢰철거가 선결과제이다. 남한에서 지뢰사고로 인한 피해가 적지 않다. 1999년 국방부가 제출한 국정감사 자료에 따르면 군사분계선 이남에 1,125,000발의 대전차지뢰(M15)와 대인지뢰(M14) 등이 매설되어 있다. 한국전쟁 이후 방어 목적으로 비무장지대의 남측 구역에 매설된 지뢰에 대한 정보는 매설도가 있어 남한 군 당국이 어느 정도 파악하고 있는 것으로 알려져 있으나, 북측 지역에 매설된 지뢰에 대해서는 북한 군 당국이 파악하고 있는지 여부도 알려져 있지 않다. 더구나 남북한 공히 홍수로 인해 유실된 지뢰가 많으며, 한국전쟁 기간 중에 무차별적으로 살포된 미확인 지뢰도 많은 것으로 추정되고 있다. 따라서 지뢰 제거에는 적지 않은 사상자와 비용이 들 것으로 예상되고 있다.

지뢰는 남북한의 상호교류를 억제하는 면이 있지만, 다른 한편으로는 무차별 개발을 억제하는 면도 있다. 지뢰의 완전한 제거에 여러 어려움이 있다면, 철도·도로와 같은 남북한 연결망은 DMZ를 가로질러 가는 4㎞이내의 고가철도·고가도로의 형태가 될 수 있을 것이다. 고가(高架)를 이용한 연결에는 반드시 광범위한 지뢰 제거가 필요한 것은 아니다.

이 경우 DMZ보존은 오히려 더 용이할 수 있으며, 동물들의 통로를 차단시키지 않는다는 점에서도 정당화될 수 있다. 생태통로(eco-bridge)가 없는 고속도로에서 차량에 희생되는 야생동물이 해마다 크게 증가하고 있기 때문이다. 또 DMZ구역의 고가 연결은 남북한 철도·도로 연결이 남침과 북침의 성공가능성을 높인다는 일부의 우려도 해소시킨다. 즉 지뢰밭은 전쟁도발과 난개발을 억제하는 바, 적어도 자율적으로 평화와 자연을 보존하지 못하는 상황에서는 효과적이었다.

2. 연결망 구축

전쟁억지와 완충이라는 본연의 기능 다음으로 중요한 DMZ의 기능은 연결이다. DMZ라는 경계선은 이제 그 경계선을 넘어 남과 북을 연결시켜 주는 중간 매개가 되어야 한다.

DMZ를 통한 연결망에 여러 가지가 있으나 대표적으로 언급될 수 있는 것은 철로 복원이다. 오늘날 경제성 기준에서는 철로가 도로보다 좋지 않다. 하지만 승객과 화물을 통제할 수 있다는 점에서 철도가 우위에 있다. 당장 전면적 개방이 불가능한 북한으로서도 철도에 대해서는 협조적일 수 있다.

현재 추진되고 있는 사업은 서울-신의주 간 경의선 즉, 북한에서는 평양-부산 간 평부선으로 부르는 철도의 복원이다. 남북한을 관통하는 노선 가운데 경의선은 단절구간이 가장 짧은 노선이며, 중국횡단철도(TCR)에 연결되고, 북한 내에서도 물동량이 많은 노선이라는 점에서 우선적으로 추진되고 있다. 해상항로를 통한 남북물자 운송비용은 현재 인천-남포 간이 7~8일의 운송기간에 20피트 기준 컨테이너(TEU) 한 개에 약 1,000달러이고 인천-평양 간은 13~14일 소요되고 있는데, 이 비용은 인천-대련 간 비용과 인천-홍콩 간 비용보다 두 배 비싸고 부산-유럽 간 운송비와 비슷한 것이다. 이 비용은 경의선이 복원되면 1~3일의 운송기간에 100~250달러 수준으로 될 것이며, 장기적으로 북한은 남북교역과 물동량 통과운임으로 연간 1억 달러 이상의 수입을 얻고 남한은 연간 5천만 달러의 물류비를 절감할 수 있을 것으로 추정되기도 한다. 물론 경의선 복원의 경제성을 부정하는 입장도 존재하고 있다. 남포항의 물류비용이 많이 드는 이유가 높은 입항료, 낙후된 육상수송, 통제되는 야간 입출항 등이기 때문에 경의선 철도가 복원되어도 통관시간과 절차에 따라 시간과 비용은 증대될 수 있다.

서울-원산 간 경원선 가운데 31㎞의 단절구간인 신탄리(연천군)-군사분계선(16.2㎞) 구간과 군사분계선-평강(14.8㎞) 구간을 복원하는 것은 정부에서 추진 중이다. 남측 구간에 대해 1991년에 실시설계를 끝냈고 1998년에 용지매입을 완료했다. 경의선과 마찬가지로 경원선은 함경선을 통해 시베리아횡단철도(TSR)에 연결될 수 있을 것이다.

서울-내금강 간 금강산선은 신탄리역부터 복원해야 할 것이다. 해방 이전까지 철원까지는 경원선을 이용하고, 철원에서부터는 사철(私鐵)인 단선 전기철도였다. 남한에서 북한지역의 전구간 51km를 복원하여 운영하는 것도 검토하고 있다. 건교부는 구철원-정연-금곡(김화읍)의 24.5km 단선전철의 실시설계를 1999년에 완료했다. 북측의 철로가 거의 폐쇄되었기 때문에 남북 간 연결을 한다 하여 당장 개통할 수 있는 것은 아니다.

양양-원산 간 동해북부선 연결도 추진되고 있다. 1937년 개통되었던 동해북부선은 태평양전쟁 말기에 일본이 군수목적으로 철도레일을 철거하여 철도노반만 남아있는데, 강릉-군사분계선 간 112km와 군사분계선-온정리 간 18km가 끊겨져 있다. 경의선과 마찬가지로 남북한은 동해선 연결식을 이미 가졌지만, 개통되지 못하고 있다.

도로는 승객 통제라는 기준을 제외한 모든 면에서 철로보다 더 효율적인 간접투자이다. 특히 철로 복원공사 때 필요한 도로를 확장하여 차도로 만들 수 있을 것이다. 경의선 철도에 해당하는, 판문점을 관통하는 국도 1호선(목포-문산-자유의 다리-판문점-개성-신의주)은 복구된 상태라고 말할 수 있다. 경원선 철도에 해당하는 국도 3호선(남해-의정부-동두천-연천-신탄리-월정리-평강-초산), 국도 5호선(마산-춘천-김화-평강-중강진), 국도 7호선(부산-강

릉-고성-장진-원산-은성), '금강산 가는 길'의 국도 31호선(부산-양구-백현리-회
양), 국도 43호선(발안-의정부-포천-신철원-김화-회양-고성) 등은 확·포장의 대
상이다.

이 외 지방도의 연결, 특히 군사도로의 연결은 가능할 것이다. 원통-서화
간 453호선 지방도로도 가능성이 높은 도로이다. 원통에서 내금강까지 1시
간 미만에 도착할 수 있어 남한지역에서 내금강산으로 가는 가장 빠른 길
이며, 지금 북한지역에 3~5m의 도로 폭이 그대로 남아있는 것으로 알려져
있다.

DMZ에서 흐르는 수계도 DMZ를 넘는 남북한의 중요한 연결망(網)이
다. 지천(支川)을 제외한 비무장지대를 관통하는 수계는 임진강, 한탄강,
북한강, 소양강, 남강의 5개이다. 남강을 제외한 4개 강은 북한지역에서
발원하여 남한지역으로 흐르는 강들이다. 남강은 북한지역에서 발원하여
DMZ를 거친 후 다시 북한으로 돌아가 동해로 유입된다. 금강산과 국사봉
사이에서 발원한 남강 본류는 남한지역을 거치지 않지만, 건봉산과 향로
봉의 서쪽 계류가 DMZ에서 남강 본류와 만난다.

남북한은 최근 하절기마다 수해로 엄청난 피해를 겪었다. 한강과 임진
강을 중심으로 홍수방지와 수자원확보는 공동의 이익이 될 것이다. 특히
임진강은 전체유역 면적의 60%이상이 북한지역에 위치하고 있으며 또 강
전체 길이의 약 ⅓만이 남측에 위치해 있기 때문에 남한으로서는 홍수관
리가 쉽지 않다. 상·하류 일대의 강우량과 수위기록에 관한 정보의 교환,
홍수경보시설의 공동 운영, 수계관리 목적의 삼림지원, 북한 지역인 강원
이천 또는 경기 연천의 남북한 합작 댐 건설 등은 곧 상호이익이 될 수 있
을 것이다.

사람과 물건을 나르는 연결망뿐만 아니라 에너지와 정보를 나르는 연결
망도 있다. 광역통신망, 전력공급선, 파이프라인 등이 그러한 예이다. 특히

북핵 관련 6자회담에서 남측의 대북 송전 문제는 깊이 논의되었다. 전력 공급선 건설은 남한과 수급상황이 반대인 북한으로서는 남한과 함께 상호 이익이 될 수 있는 사안이다. 북한은 에너지난을 겪고 있지만 경제난으로 전기 공급시설 공사를 추진하기도 어렵다. 반면에 남한은 하절기 전력최 대사용 시간대에 전력공급시설을 맞출 수밖에 없다보니 하절기 심야전력 의 공급과잉은 크다. 전기의 공급이 수요를 초과하면 전기의 질이 나빠져 정밀기계나 중화학제품 생산에 지장을 주기 때문에 남한은 하절기 심야 잉여전력을 소비하기 위해 양수발전시설을 가동 중이다. 남북한이 잉여전 력을 상대에게 공급하는 것은 발전시설 설치비용을 절감할 수 있고 또 남 북한 간 위탁가공품의 품질을 전력공급의 안정으로 고급화시킬 수 있기 때문에 여러 가지 면에서 상호이익이자 상호의존이 될 수 있다. 하지만 전 력공급선의 연결은 그 이전에 해결해야 할 여러 기술적 문제들이 있기 때 문에 많은 투자가 선행되어야 한다.

남북한 송전선 전력구를 지하로 하는 방안도 거론될 수 있을 것이다. 특히 DMZ를 관통하고 있는 땅굴이 누구에 의해 구축되었던 간에 전쟁 목적의 시설이 평화적으로 이용된다면 진정한 신뢰구축을 이룰 수도 있을 것이다. 현재 남한의 여러 지역에서 주민들이 송전탑 철거 운동을 하고 있 는 것을 보면 DMZ의 생태계 보존을 위해서도 송전시설을 지하로 하는 것이 바람직할 수 있다.

DMZ를 관통하는 파이프라인의 건설도 남북한 모두에게 큰 이익을 가 져다 줄 것이다. 현재 동북아지역 천연가스 공급을 위해 검토되는 파이프 라인 PNG(Pan-Asia Natural Gas)사업은 크게 이르쿠츠크, 사하, 투르크메니 스탄 사업 등 세 가지인데, 이르쿠츠크 사업이 가능성이 가장 높다. 여러 파이프라인 망 가운데 러시아-중국-북한-남한-일본을 연결하는 라인이 남 북한 모두에게 이익이 될 것이다.

남북한의 연결은 남한으로서는 비로소 대륙국가로 도약하는 의미를 지닌다. 북한은 남한으로 연결되는 매개체가 된다는 점만으로도 부가적 이익을 창출할 수 있을 것이다. 해저터널을 통한 일본과의 연결은 남북한 연결의 부가적 가치를 증대시킬 것이다.

물론 남북한의 연결이 그렇게 간단한 작업은 아닐 것이다. 철도연결도 단절구간만 복원시킨다 하여 기차가 바로 운행할 수 있는 것은 아니다. 중국과 시베리아에 연결되기 위해서는 궤도 폭의 조정이 필요하며, 남북한 사이에도 상이한 전력체계와 철도제어체계를 조정해야 한다. 철도제어문제는 경계선에서 기관차를 교체하거나, 듀얼 모드 방식의 기관차를 개발하거나, 신호변환 장치를 새로 설치해야 할 것이다. 이러한 운영체계 조정에도 적지 않은 비용이 들 것이다. 북한의 철도는 단선이고 운행속도가 시속 30㎞에 불과한 점도 해결해야 할 과제이다.

더 이상 사용하지 않는 북한의 철도와 도로를 복원하는 것은 덜 경제적이다. 차라리 새로운 구간을 건설하는 것이 나을 듯하다. 경의선의 경우에도 일제 시대 당시 지역의 이해관계로 우회되어 설치되었었다. 경의선의 복원은 대륙으로 연결되는 것을 고려하면 신설되는 경우, 직선화시키는 것이 필요하다.

3. 공동사업

이렇게 구축된 연결망 위에 몇 개의 센터를 건립할 수 있을 것이다. 물론 센터의 건립이 연결망 구축을 가져오기도 할 것이다.

경제적 측면에서 필요한 센터는 국제물류센터이다. 물류센터는 주관자가 누가 될지는 몰라도 실현가능한 사업이다. 실현된다면 경의선 철도와 도로 근방에 설치될 가능성이 높다. DMZ물류기지는 경의선 복구와 마찬가지로 남북한 간의 물류비용을 ⅓로 줄일 것으로 추정된다.

정치적인 측면에서 가장 필요한 센터는 이산가족 만남의 장이다. 현재 금강산에 면회소를 설치하고 있지만, 금강산은 북한 지역이다. 이산가족 면회소를 DMZ에 설치하는 것이 비용 면에서 유리할 것이다. 이 시설의 건립을 남북한이 합의한다고 해도 지역 간의 치열한 유치경쟁이 전개될 수도 있다.

철원 월정리역 앞의 전망대에서 궁예가 도읍했다는 도성터를 볼 수 있다. 이 도성터의 남북경계선이 DMZ경계선과 일치한다 하여 통일한국의 수도를 철원으로 하고, 정부청사를 궁예 궁터로 하며, 통일한국 이름을 태봉(泰封)이라고 하자는 주장도 있다. 반드시 그렇게 미화시킬 필요는 없지만, 서울이 아닌 지역에 행정센터를 건립하는 것은 필요하다.

경제가 아닌 정치 또는 행정의 중심지는 굳이 서울에 근접할 필요는 없다. 미국의 주도(州都)가 경제중심 도시가 아닌 지리적으로 중심인 도시라는 점은 앞으로의 국토계획에 참조해야 할 것이다.

한반도의 동서남북 극점을 연결시켜 나오는 국토 중앙점은 양구이다. 반면에 한반도의 무게중심은 김화와 평강 부근이다. 즉 이 부근의 한 지점이 한반도의 평면지도를 수평으로 유지시킬 수 있는 지점이다. 특히 이 지역은 남북한 철책선의 간격이 670m로 가장 가까운 곳으로 알려져 있다. 남한지역에서 금강산선의 최종역이라고 할 수 있는 금곡역이 근처에 있는 지역이다. 도로와 철로와 같은 접근성은 센터건립으로 자연스럽게 해결될 것이다.

이산가족 만남의 장은 국제회의시설로도 활용될 수 있다. 동북아안보의 핵심의제는 한반도안정이다. 동북아안정을 위해 동북아다자간안보체제를 정례화하고 이의 사무국을 그 센터에 두는 것이 바람직하다. 정규적인 북핵 6자회담, 아세안지역포럼(ARF), 동북아협력대화(NEACD), 아태안보협력협의회(CSCAP), 동북아안보회의(SNEAS), 기타 다자간회의를 유치하는 것만 으로 한반도안정에 크게 도움 될 것이다.

남북한의 체육교류도 필요할 것이나, 굳이 DMZ와 인접지역의 생태를 파괴하면서 건설할 필요는 없을 것이다. 국제대회에 참가하는 남북한 단 일팀의 연습 장소는 최소한의 공간으로 건설할 수 있을 것이다. 물론 그 장소에 월드컵 경기대회와 같은 큰 국제대회를 유치하게 된다면 그 시설 의 규모는 증대될 것이다.

DMZ는 환경을 파괴하는 것이 아니라 DMZ의 긴장을 완화시키기 위한 것이어야 한다. 대규모이든 소규모이든 규모의 크기는 긴장완화 정도에 큰 차이를 주지 않는다. 그렇다면 상징적인 사업이 될 수 있는 소규모의 센터가 필요하지 복합적이고 대단위의 도시 건설은 당장은 필요 없다. 거 창하게 시작된 사업들이 제대로 되지 않는 경우는 허다하다. 규모의 증대 는 통일 이후에 자연스럽게 해도 늦지 않고 오히려 더 가능한 일이다.

남북한이 DMZ를 대상으로 실시할 수 있는 여러 사업이 있다. DMZ 내 의 한국전쟁 사망자 시신을 공동으로 발굴하는 것은 남북한의 어두운 역 사를 청산하는 의미 있는 사업이다. 궁예 도성터와 같은 DMZ유적지를 남 북한이 공동으로 조사하는 것도 문화재발굴의 학술적인 면뿐만 아니라 민 족통일의 역사적인 면에서도 의미 있는 주요한 공동사업이다. 또 DMZ생 태 공동조사도 필요하다. 남북한을 자유롭게 오고가는 조류 생태에 관한 공동조사 작업은 인간의 분단을 깨는 출발점이 될 수도 있다.

DMZ와 인접지역에 창궐하고 있는 말라리아와 광견병의 퇴치사업도 남북한공동협력사업의 예이다. 이미 남한은 북한에게 약제, 장비, 인력의 지원으로 금강산 지역 솔잎혹파리에 대한 공동방제를 실시한 바 있다.

DMZ와 인접지역에서 실시하는 남북한 공동영농에서 남북한 간에 기 술, 자본, 노동의 분업이 잘 이루어질 수 있다. 동해와 서해에서의 공동어로사업도 마찬가지이다. 공동조업뿐만 아니라 생산 및 교역이 전제된다면 더 효과적일 것이다. 북한 수역에서 어획한 수산물을 일정 비율로 현금 및 현물로 지급하고, 북한어선이 어획한 수산물도 남측 항구에서 위탁 판매 할 수 있게 하자는 것이다.

V. 공동이익 실현 방법론

1. 공동 DMZ사업의 분권화

DMZ사업도 해당 지역의 자치단체가 관할할 수 있어야 한다. 동서독의 경우 통일 이전에 도시 간 자매결연이 많았다. 1986년에 맺어진 서독의 자 아르루이스(Saarlouis)와 동독의 아이젠휘텐슈타트(Eisenhuettenstadt) 사이의 협정 이래 1989년 말까지 62개의 도시 간 자매결연이 있었다.

남북한 간에도 지방정부 간의 교류가 허용되어야 한다. 정경분리로 민 간기업의 대북 관계 개선을 허용하듯이, 지방분권으로 지방정부의 대북 관계 개선을 허용해야 한다. 북한주민과 격리된 대남 교류를 원하는 북한 당국의 입장을 감안하여 현대가 금강산관광을 추진하였듯이, 마찬가지의 이유로 남북한의 강원도가 교류를 하는 것이 북한 당국의 입장을 고려한 지방정부 간 교류가 될 수 있다. 단 정경 분리의 원칙은 기업이윤을 전제 로 하여야 하며, 마찬가지로 중앙-지방 분리의 원칙도 지역주민이익을 전 제로 해야 한다. 상호이익이 아니고 적어도 일방에게는 손해인 사업을 추 진해서는 아니 된다.

남북 강원의 교류협력 그리고 남북 철원의 교류협력의 예에서 보듯이, 북한측의 상대는 엄밀한 의미의 지방자치단체라고 말할 수 없다. 남북 강원이 합의한 세 가지 협력사업 가운데 하나인 씨감자 원종장 시설 건설 예정지로 북한 측은 북강원도가 아닌 양강도를 검토하고 있다든지, 또 철원군의 북철원지역 방문을 허용하지 않고 있는 것 등은 북한의 대남 교류 협력이 지방단위로 내려가는 것이 전혀 아님을 보여주는 것이다. 남북한 접경교류는 지방자치단체 간의 직접 교류가 도움이 되나, 이는 북한체제의 변화가 있어야 가능한 일이다.

지방자치단체들은 북한과의 교류협력을 위해 많은 위원회를 설치했다. 도(道) 단위뿐만 아니라 군(郡) 단위에 남북교류를 위한 많은 위원회가 있지만 실제적인 활동은 많지 않다. 왜냐하면 정부의 각종 위원회가 그러하듯이 전문가로 구성된 것도 아니고 그렇다고 정책을 결정하고 추진하는 권한을 가진 조직도 아니기 때문이다.

지방정부는 실현가능한 사업을 추진하는 자세를 견지하고 전문적인 정책분석, 정책결정, 정책평가 등을 실시하여 사업의 책임소재를 분명히 해야 한다. 자치단체의 각종 사업(용역 및 행사 포함)의 중복투자를 피하고 효율적으로 추진해야 할 것이다.

접경지역종합계획에 지방자치단체들은 자신의 지역에 많은 사업들이 실시되도록 의견을 개진하고 있는데, 남한 쪽 접경지역뿐만 아니라 북한에서의 사업까지 고려하면 엄청난 재원이 소요되는 사업구상들이다. 접경지역에서 백화점식으로 너무 다양한 사업을 건의하고 있는 것은 그만큼 각종 정책에서 소외되었고 이번 기회에 주민숙원사업을 이루려는 것이다.

시·군별로 남북한 협력사업과 접경지역 지원 사업을 추진하다보면 유사한 사업들이 중복될 것이다. 하나의 군에서 몇 개의 지역축제를 열고 그것도 다른 시·군의 축제와 유사해서는 지역주민뿐만 아니라 외지인들에게도 유인책이 되지 못한다.

접경지역의 사업들은 비(非)접경지역과 차별화가 되어야 한다. 그렇지 않고서는 다른 지역에서도 추진할 수 있는 사업이라면 수도권이 유리한 경우가 많아서 경쟁력에서 뒤질 것이다. 그렇다고 접경지역에서 최고 수준의 사업을 추진하는 것도 쉽지 않다. 따라서 미투(me-too)사업과 최고(number one)사업보다는 유일(only one)사업이 장기적으론 더 나은 성과를 가져다 줄 것이다.

특히 인구밀도가 낮은 강원북부 지역의 경우에는 나눠 먹기식 사업추진보다 특정 사업에 집중 투자하는 접근이 필요하다. 나눠 먹기식 사업은 비효율적일 때가 많다. 중앙정부는 여러 지방의 요구를 조정해야 하며, 아울러 광역자치단체도 기초자치단체의 여러 요구를 조정해야 할 것이다. 나눠 먹기식 예산과 사업의 분산보다 남북한협력에 도움이 되는 방향으로 조율해야 한다. 물론 일선 시·군의 건의를 과감하게 조정할 때에는 소외되는 시·군에게 충분한 보상을 주는 방향으로 조정되어야 한다.

접경지역의 주관주체도 검토대상이다. 비무장지대를 비롯한 접경지역 관리에서 환경부의 역할이 최근 증대되었다. 그리고 접경지역지원과 관련해서는 행정자치부에 주도적 역할이 주어져 있다.

접경지역에서의 사업은 환경, 개발, 관광, 영농, 역사유적, 남북한교류협력, 안보 등 수많은 분야에 걸쳐있다. 분야별 사업들을 하나로 종합하는 종합계획수립은 각 분야별 지도상에 표기된 사업들을 다시 하나의 지도로 만드는 작업이다. 즉 생태지도, 유적지도, 관광지도, 개발지도, 남북연결지도, 군사작전지도 등을 중첩하여 하나의 새로운 지도로 만드는 것으로 볼 수 있다.

다른 분야들은 지도상에 각 사업들을 구체화시켜 공개하여 합의할 수 있는 사안들이겠지만, 군사안보적인 사업들은 상대적으로 공개시켜 논의하기 어려울 것이다. 그렇다고 통일·안보 분야의 부서가 주도적으로 참여하지 못하는 접경지역지원은 바람직하지 못하다. 종합계획의 수립에는 통일·안보적 측면이 고려되어야 한다.

중앙정부에서 지방정부로의 하향식 정책결정도 문제이다. 접경지역지원 사업은 지방으로부터의 의견 개진으로 발전계획이 수립되고 있지만, 댐 예정지 발표 등을 보면 탁상공론식의 계획이 먼저 발표되고 이에 지역주민들이 반발하는 것으로 반복되고 있다. 영월 동강 댐과 인제 내린천 댐의 건설 발표와 철회가 접경지역에 있는 북한강 수입천과 한탄강에서도 반복되었다. 접경지역의 특수성을 십분 활용하여 접경지역의 주민에도 이익이 되는 동시에 남한과 북한 모두에게도 이익이 되는 정책을 선택하여 지역주민의 반대투쟁으로 인한 사회적 비용을 극소화시키는 지혜가 필요하다 하겠다.

남북한 공동사업 가운데 소규모화와 분권화로 추진된 사업들이 오히려 더 성공적이었다. 솔잎혹파리방제사업과 연어부화장건립사업은 많은 비용 없이 남북협력에 기여했다고 평가되고 있다. 대북 협력에서도 정경분리와 지방분권이 필요하다. 획기적인 남북협력보다 사소한 사업들에서 남북한 교류협력을 증진시키는 것이 남북한 간 신뢰구축과 화해에 도움이 될 수 있을 것이다.

동서독 간 국경위원회(Grenzkommission)는 남북한 직접교류에 참조해야 할 조직이다. 이 기관에서는 동서독 접경지역에서 발생하는 자연재해 공동방지, 환경오염 방지, 국토이용, 수자원관리, 도로연결 등의 협력 사업을 추진한 바 있다. 국경정보교환소(Grenzinformationsstelle)를 운영하다 상주대표부를 설치하게 되는 진전을 보였던 것이다. 즉 사소한 협력이 신뢰구축에 큰 도움이 되는 것이다.

중앙정부는 남한 전체의 손익 계산상 바람직한 사업에 대해서는 지원을 증대시키고, 그렇지 않은 사업에 대해서는 지원을 줄이는 방향으로 가야 할 것이다. 예컨대, 교부세를 비롯한 각종 지방 지원액의 산출시, 접경지역의 주둔 군 장병의 수와 규제지역의 면적 크기를 감안해야 한다. 실제 교부세 배정 18개 항목 가운데 5개 항목에 군 장병 수를 반영하고 있는데, 좀 더 실제적인 보상이 되게끔 해야 한다.

접경 현지에서는 비무장지대와 민북지역의 보존에 대해 매우 부정적이다. 왜냐하면 개발을 억제시키는 면이 있기 때문이다. 현지의 개발 위주 사업 추진을 억제하기 위해서는 충분한 보상이 있어야 할 것이다.

즉, 중앙정부는 규제 중심의 정책을 취할 것이 아니라, 보상체계를 마련하여 지역주민들이 스스로 선택하게끔 만드는 정책을 추진해야 할 것이다.

접경지 이용에 관련된 정책도 궁극적으론 해당 자치단체에 위임해야 한다. 물론 접경지역 개발권한을 자치단체장에게 위임하는 방안에 대해 시민단체의 반발이 매우 크다. 즉 민선자치단체장은 개발민원에 굴복할 수밖에 없다는 것이다.

그렇지만 지역사회에 위임하지 않는 것은 자칫 특정지역의 지속적인 희생을 강요할 수도 있다. 환경영향평가와 같은 개발과 관련된 권한이 지방자치단체에 있으면 환경보존과 관련된 지방정부의 협상력은 제고될 것이고 지역사회에서는 환경을 보존하면서도 더 큰 이익을 얻을 방안이 있으면 그 방안을 채택할 것이다. 타지역 주민의 입장에서 세금을 더 내야하기 때문에 비용은 증대될 수도 있지만, 환경이 보존되어 공익이 보장되는 결과가 될 것이다.

접경지역주민들이 무조건적인 개발을 원하는 것도 아니다. 경기북부지역주민을 대상으로 한 조사에서 "시군 발전을 위해 가장 시급히 요구되는 시설"에 관한 질문에 '공원·녹지'가 12.4%, '자연생태공원'이 10.6%, '공장' 8.2%, '의료시설' 6.9%, '철도' 6.6%, '레저시설' 6.1% 순으로 응답한 바 있다. 또 "'접경지역지원법'이 제정될 경우 최우선적으로 반영해야 할 사항"에 관한 질문에서 '경제활성화 시책'이 26.5%로 낮지 않게 나왔으나,

'환경보존 대책' 35.1% 그리고 '부동산 투기방지 대책' 17.5%로 개발의
부작용에 대해 경계하고 있는 것도 사실이다(안병용 1999).

2. 상호성과 제도화

화해 무드가 남북한 접경지역 교류에서 정착되기 위해서는 여러 가지
조치가 필요하다. 첫째, 무엇보다도 상호성이 중요하다고 할 수 있다. 기
존의 남북한 협력 분야를 보면, 남한이 북한에게 제공할 내용에 대해 북한
이 합의해주는 방식이었다. 쌍방이 의존적인 관계로 되어야 협력관계가
안정적이다.

환경단체에서는 민통선북방지역의 생태환경이 지역주민의 개발 요구
때문에 훼손된다고 하는데, 지역주민들은 북한 쪽의 생태는 전혀 보전되
지 못하는 상황에서 자신들의 재산권만 제한하느냐는 불만을 지니고 있다.
사실 북한의 환경문제는 남한보다 훨씬 더 우려할 만한 수준인 것으로 알
려져 있다.

더구나 안보분야에서의 상호성은 더욱 중요하다. 전방에 배치된 전력의
우열에 대해 서로 다른 주장을 하고 있는데, 일방의 무조건적인 무장해제
는 결코 전쟁방지에도 도움이 되지 않는다. 군비감축이야말로 상호성을
지녀야 할 것이다.

든든한 안보 위에서 남북한 협력이 진행되어야 하고, 인도주의 또는 동
포애 차원을 제외하곤 경제협력에서도 상호성이 요구된다. 유럽통합의 역
사도 유럽석탄철광공동체(ECSC), 유럽원자력공동체(EURATOM), 유럽경제
공동체(EEC) 등 천연광물, 원자력, 무역 분야에서의 상호이익 추구로 시작
되었다. 남북한 공동체도 석탄, 전력, 교역 등 직접 교류협력을 통해서 이
루어질 수 있다.

둘째, 제도화가 필요하다. 2000년의 남북한 정상회담 이후 남북한관계
는 냉전에서 탈냉전으로 되었다는 주장도 있지만, 정치적이거나 이벤트적
인 협력단계에서 아직 벗어나지 못하고 있다. 북한과의 만남 자체만으로
획기적인 변화를 가져왔다는 주장은 더 이상 적절하지 않다. 또 만나서 합
의했다고 해도 그것이 제대로 지켜지지 않을 때가 많기 때문에 제도화와
는 거리가 멀다.

남북협력 사업은 단기적 성과를 위해 무리하게 추진돼서는 아니 된다.
국민의 혈세를 낭비하는 일회성 사업을 추진해서는 아니 된다. 순수한 의
도의 대북 정책도 정파적이라고 의혹을 받는 분위기에서 단기적 성과를 위
한 사업은 소기의 정치적 목적조차 달성하기가 어렵다. 또 각종 대회와 사
업의 유치를 위해 북한과의 공동주관을 주장한 적이 많았는데, 북한 카드
를 이용하는 사업은 그만큼 정치적이고 이벤트적이었으며, 아울러 이러한
사실을 잘 아는 북한 당국도 다분히 정치적이었다.

남북 철도 연결공사에서 경의선 남측 구간은 비무장지대 구간을 제외한
이남 구간이 2001년 9월 완공되어 임진강역까지 운행되고 있다. 하지만
북한은 2001년 2월 8일 제5차 군사실무회담에서 합의한 경의선 연결 공
사를 위한 'DMZ관리구역 공동규칙'을 행정상의 이유를 들어 합의서 서명
을 미룬 적이 있었다. 경의선 및 국도 1호선을 복원할 때 공사기간을 맞추
기 위해 무리하게 환경영향평가도 제대로 하지 않고 또 환경조사보고서를
무시하면서까지 추진하였지만, 결국 북한 측 구간의 공사가 제대로 착공
되지 않았기 때문에 무리하게 서둘 필요가 없었던 일이었다.

이러한 제도화를 위해서 가장 중요한 것은 그러한 만남과 합의가 자신
에게 유리하도록 만드는 것이 필요하다. 남과 북이 내재적으로 이러한 사
업들을 추진해야 할 진정한 동기부여가 되어야 이러한 사업들이 진정으로
성취될 수 있고 또 바람직한 것이다. 만남 자체가 자신에게 불리하지만 다

른 대가를 받고 만나준다든지 아니면 합의도 자신의 필요가 아니라 상대
방의 요구에 의해 해주는 것이라면, 그러한 만남과 합의는 남북한관계 발
전에 큰 변화를 주지 못한다.

접경지역은 공동의 공간이기 때문에 어느 한쪽에 의한 일방적 추진은
지양되어야 한다. 쌍방간 사업의 추진을 위해서는 협력의 동기부여와 보상
이 중요하다. 즉 상호 협력에는 공동이익이 전제되어야 한다.

평화와 생태보전에 관한 남북한 협의도 남한이든 북한이든 비무장과 생
태보전을 하는 것이 이익이 되게끔 환경을 만들어야 한다. 남북한 주민들
의 복리를 증진시키는 방향으로 가야할 것이다. 남북한 집권층 일부의 정
파적 이해관계로 추진되는 것은 장기적으론 남북한관계에도 좋지 않은 영
향을 준다. 접경지역의 주민들에게 희생을 강요하거나 더욱 더 격리 수용
되는 결과를 가져다준다면, 이 또한 바람직하지 않다.

생태보전도 공공재이다. 공공재는 늘 비용분담의 어려움이 존재한다.
접경지역에서 개발가치가 있는 곳은 개발하고 보존의 가치가 있는 곳은
보존하는, 즉 비용편익 분석방법에 의거하여 토지이용계획과 자연보전계
획이 수립되어야 한다. 접경지역을 둘러싼 비용편익 계산은 당연히 남한
전체 또는 한반도 전체 차원, 심지어 지구촌 시각에서도 해야 한다. 가장
큰 순이익을 가져다주는 대안이 바로 채택해야 할 정책이다. 그러한 공리
주의적(utilitarian) 시각에서는 편익의 합과 비용부담 능력의 합은 매우 크
다고 볼 수 있고, 수익자부담 원칙에 따라 수익자 이익의 일부를 현지로
이전시키면 현지 지역에게는 더 큰 도움이 될 것이다.

접경지역 사업의 성공은 공동이익의 크기에 따라 좌우된다. 접경지역에
관련된 각종 이해관계는 지방주민, 중앙정부, 북한, 국제기구 등 어떤 주
체와도 공통성이 있을 것이다. 따라서 성공가능성을 높이기 위해서는 외
부기관의 유기적 협력이 필요하다. 즉 남한 전체 국민, 남한 중앙정부, 북

한 정권, 외국 정부, 외국 NGO, 국제기구 등과의 잠재적 상호이익을 강조하고 그러한 방향으로 추진해야 한다.

3. 비(非)남용과 비(非)방치의 DMZ정책

중앙정부는 개발을 억제하고 지방정부는 개발을 지향한다는 이분법적 인식이 팽배하다. 중앙정부도 개발억제적 이미지를 탈피해야 하고 지방정부도 개발지향적 이미지를 탈피해야 한다. 지방정부는 개발정책이 아닌 통일사회정책이라는 측면에서 접근한다는 인식을 심어주어야 정책반발이 적을 것이고 성공적으로 수행될 수 있다.

난개발의 가장 큰 수혜자는 지역주민이라기보다 투기성이 강한 외지인일 것이다. 재산권 행사에 많은 불이익을 주는 것도 피해야 하지만, 싼 가격으로 토지를 구입하여 비싸게 파는 투기도 막아야 한다.

DMZ개발이 지역 저발전의 만병통치약은 아니다. 지역사회나 자치단체가 DMZ정책과 대북 정책에서 너무 큰 지역이익을 기대하는 것은 비현실적이다. 지역경제와 가장 관련이 있는 기업의 투자와 활동조차 많은 이익을 가져다주지는 않았다. 예컨대 현대 금강산관광이 지역사회에 많은 경제적 이익을 가져다주었다는 주장에 대해 지역사회에서는 회의적인 견해가 많다. 심지어 기업이 아닌 정부 주도의 대북 정책과 DMZ정책에서 자연스러운 지역경제 활성화가 올 것이라고 기대하는 것은 매우 순진한 생각일 수 있겠다.

DMZ와 관련된 각종 사업에서 직접적인 지역사회의 경제적 이익을 추구하는 것은 현명하지 않다. 민족이나 사회 전체의 관점에서 큰 공익을 실현시켜주고 그것에 대한 보상으로 지방정부교부금과 같은 보조예산을 받는 것이 지역사회나 국가 차원에서 모두 바람직한 것이다. 비현실적인 무

〈그림 1〉 개발-보존과 남용-이용-방치의 관계

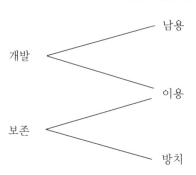

조건 보존의 주장뿐만 아니라 개발지향적인 단편적 아이디어도 이제 그만 둘 때이다.

어떻게 보면 민통선지역의 많은 부분이 사유지인 것을 감안하면 보존을 위한 토지확보는 북한지역이 더 경제적이고 쉬울 수도 있다. 남북한의 협력은 환경보존을 위해서도 필요한 것이다.

앞에서 DMZ를 둘러싼 남한 내의 갈등은 개발이냐 보전이냐하는 흑백 논리적인 대립이었다. 하지만 개발과 보존이라는 흑백논리는 적어도 DMZ 에 그대로 적용하기가 어렵다. 개발-보존이라는 이분법 대신에 남용(濫用)- 이용(利用)-방치(放置)라는 삼분법을 제시하고자 한다.

이용에는 적극적 이용과 소극적 이용이 있는데, 적극적 이용은 개발에 포함되고 소극적 이용은 보존에 포함된다. 난(亂)개발은 이용이라기보다 남 용으로 불러야 할 것이다. 개발이 사회전체의 기준에서 이롭지 못하면 그 것은 이용이라기보다 남용이다. 그런 경우 적절한 보존이 바로 이용이다. 이용은 남용과 방치의 반대어이지, 보존의 반대어는 아니다.

반대로 DMZ부근의 손상된 생태계에 대해서는 그대로 두는 것은 보존 이라기보다 방치이다. 민통선 지역의 산들은 붉은 황토와 잡풀들로 무성 한데, 산림이 울창하면 경계에 지장을 주기 때문에 나무를 자르거나 불태우는 소위 사계청소가 실시되어 왔다. 이런 경우에는 생태계를 복원(revert) 시키는 것이 이용이라고 할 수 있다.

DMZ의 이용도 통일을 전제한 것보다 공생 또는 상생을 위한 것으로 고려해야 진정한 의미의 이용이다. 어쩌면 통일지향적 DMZ정책은 보존 보다 개발에 가까운 것일지 모른다.

개발가치가 있는 곳은 개발하고, 보존가치가 있는 곳은 보존해야 한다. 개발의 이익은 소유자와 같은 사업관련자에게 직접 이양되기 때문에 비용 이전의 문제는 없다. 반대로 보존의 이익은 공익(公益)이기 때문에 특정인 이 독점할 수도 없고 특정인을 배제시킬 수도 없다. 따라서 보존의 비용은 국가가 부담해야 한다.

선심성으로 그린벨트를 풀어서는 아니 되듯이, 접경지역 지원도 선거를 의식한 선심정책으로 추진되어서는 아니 된다. 그린벨트 유지와 해지의 비용과 효과를 분석하고 그린벨트 정책을 결정해야 하듯이, 접경지역 지 원의 편익 분석이 선행되어야 한다. 물론 편익분석에는 기본 전제에 대한 방법론적 이견이 있을 수는 있다.

개발에서 예상되는 지역사회의 이익만큼의 이익을 보존에서도 보장해 주어야 보존 정책이 정당화될 수 있다. 즉 사회전체의 비용과 편익의 분석 에서 개발과 보전 가운데 나은 쪽을 선택하고 그리고 난 후 그 선택으로 부터 오는 비용을 분담하는 논의를 해야 한다. 여기서 말하는 이익은 반드 시 경제적 이익만을 의미하지는 않는다. 환경, 문화, 양속, 인심 등과 같은 비경제적 이익을 포함한다.

만일 지역주민에게 그러한 이익을 보상해 주는 것은 전체사회의 나머지 구성원에게 큰 손해 또는 부담이라고 한다면, 다시 말해서 보존에서 오는 이익에서 해당지역에 보상해 주는 것을 공제하면 남는 것이 없는 적자(마이 너스)라 한다면, 굳이 보존의 선택을 합리적이라고 말할 수 없다.

반대로 사회전체의 손익표에서 개발보다 보존이 나으면 보존을 선택하고 그것에 대한 비용분담을 실시해야 한다. 비용분담의 기준으로는 수익자부담 원칙과 원인자부담 원칙과 같은 행위자 기준뿐만 아니라 흥정해(bargaining solution)와 같은 여러 종류의 분담 기준이 있다. 현재의 비용 또는 고통분담은 원인자부담 원칙으로 할당되는데, 이것이 수익자부담 원칙으로 바뀌어야 한다.

천혜의 생태자원을 보존하는 것이 지역주민으로서도 이익이 되게끔 하는 것이 생태보존의 가장 효과적인 방법이다. 희생을 강요하거나 규제중심의 원격(remote)관리로 생태환경을 보존하는 것은 효과적이지 못하다. 지역주민이 생태보존의 주체가 되어야 효과적이다.

환경보존구역지정으로 지역주민에게 보상해주는 방안으로는 세금감면, 관리계약, 임대, 매입 등이 있다. 생태계보전에 필요한 사유지를 정부나 민간단체에서 매입하는 것이 가장 근치(根治)적인 방안이라고 할 수 있다. DMZ와 민통선지역이 한국전쟁 이후 토지대장 소실 등으로 소유관계가 불분명한 데 이를 단계적으로 매입하여 국공유화 하는 것이 소유권 분쟁이 일어나지 않도록 하는 방지책이기도 하다. DMZ의 토지소유자는 거의 없기 때문에 DMZ는 민통선지역과 달리 보존이 훨씬 용이한 지역이다.

관리계약은 토지소유자에게 생태계 보전 활동에 드는 비용을 보상해주는 제도이다. 철새먹이용 곡물의 비용을 보전하는 것이 한 예이다. 환경부는 생태계보전지역, 조수보호구역, 천연기념물보호구역 등으로 지정돼 농작물 피해 등을 입은 주민들과 생물다양성관리계약제도를 맺어 손실보상을 추진 중이다. 대상 토지를 임대하거나 농작물 피해의 직접적 손실을 보상해 주는 방법이다. 세금감면은 재산 처분에 따른 양도세와 소득세 등을 면제 또는 감면해 주는 방안이다.

하지만 무조건적인 보상은 생태보전에 도움이 되지 않는다. 예컨대 일부 지역의 경우 민통선 지역 입주 당시 불편을 감내하기로 하고 입주했음에도 불구하고 사유권 침해와 군부대 규제에 대한 항의를 하는데, 여기에 대해 보상하는 것은 투기적인 행위를 조장하는 것이지 주민권익을 보호하는 것은 아니다.

이러한 한반도 DMZ는 이제 쌍방이 이득을 보는 윈윈 게임(win-win game) 또는 윈윈 지대(win-win zone)로 바뀌어야 한다.

공동협력을 결정하는 가장 중요한 조건은 쌍방 이익의 크기이다. DMZ는 그러한 공동이익의 큰 구성요소가 될 수 있다. 첫째, 경제성이다. 남북한 간에 가장 짧은 동선(動線)은 DMZ이다. 둘째, 격리성이다. 금강산관광도 북한주민으로부터 격리될 수 있다는 점이 성공 요인이었다. DMZ는 그러한 격리성을 지니고 있기 때문에 계획, 격리, 통제, 보호 등이 가능하다. 이러한 이유로 DMZ는 잠재적 상호이익이 되고 있다.

경계선을 넘나드는 존재로는 뭍에 사는 동물뿐만 아니라 물에 사는 동물 그리고 하늘에 있는 동물이 있다. 뭍에 사는 사람이 넘을 수 없는 경계선을 물에 사는 물고기는 넘을 수 있다. 하늘에 있는 새는 더 광범한 지역까지 갈 수 있다. 또 남북한을 오가는 동물의 특징은 비교적 청정지역에만 산다는 점이다. 즉 DMZ를 초월하기 위해서는 멀리 내다보는 비전과 동시에 깨끗함도 아울러 지녀야 한다.

하지만 동물의 왕래는 인간의 왕래가 아니듯이, 항공과 해로를 통한 남북한 접촉은 진정한 의미의 연결이 아니다. 육로를 통한 접촉이 직접 연결이다. 한반도 DMZ가 해상에는 정해져 있지 않듯이, DMZ가 존재하는 분단시대의 남북한 접촉은 역설적으로 DMZ를 경유해야 한다.

한반도 DMZ는 점(點)이 아니다. 면(面)으로 보기도 어렵다. 동서 횡단의 선(線)인 것이다. 이 동서 횡단의 선을 남북 종단의 선으로 취급해야 한다. 다시 말하여 동서로 지나는 남북경계선이 아니라, 그 경계선을 넘는 남북의 구름다리 또는 오버브리지(overbridge)로 만들어 회귀나 복원을 추구해야 한다. 동서 횡단의 DMZ를 보존하면서 남북 종단의 연결망을 복원하는 노력이 필요하다. 재(再)통일과 생태복원(復元), 다시 말해서 분단의 경계선을 넘는 상생(相生)적 회귀로 나아가야 한다. 냉전과 갈등의 상징이라고 할 수 있는 DMZ에서 시작되는 상생적 변화는 훨씬 더 효과적일 것이다.

<hr>

제3장

왜 DMZ 현장인가?

I. 남남갈등과 남북화해의 상관관계

오늘날 북한을 두고 남한사회 내부에서 벌어지고 있는 반목(反目) 현상은 이른바 남남갈등으로 표현되고 있다. 이 남남갈등 용어의 어원에 대해서조차 남남갈등이 묻어 있다. 남남갈등이라는 용어가 분열을 조장하려는 북한의 통일전선 전략의 일환으로 제기된 개념이라는 주장과, 이와 반대로 색깔논쟁으로 기득권을 유지해 왔던 보수 언론이 만들어낸 용어라는 주장이 있다. 남남갈등 용어의 출처가 북한 문건인지 혹은 보수 언론인지 그 근거는 확실하지 않다. 한국언론재단 DB에 의하면, 남남갈등이라는 용어가 처음 신문에 등장한 것은 1997년 8월 2일자 한겨레신문에서이다. 진보이든 보수이든, 남남갈등이라는 용어를 누가 만들었다고 주장하든 공히 남남갈등은 남북관계 진전에 따라 발생했다는 전제가 깔려 있다.

〈그림 1〉 남북화해→ 남남갈등 가설

| 남북 갈등 | ——————————— | 남남 갈등 |

　　김대중 정부의 대북정책 이후 남한 사회 내부에 정부의 대북 우호정책에 대한 옹호와 비판이 대립하는 양상을 보였다. 그리하여 많은 사람들이 남북 화해의 진전은 남남갈등을 조장했다는 믿음을 갖게 되었다. 바로 <그림 1>의 내용이다. 극단적으로 표현하자면, "남북갈등=남남화해"이고 동시에 "남북화해=남남갈등"이라는 등식이다.

　　<그림 1>의 상관관계를 확인하기 위한 분석방법은 여러 가지가 가능하다. 무엇보다도 확실한 방법은 이벤트자료(event data)를 통한 시계열(time-series)분석이다. 시기별로 남북 간의 화해/협력의 수준과 남남 간의 화해/협력의 수준 간의 상관관계를 살펴보는 것이다. 이러한 방법론은 많은 돈과 시간이 소요되는 고(高)비용 작업들이 선행되어야 가능함은 물론이다. 기존 외국 이벤트 데이터를 이용할 수도 있지만, 통계적으로 유의한 수준으로 판단할 정도로 기간과 건수가 충분하지 않다.

　　둘째, 설문조사자료(survey data)를 통한 개별자료 분석이다. 남북화해를 체감하는 사람일수록 남남갈등도 아울러 체감하는지를 살펴보는 것이다. 이러한 방법론은 생태적(ecological) 오류 혹은 구성(composition)의 오류를 범할 가능성을 배제 못할 뿐만 아니라, 이 두 가지 문항을 포함하고 있는 이용가능한 조사자료를 쉽게 구할 수도 없다.

　　여기서는 기존의 조사자료 가운데 남북 간 화해/협력 정도를 북한에 대해 우호적으로 느끼는 비율로 가정하고 정리해 보자. 통일연구원의 조사자료 가운데 북한에 대한 태도 관련 설문 문항이 비교가능할 정도로 일치하는 기간만을 살펴보면 다음과 같다. 북한에 대한 긍정적 / 부정적 태도의 비율은 1994년 59.6% / 37.8%, 1995년 36.9% / 59.6%, 1998년 37.2% / 54.4%, 1999년 51.9% / 36.9%, 2003년 54.4% / 41.1%, 2005년 64.9% / 31.1% 등이었다(최진욱 외 2003; 박종철 외 2005).

통일 및 북한에 대한 인식은 계층별로 큰 차이가 있다. 가장 최근의 조사에 따르면(박종철 외 2005), 북한에 대한 긍정적 인식은 30대 72.0%, 40대 67.5%, 20대 67.1%, 40대 66.8%, 50대 61.2%, 60대 이상 53.6%로 세대별 차이를 보였다. 북한의 핵무기 보유 선언에 대해서 '위협을 느낀다'는 비율은 60대 이상 64.5%, 20대 56.5%, 50대 53.9%, 40대 51.1%, 30대 50.9%이었다. 북한의 무력도발 가능성에 대해서는 '없다'고 응답한 비율이 30대 64.2%, 40대 60.0%, 50대 59.4%, 60대 이상 54.2%, 20대 46.8% 등이었다. 대북지원에 대해 찬성하는 비율은 20대 79.6%, 30대 76.1%, 40대 70.2%, 50대 이상 69.9%, 50대 63.0%이었다. 통일이 반드시 달성해야 할 민족적 과업이라고 생각하는 비율은 60대 이상 91.1%, 50대 86.7%, 30대 83.0%, 40대 83.0%, 20대 78.3%이었다.

만일 김대중 정부 이후 남남갈등이 발생했고 노무현 정부에는 심화되고 있다는 선입관이 사실이라고 한다면, 1994년의 경우만 제외하곤 남남-남북 갈등의 역비례 가설은 적용되고 즉, 남북화해와 남남갈등은 함께 간다고 말할 수 있다.

그렇지만 김대중 정부 이후 남남갈등이 지속적으로 증대되고 있다는 선입관에 대해 동의하지 않는 사람도 많다. 남북관계 진전에 따라 남남갈등이 증폭된다는 가설에 대해 기각(棄却)할 정도의 근거는 발견되지 않지만 그렇다고 채택할 정도의 근거가 제시되는 것도 아니다. 만일 남한 사회 내부의 갈등 수준이 증대하지도 또 감소하지도 않고 대체적으로 지속적으로 유지되고 있다면, 남북관계는 누가 정권에 잡느냐에 따라 다르게 표출된다고 말할 수 있다. 즉 남남 간 경쟁의 결과에 따라 남북관계가 다르게 표

〈그림 2〉 남남경쟁→ 남북관계 가설

〈정권교체 이전(김영삼 정부까지의 시기)〉

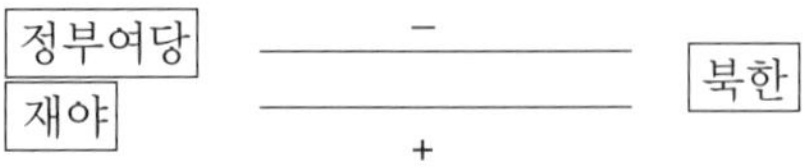

| 정부여당 | —————— − —————— | 북한 |
| 재야 | —————— + —————— | |

〈정권교체 이후(김대중 정부부터의 시기)〉

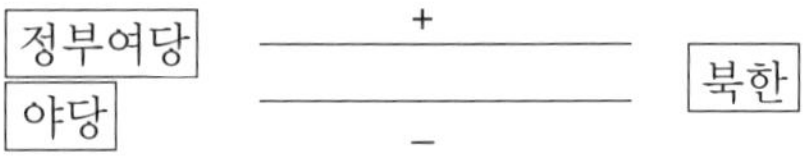

| 정부여당 | —————— + —————— | 북한 |
| 야당 | —————— − —————— | |

출된다는 가설이다.

　<그림 2>는 남남갈등이 남북화해와 아무런 관련이 없다는 가설이다. 즉 남한의 정권이 어느 계층을 대변하느냐에 따라 남북 갈등 혹은 남북 화해로 바뀐다는 것이다. 김영삼 정부까지는 북한에 대해 적대적인 계층이 정권을 담당했다고 볼 수 있고, 따라서 남북한 관계는 적대적이었다. 반면에 김대중 정부부터는 북한에 대해 우호적인 계층이 정권을 담당했다고 볼 수 있는데, 이에 따라 남북한 관계는 진전되었다고 볼 수 있다.

　<그림 2>에서 남한 내 각 계층의 대북 입장은 바뀐 것이 별로 없다. 남한 내 어느 계층이 정권을 담당했느냐에 따라 남북한 관계가 바뀐 것뿐이다. 남한 내 경쟁세력이 반북이면 자신은 친북이 되고, 또 경쟁세력이 친북이면 자신은 반북이 되는 것이다. 남북화해→ 남남갈등 가설에서 남남갈등이 남북 관계의 종속변수라고 한다면, 남남경쟁→ 남북관계 가설에서는 남북 관계가 남남 경쟁의 종속변수이다.

　이러한 남한 내 두 집단과 북한이라는 세 집단 간의 우적관계는 매우 구조균형(structural balance)적이다(김재한 1996). 즉 전통적으로 반북적 계층에서는 "친구의 적은 적이고, 적의 친구는 적이다"는 관점에서 남한 내 경

쟁세력과 북한에 대해 모두 적대적이다. 마찬가지로 친북적 계층도 "친구의 적은 적이고, 적의 적은 친구이다"는 관계에서 남한 내 경쟁세력에는 적대적이지만 북한에 대해서는 우호적이다.

　여기서는 정권별 대북정책의 지지계층이 다름을 보여줌으로써 남남경쟁→ 남북관계 가설의 개연성을 드러내고자 한다. 통일연구원의 조사자료 가운데 정부의 대북정책에 대한 지지여부 문항은 지속적으로 있었다. "귀하는 현 정부의 평화번영정책에 대해서 어떻게 생각하십니까?"(2005년), "귀하는 김대중 정부의 대북정책을 어떻게 평가하십니까?"(2003년), "귀하는 현 정부가 대북정책을 얼마나 잘 수행하고 있다고 생각하십니까?"(1999년, 1998년), "귀하는 현 정부가 통일정책을 얼마나 잘 수행하고 있다고 생각하십니까?"(1995년), "귀하는 정부의 남북경협 재개선언에 대해 어떻게 생각하십니까?"(1994년) 등의 질문으로 조사되었다. 모두 원 자료를 입수하지 못해 다변수 회귀분석(regression)을 하지 못했지만, 교차표 분석에 의한 비교분석으로는 정부의 대북정책에 찬성하는 사회경제적 배경이 정권별로 달랐다.

　1995년의 조사에서 김영삼 정부의 대북정책을 지지하는 계층은 여성, 저학력, 고연령 등으로 분류되었다면, 2003년 조사에서는 김대중 정부의 대북 정책을 지지한 계층이 남성, 고학력, 저연령 등으로 분류되었다. 이러한 분류는 다변수 회귀분석으로 수행해야 하는 것이 원칙이지만, 계층의 속성 간 상관관계가 시기에 따라 변화하지 않는 한 양변수 분석만으로 정권별 지지계층을 비교할 수 있는 것이다. 이러한 분석에 의한 결론은 북한에 대해 적대적인 정권의 대북정책을 지지하는 계층과 그리고 북한에 우호적인 정권의 대북정책을 지지하는 계층이 다르다는 것이다. 즉 남한 정권에 관계 없이 지속적으로 북한에 적대적인 계층과 우호적인 계층이 존재하고 있는 것이다.

〈그림 3〉 정권별 정부의 대북정책의 지지/반대 계층

〈정권교체 이전(김영삼 정부까지의 시기)〉

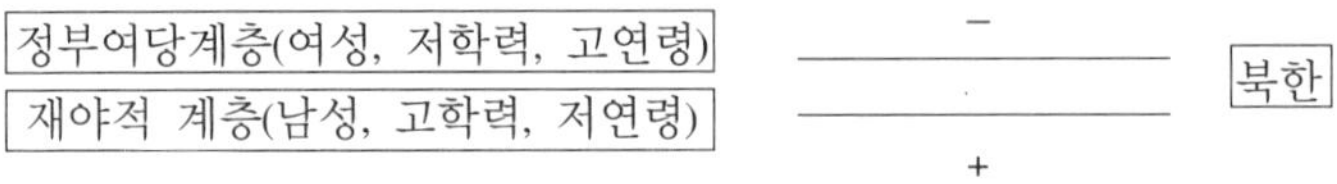

정부여당계층(여성, 저학력, 고연령)	−	북한
재야적 계층(남성, 고학력, 저연령)	+	

〈정권교체 이후(김대중 정부부터의 시기)〉

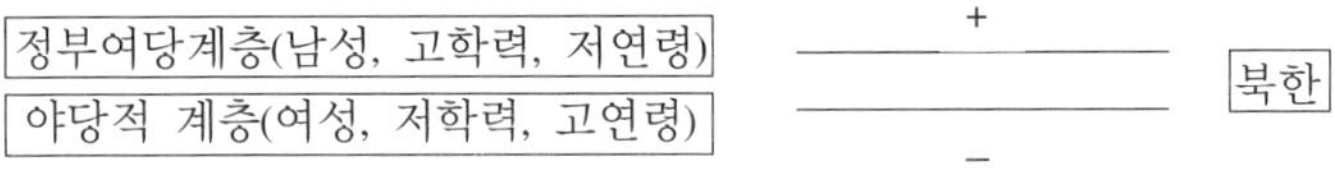

정부여당계층(남성, 고학력, 저연령)	+	북한
야당적 계층(여성, 저학력, 고연령)	−	

　<그림 3>은 남남갈등이 남북 협력 혹은 대치로 풀 수 있는 성질의 것이 아님을 암시한다. 북한을 둘러싸고 진행되는 남남갈등은 선입관과 오해의 정도를 푸는 것이 효과적인 방법이다. 그러한 인식의 차이를 줄이는 방법은 추상적인 논의보다 실체에 대한 인식공유로부터 시작되어야 한다.

II. 현장 통일·평화 교육의 의의

1. 기존 통일교육의 비(非)효과성

　우리나라 국민들이 기대하는 학교교육의 효과는 주로 지식·기술 습득에 있다. 2000년 조사하여 2001년 발표된 통계청 자료에 따르면, 학교교육이 '지식·기술 습득'에 효과가 있다고 응답한 비율이 48.4%인 반면, 효과가 없다고 응답한 비율은 10.7%이었다. 그 외 효과가 있다/없다고 대답한 항목은 '인격형성'(32.1% / 24.2%), '생활·직업에의 활용'(27.9% / 26.9%), '국가관 및 사회관 정립'(22.6% / 26.1%)등이었다(통계청 2001). 즉 지식 전

달 측면에 있어서 학교교육은 긍정적인 반응을 다소 보이고 있으나, 통일
교육과 밀접히 연관되는 국가관 및 사회관 정립에는 효과적이라는 반응을
얻지 못하고 있는 실정이다. 국가관 및 사회관 정립과 같은 교육의 효과를
얻으려면 교실 내의 학교교육은 한계가 있을 수밖에 없다.

한국교육개발원이 2000년 6월 13~30일까지 전국 초·중·고·대학생 및

〈표 1〉 통일교육에 대한 학생의 관심도

구분	매우 관심이 있다	비교적 관심이 있다	보통이다	별로 관심이 없다	전혀 관심이 없다	전체	유의도
초등학생	24.7	32.1	32.1	8.0	3.0	100.0	$\chi^2 =$ 175.60388 (p<.05)
중학생	8.6	28.2	34.0	22.1	7.2	100.0	
고등학생	4.4	21.4	42.2	23.8	8.2	100.0	
전체	13.4	27.7	35.6	17.4	5.9	100.0	

출처: 한만길 2000

〈표 2〉 통일관련 수업 무관심에 대한 학생의 인식

구분	교과서 등 교육의 내용문제	수업방법의 문제	시험에 나지 않기 때문에	사회· 국가문제에 관심이 없기 때문에	전체	유의도
초등학생	20.6	41.8	15.5	22.0	100.0	$\chi^2 =$ 62.85690 (p<.05)
중학생	28.2	42.3	14.6	14.9	100.0	
고등학생	46.8	26.7	12.5	14.0	100.0	
전체	31.4	37.4	14.3	17.0	100.0	

출처: 한만길 2000

〈표 3〉 학생들의 통일관련 수업 무관심에 대한 교원의 인식

구분	교과서 등 교육의 내용문제	수업방법의 문제	시험에 나지 않아서	학생들이 국가·사회문제에 관심이 없어서	전체	유의도
초등학교	29.4	4.6	3.7	62.4	100.0	$\chi^2=$ 19.02771 (p<.05)
중학교	32.9	2.1	1.4	63.6	100.0	
고등학교	19.9	8.6	8.6	62.9	100.0	
전체	27.0	5.3	4.8	63.0	100.0	

출처: 한만길 2000

교사를 대상으로 실시한 설문조사에 따르면, 통일교육에 대한 관심도는 고학년으로 올라갈수록 관심이 없어진다(한만길 2000). 이는 한국 청소년들의 통일의지가 실천적 차원이 아닌 피상적이고 규범적인 차원에 머물고 있는 것에 기인하는 측면도 많을 것이다.

통일교육에 관심이 없는 이유로서 초등학생과 중학생들은 '수업방법'을 가장 많이 들었다. 수업이 통일에 관심을 가지도록 하지 못하고 있다고 인식하는 것이다. 고등학생은 교과서 등 교육내용을 문제 삼았다. 반면에 교사들은 학생들이 국가·사회문제에 관심이 없다는 데 원인을 찾고 있다.

학생들이 국가나 사회문제에 관심이 없더라도 학습효과를 가져올 만큼 교과서나 수업방식이 효과적이지 못한 것이다. 통일 교육이 학생들의 동기 유발과 흥미 유도에서 성공적이지 못하다고 말할 수 있다.

2. 관심 제고의 통일교육

현장 교육의 중요성은 흔히 귀(20%) < 눈(30%) < 눈·귀(50%) < 말(80%) <

말·체험(90%) 순의 정보기억력 차이에 관한 샘패스(Sampath)의 주장, 그리고 백문불여일견(百聞不如一見) 및 백견불여일행(百見不如一行)이라는 말로 함축되어 왔다.

현장교육은 직접 체험을 통해 마음으로 느끼고 가슴에 새겨둘 수 있도록 도와주기 때문에 다른 여타 교육방법보다 교육대상자들의 기억 속에 오래 남을 수 있다. 집, 학교, 학원을 다람쥐 쳇바퀴 돌 듯 생활하는 학생들에게는 신선한 자극이 될 수 있다.

현장교육은 가장 적극적인 교육방법이라고 볼 수 있다. 교육대상자 본인들의 의지 없이는 이루어 질 수 없기 때문이다. 교육참가자 스스로가 각기 가지고 있는 오감(五感)을 다 활용하여 체험을 하고 배워야하기 때문이다.

현장교육에는 교육대상자와 교육내용 사이에 아무런 매체가 개입하지 않는다. 현장·현실을 직시하고 외부로부터 제공되는 오해나 와전의 소지 없이 통일교육이 이루어 질 수 있는 것이다.

따라서 가장 효과적인 통일교육은 가치규범 중심 또는 이론 중심의 교육에서 벗어나 학습자들이 참여하여 체험하는 학습이다.

체험적 통일교육은 체험의 대상에 따라 북한을 체험하는 통일교육과 분단을 체험하는 통일교육으로 나눌 수 있다. 북한주민생활 체험하기는 전자에 속하고, 비무장지대 체험하기는 후자에 속한다.

먼저, 북한 체험하기는 아직도 북한과 북한 주민에 대해 잘 알지 못하는 학생들에게 북한 주민들의 생활과 문화를 이해시키면서 동시에 그들의 삶을 그들의 입장에서 이해하고 존중하도록 하여, 북한 주민과 함께 공존할 수 있는 분위기를 제공한다. 북한 체제 이탈 주민과 자매결연을 맺어 자주 접촉할 수도 있으나 현실적으로 쉽지 않다. 금강산 수학여행은 북한 주민 접촉 측면에서는 더욱 제한적이다. 북한 주민을 접촉하는 대신에 북한 사회를 구성하여 북한사회를 체험해 보는 것도 북한체험학습의 일종이다. 민간단체들이 추진한 '평화통일극', '통일캠프', '통일학교', '북한요리 체험', '북한가정의 가계부 쓰기' 등이 그러한 예이다. 북한 사회 재구성을 위해서는 많은 북한자료와 교육적 상상력이 필요함은 물론이다.

다음으로, 분단 체험하기는 현장 견학을 통해 분단과 통일에 대해 체감하도록 하는 것이다. 각종 민간단체가 주관하는 사업뿐만 아니라 교육여행사가 주관하는 답사도 여기에 속한다.

현장교육이란 여타 실습 및 체험을 통한 교육과는 차원이 다르다고 볼 수 있다. 오늘날 정보통신 사회에서는 컴퓨터를 통한 사이버 교육이 많이 이루어지고 있다. 하지만 이것은 단지 간접적인 체험에 불과한 교육방법이며 학생 스스로가 관심을 가지고 접속해야 하는 문제점도 안고 있다. 또한 연극이나 각종 놀이 등의 교육방법도 근래에 와서 다소 이루어지고 있지만, 일차적 교육자료가 뒷받침되어야 하며 역시 간접적인 체험이 될 가능성이 높다. 물론 위 교육방법들이 불필요하다는 것을 의미하는 것은 아니지만, 현장교육만큼 효과적이지 않다는 의미이다. 학교에서의 이론교육뿐만 아니라 현장에서의 체험학습이 병행될 때 통일교육의 목적이 비로소 충분히 이루어 질 수 있다. 학교에서 배운 것을 혹은 배울 것을 보고 느끼며 자기의 것으로 소화할 수 있게 하는 것이다.

민주평통의 조사결과는 통일교육에 대한 학생들의 관심이 어디에 있는지를 짐작하게 해준다(피앤피리서치 2002). 분단현장 중 가장 가보고 싶은 곳에 대해 질문을 받았을 때, 금강산(48.5%) > 판문점(18.9%) > 땅굴(16.6%) > 통일전망대 등의 순으로 응답하였다. 금강산이 방문하고 싶은 곳으로 가장 많이 거론된 것은 두 가지 해석이 가능하다. 한편으로는 분단과 통일에 대한 진지한 태도가 결여한 것으로 볼 수도 있고, 다른 한편으로는 분단 현상보다 북한에 대한 관심이 더 높기 때문일 수도 있다.

학생들은 주어진 보기 가운데 자세히 알고 싶은 내용으로는 북한 청소년·주민 삶 등 북한실상(29.3%) > 우리가 지원한 식량 배분 문제(20.7%) > 남북한 비교(16.1%) 순으로 응답했다(피앤피리서치 2002). 학생들의 관심 대상은 통일이라기보다 북한이다. 또 다음 중 가장 해보고 싶은 것은 무엇인지에 대한 질문을 받았을 때, 탈북청소년대화(62.1%) > 북한음악듣기(21.3%) > 북한영화보기(9.9%)등의 순으로 응답했다. 즉 북한 가운데에서도 북한 사람에 대한 관심이 높은 것이다. 북한이탈 청소년과의 대화가 흥미를 유발시키는 현장 학습체험의 예이다.

사실 관심도 조사는 사실 희소성에 크게 좌우된다. 위 조사에서 국내 지역보다 금강산 지역이 더 선호되는 것이라든지, 북한 영화나 북한 음악보다 북한 청소년과의 대화가 더 선호된다든지, 모두 그 대안들을 경험하지 못했기 때문일 수 있다. 그러한 점에서 통일교육은 경험하지 못한 현장을 우선 직접 경험하게 하는 것이 중요하다.

학생들은 통일교육이 재미있어질 수 있는 활용법으로 영화(26.7%) > TV드라마·코미디(24.6%) > 컴퓨터 게임(16.1%) 등의 순으로 대답했다(피앤피리서치 2002).

통일교육원 교육과정 등 여러 현장 답사에서 학생들에게 도라산과 판문점(JSA)이라는 선택을 부여했을 때, 'JSA'라는 영화 상영 이후에는 JSA를 선택하는 비율이 도라산보다 압도적으로 높아졌다. 그 영화 이후, JSA를 무심코 다녀온 사람들 가운데 다시 적극적으로 방문하는 사람들도 있었으며 또 남양주종합촬영소(구 서울종합촬영소)의 JSA영화세트장을 찾는 사람들도 많았다. 마찬가지로 '태조왕건'이라는 TV드라마가 한창 인기 있었을 때에는 철원지역을 탐방하는 사람들이 많았으며, 아울러 한반도 중앙을 둘러싼 역사적 변천에 대한 청소년들의 이해가 더욱 증대되었다.

흥미뿐만 아니라 실제 정보 습득의 통로로도 영화와 TV가 중요해졌다. 통일·북한과 관련한 정보를 주로 얻는 곳은 어디인지 물었을 때, TV·라

디오(51.1%) > 학교선생님(22.8%) > 신문, 잡지(17.1%) 등의 순으로 응답했
는데, 학교 통일교육보다 매스컴이 더 중요한 통일·북한 관련 정보 습득
채널인 것이다(피앤피리서치 2002).

학생들의 흥미 위주 생활방식 증대로 학교 통일교육은 그 비중이 더 낮
아졌다. 현행 학교 통일교육이 과거에 비해 더 진전된 것은 사실이지만,
통일교육을 학교 교육이 독점하는 시대가 아니기 때문에 그 비중이 상대
적으로 낮아진 것도 사실이다.

학교 교실에서 교사가 아무리 수업을 잘 진행한다 하더라도 그 파급효
과는 통일이니 평화에 대해 아무런 이해도 없는 연예인이 한 마디 하는
것에 비하면 너무 미약하다. 실제로 그냥 즉흥적으로 내뱉는 수준의 연예
인 한 마디가 오히려 통일, 전쟁, 평화에 대한 청소년의 격렬한 토론을 이
끌기도 한다. 이처럼 학교 통일교육만으로는 진정한 교육효과를 갖기에는
한계가 있다.

그렇지만 학교 통일교육이 다른 매체로 대체되어서는 아니 된다. 대체
재(代替財)관계가 아니라 보완재(補完財)관계가 되도록 해야 할 것이다. 학
교 통일교육에서의 정보 통로는 바로 보완재적 관계의 예이다. 즉 흥미와
관심을 유발하기 위해 적극 활용해야 할 것이다.

그러기 위해서는 학교 통일교육이 그 자체로만 추진되어서는 아니 되고
외부 기관과의 공조로 다양한 교육서비스 제공이 되어야 한다. 실제 현장
교육을 통해 그러한 보완관계는 더욱 확대 심화될 수 있다. 현장 교육은
학교 내에서도 재량활동이나 특별활동 시간을 이용하여 이루어질 수 있으
며 방학 기간을 활용하여 이루어질 수도 있다.

통일교육의 흥미유발을 위해서는 다양한 통일교육 커리큘럼, 재량시간
이나 특별활동시간의 활용, 비(非)강의식 수업, 토론 수업, 시청각 자료 활
용, 북한 실상 비중 증대 등이 필요하다.

하지만 사이버자료와 시청각자료의 활용도 한계가 있다. 특히 시청각자료와 가상현실은 체험학습으로서는 한계가 있을 수밖에 없다. 예컨대 DMZ입체공간의 사이버 재현도 엄청난 비용에도 불구하고 자발적 접속을 찾아보기 힘든 것이 현실이다.

통일교육을 위해 수업시간 수를 증대시키자는 주장도 있지만 교육의 효과 측면에서는 회의적이다. 단순한 교육시간 수 증대보다 학습효과가 있도록 체감 정도를 강화시키는 것이 필요하다.

흥미유발에는 주의를 요한다. 광고도 너무 재미있으면 무슨 광고였는지도 모른다. 본말이 전도되지 않도록 해야 한다. 글자 그대로 동기(動機 motivation)이어야 한다. 필요한 것은 교육 효과의 계기인 것이지 흥미 자체가 아니다. 드라마나 영화로 관심을 끄는 것은 더욱 그렇다. 흥미는 매우 단기적이다. 오늘날 청소년의 관심은 너무 쉽게 변한다. 교육의 효과가 오래 지속되도록 하기 위해서는 단순한 감각적 흥미보다 깨달음이다. 그러한 점에서 현장 학습체험은 큰 의미를 지닌다.

현장 체험학습의 초점은 분단의 현장이어야 한다. 예를 들어 도시에 있는 북한관이나 통일전시관을 방문하는 것과 비무장지대를 방문하는 것은 사뭇 차이가 있다. 분단 현장에서 참가자들은 한반도 분단의 모습을 길이 약 250km, 폭 4km의 비무장지대에서 느낄 수 있다. 비(非)무장지대가 단순히 무장 해제된 지대가 아니라 슬픔의 비(悲)무장지대임과 동시에 무장이 숨겨진 비(秘)무장지대이며 비방과 무기가 난무한 비(誹)무장지대라는 것을 체험하게 하는 것이다. 각종 전쟁의 흔적과 각종 중화기에서 많은 것을 파멸시키는 전쟁보다 평화가 얼마나 절실한 것인지를 느낄 수 있게 한다. 각 경계초소에서 근무하는 군인들을 보고 남한의 소중한 것들을 보호하려는 국가관과 또 어떻게 전쟁이 억지되고 있는지도 느끼게 된다. 비무장지대 상공을 오가는 철새들을 바라보면서 자유로운 왕래에 대한 효과를 상상하게 한다. 즉 역사, 평화, 통일, 안보, 문화, 생태 등 모든 것들을 체험하게 하는 것이다.

종종 현장 견학이 필요한 이유로 학습자들의 마음(통일문제에 대한 민감성)을 흔들기 때문이라는 인식이 팽배하다. 하지만 교육효과적 측면에서 마음과 정서를 무조건 중시하는 것은 잘못된 것이다. 특히 분단의 현장 체험은 그 교육내용이 어떠하든 간에 감흥적 자극을 부여하기 쉽다. 감흥적 자극만을 추구하는 것은 바람직하지 않다. 특히 통일문제를 정서적 접근으로만 하다 보니 오늘날 남남갈등의 골이 깊게 된 측면도 있다.

기본적으로 교육의 근간은 논리이다. 실감(實感)나게 하는 것이 중요하지, 선동(煽動)하는 것은 교육이 아니다. 실감이 교육의 영역이라면 선동은 어쩌면 정치의 영역일지 모른다. 잘못된 통일교육은 선동을 가능하게 하지만 실감에는 별 도움 되지 않을지 모른다. 즉 현장 체험학습은 실감시켜 이해시키자는 것이지 감성에 호소하자는 것은 아니다. 사실 학교 통일교육이 고리타분하다는 것도 흥미가 없다는 것이지 반드시 틀렸다는 의미는 아니다. 재미있는 거짓보다는 재미없는 진실이 훨씬 더 낫다.

통일교육 교사의 열정을 강조하는 주장도 교원의 관심과 성의의 부족을 지적하는 것이라면 옳은 주장이다. 지나친 열정 나아가 객관성을 잃은 주관적 교육은 학생들에게 인식의 양극화를 가져다주어 남남갈등의 깊이를 더 한다. 선입관 없이 차라리 차분하되 성의 있게 교육에 임하는 것이 더 바람직하다.

사실 청소년들에게 그들의 취향과 감각을 통해 영향을 줄 수는 있겠지만 마음을 움직이는 것 자체가 별로 쉽지 않다. 통일교육에서도 실제 혈연과 민족이라는 정서적 차원에 호소하는 방법은 청소년들의 통일지향적인 태도에 큰 영향을 주지 않는다는 것이 일선 교육자들의 인식이다.

현장체험이라 하여 무조건 동기유발이 되는 것은 아니다. 전교생이 한

꺼번에 현장체험을 한다고 하여 과연 그러한 효과를 볼 수 있는지 의문이다. 비무장지대 전망대에 올라가서 기후 관계로 북한 사람과 군사분계선은커녕 남방 철책선조차 보지도 못하고 북한사회체험이라는 교육내용을 완수했다고 주장하는 것은 교육효과를 전혀 고려하지 않은 형식주의의 일례이다. 전망대에 눈이 많이 와서 올라가지 못했다느니, 휴가철 관광객 때문에 잘 관찰하지 못했다느니 하는 것은 현장교육이라는 비용을 생각하면 추진하지 말았어야 한다.

현장 통일교육에서는 전망대 기후를 고려하여 현장 방문의 일정을 잡는 것에서부터 시작하여 현장별로 예상 질문 및 토의진행 시나리오 등을 망라한 매뉴얼이 준비되어야 한다. 각 현장에서 학생의 첫 질문으로 시작되는 수업 진행의 전체 구도 즉, 사다리타기 식의 교육진행 매뉴얼이 준비되어야 할 것이다.

예컨대 노동당사와 땅굴 등에서 학생들에게 북한을 이해시키는 커리큘럼과 JSA, OP(observation post, 관측소), 끊어진 철길 등에서 분단을 이해시키는 커리큘럼 등이 준비되어야 한다. 체험학습 이후 작성된 리포트를 앨범으로 만들어 학생들이 생각을 다듬고 착상시키도록 하면 더욱 좋을 것이다.

III. 현장 통일교육의 현황

통일교육의 가장 구체적이고 효과적인 교육은 현장 교육일 것이다. 먼저, 중앙정부 단위의 통일교육 체험학습장으로 통일관을 들 수 있다. 통일관은 직접 체험을 제공하는 것은 아니지만 체험교육을 위해 설치한 시설이다. 통일에 대비하여 지역 주민들에게 북한 실상을 올바로 알리고, 북한 이해의 폭을 넓힘으로써 건전한 통일관을 확산하고 통일의지를 고취시키며, 북한에 대한 다양하고 체계적·객관적인 정보를 전달하는 실증적인 국민정신교육장으로 활용하기 위하여 각 지방에 통일관을 설치, 운영하고 있다.

현재 설치되어 운영되고 있는 지역은 3개 강원지역(고성 통일전망대 내, 양구 펀치볼지구 내, 철원 철의삼각전적관 내) 외에 경기 파주(임진각 경내 및 오두산통일전망대 내), 인천(수봉공원 자유회관 내), 대전(엑스포과학공원 내), 충북 청주(우암어린이회관 내), 부산(자유회관 내), 경남 창원(자유총연맹회관 내), 광주(중외공원 내), 제주(탐라자유회관 내) 등이 있다.

통일관 전시실은 북한실, 통일실, 시청각실 등으로 구성되어 있다. 북한실은 최근 북한의 정치, 경제, 사회, 문화 등 분야별 실태를 전시판넬과 북한주민 생활용품 전시를 통해 소개한다. 통일실은 남북한 통일정책, 주요 현안문제, 남북관계 교류협력 현황 등을 소개한다. 시청각실은 최근 북한 동향 및 북한영화를 상영한다.

통일관 외에 같은 통일부 소관의 북한자료센터(unibook.unikorea.go.kr)가 직접 체험은 아니지만 통일교육의 자료를 제공한다. 북한자료센터는 1989년 5월 22일 정부의 특수자료 공개정책에 의해 설치되었으며, 여기에서는 일반 국민 및 전문가들에게 북한관련 정보를 제공함으로써 국민들의 올바른 통일관을 확립하고 관련 연구의 활성화에 이바지하고자 설치된 센터이다. 현재 서울시 종로구 광화문우체국 6층에 연건평 430평 규모로 문헌자료실, 정기간행물실, 시청각실, 북한TV 시청실 등으로 구성되어 다양한 북한관련 자료를 제공하고 있으며, 특히 북한영화 상영과 북한실상 설명회를 정기·수시적으로 개최하고, 1999년 10월 22일부터 북한위성TV를 시청할 수 있는 시설을 갖추어 통일교육의 장으로서의 역할도 하고 있다. 즉 북한자료센터는 북한주민을 체험할 수는 없지만 북한의 다양한 매체들을 체험할 수 있는 장소이다.

북한 주민을 체험할 수 있는 현장으로서는 하나원을 들 수 있다. 하나원에서는 북한이탈주민 정착지원사무소의 성격상 일회성 방문을 환영하지는 않지만, 현장 통일교육의 의미 있는 장소이다. 귀순 동포의 급격한 증가와 이들의 초기 정착 문제가 대두되면서 체계적이고 종합적인 북한이탈주민 지원을 위하여 정부는 1999년 7월 8일 경기도 안성에 하나원을 준공하였다. 하나원 내에는 130명~160명이 동시 생활하면서 교육을 받을 수 있다. 생활관, 교육관, 종교실, 체력단련실, 도서실 등의 편의시설을 갖추고 있으며, 종교단체와 시민단체에서 귀순 동포들의 정신적 안정을 위해 각종 상담으로 초기 정착을 돕고 있다. 북한이탈주민의 수를 고려하면 현재 하나원의 수용능력은 부족한 형편이다. 제2의 하나원 건립을 현장 통일교육의 차원에서 검토해야 할 것이다.

용산 전쟁기념관(warmemo.co.kr)도 서울 시내에 소재하고 있기 때문에 현장교육의 장으로 자주 활용되고 있다. 민족적 비극인 한국전쟁의 체험 세대들이 감소하고 있는 현실에서 전쟁의 역사적 사실을 후대(後代)가 체감하도록 건립된 것이다.

2004년부터 통일부가 선정하고 있는 지역별 통일교육센터에서도 체험 학습을 실시하고 있다. 지역 통일교육센터는 매년 심의하여 지정하고 있는데, 2006년 현재 연속 지정되고 있는 단체는 단국대 정책과학연구소와 한림대 국제문제연구소인데, 두 기관 모두 통일기행 프로그램을 운영 중이다.

현장 통일교육의 대표적 공공기관은 강원학생통일교육수련원이다(gts.or.kr). 매년 초중생과 고등학생을 대상으로 현장체험학습을 운영하고 있다. 강원학생통일교육수련원(이하 '수련원')은 강원도교육청의 대표적 통일교육 시설로 활용되고 있다.

수련원은 1994년 교육부로부터 설립인가를 받아 전국에서 유일하게 통일교육을 위한 학생들의 수련 장소이다. 강원도 철원군 갈말읍에 위치해 있는 이 수련원은 참가하는 학생들의 숙식과 교통을 해결할 수 있는 시설을 준비해 놓고 있으며 학생들의 건강을 위한 의료시설 및 간호사를 대비해 놓고 있다.

수련원의 통일교육 운영 목적은 통일조국의 미래를 짊어질 청소년들이 안보현장 체험학습과 시사교육을 통하여, 남북이 대치하고 있는 분단의 실상을 정확히 이해하고 자유민주주의 체제의 우월성을 인식하며 민족의 동질성 회복을 위한 바람직한 통일관 정립과 평화 통일 실천의지를 다져 통일 후 세계 중심국가의 주역으로서 진취적이고 창의적인 민주시민의 자질을 기르는 데 있다. 즉, 지식의 습득보다는 신념, 의식, 이해력, 의지, 자세 등의 함양에 초점을 두고 있는 것이다. 또한 이러한 목적의 달성 여부를 평가하기 위해 수련원에 참여한 학생들의 통일의식 변화에 대한 사전·사후 설문조사 비교 분석을 시행하고 있으며 여름과 겨울방학을 이용한 학교 및 교육청 방문 추후지도도 병행하고 있다.

수련원에서는 초·중학생 및 고등학생을 대상으로 하는 현장체험학습 프로그램을 운영하고 있다.

초·중학생들을 대상으로 한 현장체험학습은 매년 3월 중순부터 11월 하순까지 24기가 운영되고 있으며 매 기수마다 철원지역에서 2박3일 일정으로 실시되고 있다. 수련인원은 1회 40명을 원칙으로 하고 있으며 남학생과 여학생의 비율이 되도록 같게 일련의 추천을 통한 선발과정을 거쳐 교육하고 있다. 강원도교육청 소속 초등학교 6학년생과 중학교 2학년생 중 학급 또는 학교 임원으로서 지도력 있는 학생들이 선발된다. 교육과정은 철의 삼각지 체험학습, 시사교육(VTR 시청 및 평화통일 환경조성과 북한의 실상 이해), 통일의지 표현활동, 심성훈련, 분임토의 등으로 구성되어 있다.

철의 삼각지 3일 현장체험학습에서 순례하는 철의 삼각 전적관, 멸공 OP, 끊어진 철길, 제2땅굴, 철의 삼각 전망대, 수색대대 병영체험, 월정역,

※ 강원학생통일교육수련원의 철의 삼각지 체험학습 내용(초·중학생)

|제1일차(수요일)

코스1	철의삼각전적관	코스2	멸공 OP
학습 내용	• 북한관 견학: 남북한 　의·식·주생활 비교 • 6·25전쟁(철의 삼각지 전투) 　이해 및 안보관 갖기 • 화해·협력, 통일의지 다지기	학습 내용	• 국토분단의 현장 체험 – 북한 GP • 국군장병의 고마움 • DMZ 생태계 관찰 • 북녘땅 민들레 들판(지암리 벌판) 관찰 • 북한 건천리 위장마을 관측 • 6·25 전적지 관찰 – 오성산, 저격능선

코스3	끊어진 철길! 금강산 90Km	과정1	만남의 시간
학습 내용	• 내금강산까지 90km 　– 전기철도 운행 현장 　– 6·25 전쟁의 상처	학습 내용	• 자기 소개 • 친교활동(레크리에이션) • 더불어 사는 공동체 의식 갖기
		과정2	북한 생활체험
		학습 내용	• 남북한의 행정구역 및 경제활동 비교 • 남북한의 학교생활 • 남북한의 언어생활 • 우리의 통일 방안

|제2일차(목요일)

코스4	제2땅굴
학습 내용	• 북한의 이중성 – 군사적 신뢰감 필요성 • 안보의식 강화

코스5	철의삼각전망대	코스6	병영체험(수색대대)
학습 내용	• 국토분단의 상처 체험 • DMZ의 원시림 및 생태계 관찰 • 평강고원 • 비무장지대내의 월정역 터 관측	학습 내용	• 6·25전쟁 VTR시청 • 남북한 무기 비교 • 질서교육 • 국군 내무실 견학 • 국토방위 의무의 소중함, 국군장 　병에 대한 고마움 알기

코스7	월정역	코스8	샘통 및 철새도래지
학습 내용	• 철마는 달리고 싶다 • 남방한계선 최북단에 위치한 경원선 　의 간이역 • 끊어진 철길 기차 잔해 • 화해·협력과 평화통일 기원 • 1988년 6·25때 전소된 것을 복원함	학습 내용	• 0.5ha(1,500평)정도 크기의 연못 　(연중15℃) 　– 반경 2km 이내를 천연기념물 　(제245호)로 지정보호(철새도래지) 　– 두루미, 재두루미, 기러기, 청 　둥오리 등

코스9	망배단 및 구철원 시가지
학습 내용	• 미(未)수복 강원도 5개 군 실향민 건립 　– 통천군, 회양군, 평강군, 김화군, 이천군 • 이산가족의 아픔 이해 • 통일의 필요성 인식 • 구(舊)철원 시가지 견학 　– 6·25 전쟁의 상처

코스10	백마고지 전적지
학습 내용	• 치열했던 백마전투 이해 • 중국군의 인해 전술 • 고지 사수를 위한 북한군의 비인간성 확인 • 백마고지 전투 승리의 의의와 교훈 알기 • 호국영령에 대한 고마움

코스11	노동당사
학습 내용	• 1946년 강제 노력 동원과 모금으로 건립 • 공산독재정권 강화를 위한 '북한노동당철원군당사' – 철원, 평강, 김화, 포천 일대 관장 • 양민수탈, 애국인사 체포, 고문, 학살 자행

과정3	북한 놀이체험
학습 내용	• 공동체생활 익히기 　– 협동심, 인내심 갖기 • 남북한 놀이 공통점 알기 • 북한 놀이 체험 　– 손·발 재주 놀이, 수 쓰기 놀이, 높이 오르기 놀이, 잡기 놀이

과정4	통일의지 표현활동 (소감문 작성 및 발표)
학습 내용	• 현장체험학습의 느낀점 총체적 이해 • 소감문 작성 • 소감문 발표

과정5	통일의지 표현활동(글짓기)
학습 내용	• 현장체험학습 글짓기 　– 통일 의지 다지기 　– 현장체험학습에서 느낀 점 글 쓰기 　– 형식: 자유

|제3일차(금요일)

과정6	퇴 소 식
학습 내용	• 평화·화해·협력의 당위성 인식과 실천 의지 • 통일의지 확산을 위한 결의 • 통일을 대비한 우리의 자세

철새도래지, 망배단, 백마고지전적지, 노동당사 등은 모두 통일교육의 귀중한 자료이다.

남북한 군사력 대치의 현장을 눈으로 직접 목도하는 것은 매우 중요한 현실에 대한 이해이다. 끊긴 금강산선 전기열차선로와 복원된 월정역에서 분단 이전의 상황을 상상할 수 있을 것이고, 노동당사에서는 사회주의체제 생활의 일면을 느낄 수 있을 것이다.

백마고지를 비롯한 여러 전적지는 미국과 중국의 개입을 포함한 한국전쟁의 역사를 현실감 있게 전달해줄 것이다. 땅굴 등에서 군사적 신뢰구축방안(confidence-building measures)의 필요성과 효과성에 대해 이론적 배경 없이도 체감하게 된다.

병영체험에서 병역의무에 대해 진지하게 생각하게 할 것이다. 망배단에서는 이산가족의 아픔을 조금은 이해할 수 있을 것이며, 철새도래지를 비롯한 여러 생태계 현황은 앞으로의 과제에 대해 고민하게 할 것이다.

이러한 현장 체험학습은 초·중학생뿐만 아니라 고등학생들에게도 그대로 적용될 수 있다. 수련원에서 실시하고 있는 고교생 대상 현장체험학습은 매년 4월 중순부터 10월 하순까지 총 20기의 현장통일교육 기회를 제공한다.

수련기간은 3박 4일 일정으로 매주 화요일 12:00까지 수련원에 입소하여 1박을 하고, 화천종합학습체험장에서 다시 1박을 하며, 양양 학생수련원에서 1박을 다시 한 후, 금요일 13:00 양양 수련원에서 퇴소하게 된다. 수련대상은 강원도교육청 소속 고등학교 1학년 학생으로서 학급 또는 학교 임원으로서 지도력이 있는 학생들이다. 초·중학생들과 마찬가지로 지도력이 있는 학생들을 선발하는 이유는 수련 후 각자 모교로 돌아가 일종의 홍보활동을 원활하게 수행시키기 위해서이다. 총 20기 중 2개 기수는 타·시도 고교생으로 구성된다. 즉 강원학생수련원이 강원지역 학생뿐만 아니라

타 시·도의 학생들에게도 통일교육의 기회를 제공해주고 있는 것이다.

고교생 대상 현장체험학습의 교육과정은 주로 산악지대로 형성되어 있는 코스를 밟게 된다. 야간에는 주로 시사교육, 통일의지 표현활동, 분임토의 등을 하게 된다. 초중생의 체험학습 내용 외에 여러 교육내용이 추가된다. 선사박물관에서 우리 민족의 역사에 대해 느끼게 하며, 김일성별장, 이승만별장, 평화의 댐 등에서 분단의 정치적 의미에 대해 깨닫게 하고, 금강산관광 도로와 동해선 연결 지역에서 남북한관계 진전의 효과와 방향에 대해 생각하게 한다.

※ 강원학생통일교육수련원의 통일기원 체험학습내용(고교생)

제1일차(화요일)

코스1	철의삼각전망대	코스2	월정역
학습내용	• 국토분단의 상처 체험 • DMZ의 원시림 및 생태계 관찰 • 평강고원 • 비무장지대내의 월정역 터 관찰	학습내용	• 철마는 달리고 싶다 • 남방한계선 최북단에 위치한 경원선의 간이역 • 끊어진 철길기차 잔해 • 화해·협력과 평화통일 기원 • 1988년 6·25때 전소된 것을 복원함

코스3	백마고지	코스4	노동당사

학습내용	• 치열했던 백마전투 이해
	  – 중국군의 인해 전술
	  – 고지사수를 위한 북한군의 비(非)인도성 확인
	  – 백마고지 전투 승리의 의의와 교훈 알기
	• 무력도발 불용
	• 호국영령에 대한 고마움
		학습내용	• 1946년 강제 노력 동원과 모금으로 건립
			• 공산독재정권 강화를 위한 '북한노동당철원군당사'
			  – 철원, 평강, 김화, 포천 일대 관장
			  – 양민수탈, 애국인사 고문

과정1	북한 생활체험
학습내용	• 남북한의 행정구역 및 경제활동 비교 • 남북한의 학교생활 • 남북한의 언어생활 • 우리의 통일 방안 및 당위성

제2일차(수요일)

코스5	제2땅굴
학습 내용	• 북한의 이중성 　– 군사적 신뢰감의 필요성 • 안보의식 강화

코스6	승리전망대
학습 내용	• 북한군 GP 관측 • 광삼평야 • 아침리 마을, 하소리 마을 • 비무장지대 조망 • 금강산 가던 철길 잔해

코스7	자유수호희생자 위령탑 및 자유수호탑
학습 내용	• 자유수호희생자 위령탑 – 반공 민간인 　희생자 추모 – 유가족 위로하기 • 자유수호탑 – 무명학도병에 대한 추모 　– 파로호를 지키기 위한 국군의 활약 • 평화통일 의지

코스8	화천수력발전소 및 화천댐
학습 내용	• 남북한의 전력생산 능력 비교 　– 발전과정 알기 – 수력발전소의 역 　할 – 발전 터빈 살피기 – 댐 견학 • 남북 화해·협력

과정2	분임토의
학습 내용	• 현장체험학습의 총체적 이해 　– 현장체험학습 느낌발표 – 분임별 주 　제 선정 – 주제에 대한 토의 – 보고 　서 작성 – 발표 및 질의응답

제3일차(목요일)

코스9	평화의 댐 및 비목공원
학습 내용	• 평화의 댐 – 평화의 댐 조성 과정 　– 활용방안 남북 상호 협의 • 비목공원 　– 가곡 "비목"의 가사 내용 　– 비목공원에 얽힌 이야기 • 남북 경제협력 • 순국 및 호국영령에 대한 고마움

코스10	양구 선사박물관
학습 내용	• 옛 사람들의 생활모습 　– 구석기, 신석기, 청동기 유적 살 　펴보기 　– 고인돌 관찰 및 운반과정체험 　– 움집의 형태 및 내부 관찰 • 민속 자료실 견학 　– 민속자료의 소중함과 보존 계승 　– 조상들의 지혜

코스11	도솔산 전적지
학습 내용	• 한국 해병의 용맹 　– 무적해병 휘호 하사 • 도솔산 전투의 개요 • 도솔산 전투의 의의와 교훈 • 해병 제1연대 작전 성공

코스12	양구 전쟁기념관
학습 내용	• 펀치볼 전투 및 도솔산 전투 • 6·25전쟁의 아픔 • 당시의 전투 현황 이해 • 전투장면 멀티 영상 시청

코스13	제4땅굴
학습 내용	• 안보 영화 관람 • 안보 교육관 견학 • 북한의 이중성 • 전동차 시승 및 관찰 • 제4땅굴의 발견과정 알기

과정3	통일의지 표현 활동(글짓기)
학습 내용	• 글짓기 – 체험학습의 느낀 점 발표 – 느낀 점 글로 표현하기 – 통일의지 다지기 – 형식: 자유

과정4	통일기원 캠프파이어
학습 내용	• 평화통일 의지 확인 – 레크리에이션 – 노래 및 촌극 – 통일조국의 주역으로서 자긍심 갖기

과정5	통일기원 촛불의식
학습 내용	• 현장체험학습 과정 회상 • 평화통일 의지 확인 – '통일'글자 만들기 – 북한의 친구에게 보내는 편지

┃제4일차(금요일)

코스14	통일전망대
학습 내용	• 북한군 GP 및 선전문구 관측 – 해금강 주변의 섬 조망 – 금강산 구선봉 관측 • 북한의 선전 문구 관측 • 북한 생활용품 전시장 관람 • 통일의지 다지기

코스15	김일성 별장
학습 내용	• 6·25전쟁의 아픔 • 북한의 세습정치 • 국가안보의 중요성 인식

코스16	이승만 별장
학습 내용	• 대한민국의 탄생 과정 – 초대 대통령 – 항일 운동의 내 력 • 통일조국의 미래상

과정6	퇴소식
학습 내용	• 평화·화해·협력의 당위성 인식과 실천 의지 • 통일의지확산을 위한 결의 • 통일을 대비한 우리의 자세 • 귀교

강원도교육청 단위 외에 개별 지역교육청이나 개별 학교에서 수행하는 통일 관련 체험학습도 있다. 평창교육청이 초등학생과 중학생 각 40명씩을 2002년 11월 1박 2일로 화진포 고성안보관광지(해양박물관, 김일성별장, 이승만별장, 이기붕별장), 고성 통일전망대, 양구 해안(전쟁기념관, 북한관, 제4땅굴, 을지전망대)등을 답사시킨 것이라든지, 고성교육청이 2002년 11월 초등학생 87명과 중학생 60명을 대상으로 군부대 및 안보관광지의 견학을 실시한 것도 그러한 예들이다.

개별 학교의 체험학습은 주로 수학여행 형식이나 동아리 형식으로 진행되고 있다. 강원도 내에 위치한 통일교육시범학교 중 고성에 있는 대진고등학교의 경우, 통일동아리가 형성되어 있으며 이들은 2002년 4월에 이승만별장과 김일성별장을 탐방하였다. 전교생 차원에서는 2002년 10월에 3

〈표 4〉 함태초등학교의 통일 체험현장학습과정안(예시)

학년반	2-철쭉	참여인원	17	담임교사	이정희	명예교사	
주제	통일전망대를 찾아서		관련 교과	도덕 사회	단원 (차시)	도-16.평화통일을 위하여(1.2/2) 사-3-(3)-▪ 남북한을 이을 도로(18/19)	
학습 목표	1. 분단 현장을 체험하고 분단의 현실을 이해할 수 있다. 2. 분단의 아픔을 이해하고 통일에 대한 새로운 각오를 갖는다.						
일시	2002. 4. .		학습장소		고성 통일전망대		
단계	시간(분)		활동내용			우천시	
준비 중심 정리	07:10-07:20 07:25-12:00 12:00-13:00 13:00-15:00 15:00-19:00 사후지도		∘ 견학장소 사전 지도 및 준비물 점검 ∘ 학교출발 ∘ 통일전망대 도착 ∘ 점심 ∘ 통일 전망대 견학 ∘ 인원점검 학교로 돌아오기 ∘ 보고서 쓰기			비옷, 우산 지참	

〈표 5〉 함태초등학교의 통일 체험활동 수업과정안(예시)

단계	시간(분)	활동내용	유의사항
준비 활동	07:10-07:20 07:25-12:00	▪ 인원 및 준비물 점검 ▪ 견학 장소에 대한 사전 지도 ▪ 견학 장소로 출발 및 도착	◦ 개인별 건강 상황 을 확인한다. ◦ 견학목적 및 견학장 소에 대한 사전 지 도를 충실히 한다.
중심 활동	12:00-13:00 13:00-15:00 15:00-19:00	▪ 점심식사 ▪ 통일전망대 견학 ·북한실 견학-영화관람 ·통일실 견학-남북의 비교 ·전망대-북한 땅 바라보고 느낌 알아 보기 ▪ 학교로 출발 및 도착 ◦ 인원점검 학교로 출발하기	◦ 이산가족의 아픔을 이해하도록 한다.

〈표 6〉 함태초등학교의 2002학년도 통일 체험학습 실시 내역

월	주제	통일 관련 지도요소	지도 내용	장소	대상	비고
4	이승복기념관을 찾아서	분단과 전쟁의 피해	·무장공비 침투 ·굳건한 통일안보	평창, 진부	전학년	체험학습
4	안보전시관을 찾아서	분단과 전쟁의 피해	·잠수함 관람 ·북한 자료관 관람	강릉, 안인	전학년	체험학습
5	겨레의 명산 태백산을 찾아서	통일을 위한 노력	·국토 사랑 ·민족의식 함양	태백시, 태백산	전학년	통일염원 등반대회
6	학도병 참전 용사비를 찾아서	분단과 전쟁의 피해	·6·25 전쟁 ·학도병 참전 내용	태백시 태백중	6년	체험학습
6	전쟁기념관을 찾아서	통일의 필요성	·오두산 통일전망대 ·전쟁기념관	서울	5~6년	체험 수학여행
6	6·25전쟁터를 찾아서	분단과 전쟁의 피해	·6·25전쟁시 철의 삼각지 전투 내용	철원	5~6년	체험 수학여행
7	통일염원 야영대회	통일을 위한 노력	·통일 수련활동 ·극기 훈련	태백	4~6년	체험 수련활동
9	가을 태백산을 찾아	통일을 위한 노력	·국토 사랑 ·민족의식 함양	태백	전학년	통일염원 등반대회
10	통일 전망대를 찾아	통일의 필요성	·남북대치 상황 ·통일의지	고성	전학년	체험학습

학년을 제외한 97명의 학생들이 통일전망대까지 자전거 하이킹을 다녀왔
으며 일일병영체험 및 마라톤 등 다양한 활동을 통한 현장 통일교육을 실
시했다. 강원도 태백에 위치한 2002학년도 통일교육시범학교인 함태초등
학교에서는 2002년 약 9차례에 걸친 현장 통일교육을 실시했는데 비무장
지대 인접 철원과 고성을 찾아 철의 삼각 전적지 및 통일 전망대 등을 방
문한 바 있다. <표 4>는 예시된 함태초등학교의 통일 체험현장 학습과정
안이고, <표 5>는 예시된 수업과정안이며, <표 6>은 9차례 실시한 체험현
장학습의 세부내역이다.

  함태초등학교에서는 현장학습이 아동과 함께 학부모도 동참할 수 있도
록 하였으며, 현장학습 범위는 해당 학년의 교육과정과 학생의 발달단계,
이동거리, 교통편을 고려하여 결정하되 저학년은 가급적 도내로 하고 고학
년은 전국으로 하였다고 한다. 현장학습 실시 후에는 견학보고서 쓰기, 그
리기, 글짓기 등을 실시하였다. 평소 휴일이나 방학 중에 가족과 함께 통일
교육 현장학습을 갈 수 있도록 가정통신을 통하여 안내하여 부모와 함께
하는 통일 학습이 되도록 하였다. 현장학습의 효과를 극대화하고 계획적인
현장학습이 이루어질 수 있도록 현장학습과정안을 <표 4>처럼 작성·활용
하였고, 학생들의 보고서 작성에 도움이 되도록 통일 현장 학습가이드북을
제작하여 배포하였다. 학생들은 견학 장소에 따라 보고, 듣고, 느낀 점을
현장 견학 학습보고서로 작성토록 하였으며 우수자는 시상하였다. 이밖에
화천 오음초등학교와 춘천 호반초등학교에서는 한림대 국제문제연구소와
함께 통일기행 등 여러 현장교육을 실시했거나 추진중이다.

  경기도에 있는 일선 학교에서도 현장 교육이 시행되기도 한다. 2002학
년도 경기도교육청 지정 통일대비교육 시범학교인 문산북중학교에서 실시
한 통일교육은 다음과 같다.

  문산북중학교에서는 학생들을 6~7명씩 학급당 6개조로 편성하고, 각 조

별로 계획을 세워서 현장체험학습을 이용하여 조사활동을 전개했다. 조별로 중심 역할을 할 수 있는 학생이 편중되지 않도록 고려했고, 조별로 자율적으로 조장과 부조장 및 각자의 역할을 정하여 실천하게 함으로써 공동체 의식을 함양시킬 수 있도록 유도하였다. 조 편성은 3월초 또는 체험학습 전에 하고, 활동 시기는 학교 교육과정에 맞게 설정했다. 한 학기에 1~2회씩 오후 시간대에 체험학습 시간을 정하여 실시하는 방법, 소풍시 각 반별이나 학년별로 체험학습을 실시하는 방법, 1일 현장체험학습의 날을 정하여 학년별 또는 모둠별로 실시하는 방법, 개인별 또는 모둠별로 제시된 과제를 주말을 이용하여 이용하는 방법 등 여러 방법들을 채택하였다. 체험학습 전 10일경에 활동 역할 및 조사 계획서를 제출케 하고, 체험학습 후 1주일 이내에 체험활동 및 보고서를 작성케 하여, 도덕시간을 통하여 지도교사의 지도로 조별 발표회를 가지고, 학교행사시 공개보고회를 실시했다. 학습장소와 학습내용은 <표 7>과 같다.

분단의 현장을 일회성(一回性)으로 다녀와서 통일교육이 완성되었다고 말할 수 없다. 현장 교육도 순회(巡廻)적이거나 지속적일 때 더 효과적일 것이다. 물론 그 현장교육이 통일에만 국한될 때에는 교육의 효과를 감소시킬 것이다. 모든 분단의 현장에는 역사, 유적, 지리, 자연, 환경, 지역개발, 안보, 민군관계, NGO, 국제관계 등 여러 영역들이 복합적으로 투영되어 있기 때문에 정규 교과의 이해에도 기여할 것이다.

정부기관 외에 언론사 등 각종 기관에 의한 현장 통일교육 시도가 몇 차례 있었다. 강원도민일보사가 1998년 청소년들을 대상으로 주최한 비무장지대 병영체험 및 문화탐방 프로그램은 3박 4일에 걸쳐 병영체험과 문화탐방이라는 두 가지 통일교육 형태를 접목시키고자 하였다. SBS도 2001년 5월에 통일염원 대학생 휴전선 순례단을 발족시켜 휴전선을 따라 서에서 동으로 이동하는 과정에서 분단의 현실을 체험할 수 있도록 했다. 민간기

〈표 7〉 문산북중학교의 현장 통일교육 내역

활동분야	활동장소	학습내용	비고
야영활동 및 체험학습	술이홀 체험학습장	·통일 윷놀이하기 ·남북한 언어 체험놀이	
통일안보관련 문화유적지 답사	화석정	·율곡 이이의 전쟁 대비와 임진왜란	
	반구정	·현 분단실태 이해	
전적지 및 기념물 답사	미국군 참전 기념비	·6·25 전쟁과 미국의 역할	임진각
	영국군 참전기념비	·6·25 전쟁과 UN의 역할	감악산 입구
	통일공원과 호국전적비	·6·25전쟁과 호국영령	문산
통일안보지역 탐사	임진각	·분단상황과 이산가족	임진각
	오두산 통일전망대	·분단상황과 통일의 필요성	
	도라산 전망대 및 제3땅굴	·분단상황과 안보의식	
	통일촌	·휴전선 지역의 주민들 생활과 북한주민들의 생활	
기타	판문점		
	대성동 자유의 마을		

업인 동아오츠카는 2002년 8월에 중학생들을 포함한 참가자들을 모집하여 임진각에서부터 고성군 통일전망대까지의 국토순례를 단행한 바 있다.

이 외에도 현장 통일교육을 실시한 여러 민간단체들이 있다. 한국스카우트연맹 주관의 휴전선 횡단체험 행사는 중고교생 및 대학생을 대상으로 1995년부터 거의 매년 개최되고 있다. 또 민족화해협력범국민협의회는 2000년 10월에 서울 지역 중학생 100여명을 대상으로 오두산 통일전망대와 판문점 등 분단의 현장을 돌아보는 통일기행을 가졌으며, 한국기독청년협의회는 매향리, 임진각, 도라산역, 노근리 등 분단의 상징적 현장을 전문가와 동행하여 방문하는 프로그램을 가졌다. 한국청년연합회 각 지역지부에서는 회원들과 고등학생들을 대상으로 철원지역과 파주지역의 통일교육현장들을 방문하였다. 또 상업적으로 분단의 현장에서 체험교육 프로그램을 수행해 주는 회사들이 있다. 하지만 대부분 일회성이어서 하나의 교육시스템으로 운영되지는 못했다.

그러한 점에서 1996년 봄부터 2006년 2월 현재까지 총24회 개최된 DMZ현장답사 및 야외토론회는 통일교육에 있어서도 큰 의미가 있다(김재한 1999, 2000b, 2002, 2003, 2004, 2005b, 2006; Kim 2001). 주관 단체는 한림대 국제문제연구소, 한림대 정치외교학과, 한림과학원, DMZ연구회 등이었고, 후원 기관은 통일부, 강원도, 화천군, 양구군, 철원군, 한겨레신문, 강원도민일보 등 매회 달랐다. 분단의 현장에서 매번 다른 주제를 가지고 지속적으로 추진되고 있는 프로그램이다. 군사, 정치, 외교적인 주제뿐만 아니라 역사, 문화, 개발, 환경 등과 같은 다양한 주제들을 다루는 프로그램으로서, 분단의 현실을 가장 잘 접할 수 있는 DMZ 남방한계선에서 개최되어 왔다. 이 행사는 국내행사뿐만 아니라 국제행사로도 실시되고 있으며, 이미 DMZ라는 제목의 단행본을 국문 5권 및 영문 1권으로 발간한 바 있다. DMZ현장답사 및 야외토론회는 그 독창성 및 지속성으로 인해 하나의 고유명사화되어 행사 명칭에 따로 고유명사를 붙이지 않고 있다. 양구, 철원, 화천, 고성, 연천, 파주, 김포, 강화, 백령 등 남북한 분단선을 동서(東西)로 오가며 개최해 온 DMZ야외토론회의 참석자들은 학술적 지식의 습득과 함께 통일에 대한 직접적이고도 적극적인 학습체험을 경험하였다.

바람직한 현장 통일교육의 방향을 제시하려면, 기존 현장교육프로그램에 대한 평가가 선행되어야 한다. 엄밀한 평가가 이루어지려면, 패널조사(panel survey)등을 통해 학습자의 변화를 객관적으로 추적(track)해야 할 것이다. 현실적으로 그러한 분석이 가능하지 않고, 여기서는 단지 교육을 주관한 부서에서 내놓은 각종 자료를 통해 간접적으로 유추해보는 수준이다.

통일교육 교사들은 교실 학습에 비해 현장 체험학습의 효과가 훨씬 크다고 평가하면서 동시에 현장 체험학습이 지금 그대로이어서는 아니 된다고도 평가한다.

<표 8>은 통일시범연구학교로 지정되었던 함태초등학교가 통일체험학습 이후 조사한 교사들의 반응을 정리한 결과이고, <표 9>는 학생들의 반응을 정리한 결과이다.

현장교육의 학습효과를 알려면 동일한 설문지를 교육 이전과 이후에 실시하여 그 변화를 분석해 보아야 할 것이다. 강원학생통일교육수련원에서는 그러한 사전조사와 사후조사를 병행하고 있다. 초·중생들이 수련원의 교육과정을 거치기 이전과 이후에 통일의 필요성, 통일에 대한 인식, 북한에 대한 인식, 통일교육 등 몇 가지 중요한 질문사항들에 대해 응답한 자료이다.

수련원에서 교육을 받은 학생들은 대체적으로 통일에 관한 여러 질문에서 긍정적인 응답 경향으로 바뀐다. 즉 수련원에서의 현장교육 전에 비해

〈표 8〉 통일체험학습에 대한 교사들의 반응

조사내용	내용	교사(10)		논의
		N	%	
통일교육 현장 학습의 적절성	① 매우 적절함	3	30.0	적절함 이상이 약 80%이다. 비교적 긍정적이다. 학년 수준, 이동거리, 계절을 고려한 계획 수립이 필요하다.
	② 대체적으로 적절함	6	60.0	
	③ 거의 적절하지 않음	1	10.0	
통일교육 관련 행사의 효과	① 효과가 매우 큼	3	30.0	대체로 효과 있다고 보고 있다. 치밀한 행사계획을 수립해야 한다.
	② 대체적으로 효과적임	7	70.0	
	③ 효과가 거의 없음	0	0	

출처: 함태초등학교 2002

〈표 9〉 통일체험학습에 대한 초등학생들의 반응

조사내용	내용	학생 (122)		논의
		N	%	
통일교육 현장학습의 적절성	① 매우 적절함	51	41.8	약 90%정도가 적절하다고 생각하고 있으며, 체험적인 학습 기회를 많이 반영 하여야겠다
	② 대체적으로 적절함	59	48.4	
	③ 거의 적절하지 않음	12	9.8	
현장학습 장소별 효과(학생)	① 강릉 안인 안보관광지	19	15.8	현장학습 장소별 효과는 다양한 반응을 보였으며, 장소별로 특색이 있기 때문에 지역사회를 고려한 현장학습이 우선되어야 하며, 시간과 거리를 고려한 학습 장소를 선정 하여야겠다.
	② 평창 이승복 기념관	8	6.9	
	③ 태백 학도병 참전기념관	10	8.2	
	④ 용산 전쟁기념관	25	20.8	
	⑤ 철원 철의 삼각지	32	26.2	
	⑥ 고성 통일전망대	28	23.5	
통일교육 관련 행사의 효과	① 효과가 매우 큼	58	47.9	약 90% 정도가 통일 교육 관련 행사가 효과적이라고 말하고 있다.
	② 대체적으로 효과적임	56	45.8	
	③ 효과가 거의 없음	8	6.3	
행사별 효과 (학생)	① 통일발언대발표대회	5	4.1	1. 분석된 내용결과는 학생들이 어느 한 부분에 치우치지 않고 다양한 반응을 보였다. 2. 학생들의 관심이 다양한 것으로 보아 각자 관심분야가 다르기 때문에 행사 계획도 다양하게 수립하여야겠다. 3. 행사 내용 면에서 통일의지를 심어 주기 위한 의미 있는 행사로 분석되었다
	② 통일웅변대회	7	5.7	
	③ 통일 정보활용 보고서 작성대회	11	9.0	
	④ 북한 어린이 편지 쓰기 대회	13	10.7	
	⑤ 북한생활상 조사발표대회	18	14.8	
	⑥ 통일 노래 부르기 대회	11	9.0	
	⑦ 통일글짓기 대회	8	6.6	
	⑧ 통일 표어, 포스터 그리기	11	9.0	
	⑨ 통일 신문 만들기 대회	17	13.9	
	⑩ 통일 만화 그리기 대회	10	8.2	
	⑪ 통일 스크랩 전시회	7	5.7	
	⑫ 독서감상문 쓰기 대회	4	3.3	

출처: 함태초등학교 2002

교육 후 긍정적으로 응답한 학생의 수가 증가하였다. 2000년, 2001년, 2002년 모두 유사한 경향을 보였고, 또 철의 삼각지 현장 체험학습을 받은 초·중학생과 통일기원순회 현장 체험학습을 받은 고교생 모두 비슷한 효과를 보여주고 있다. 그 구체적 설문을 소개하면 다음과 같다.

먼저, 현장체험학습은 통일에 대한 관심을 증대시킨다. "한반도의 통일에 대하여 어느 정도 관심을 가지고 있습니까?"라는 질문에 '관심 있다'고 응답한 비율이 학습 이전보다 학습 이후에 훨씬 더 높았다. 또 북한 사람들을 '무서운 사람', '외국인', '불쌍한 사람', '관심 밖의 사람' 등이 아닌 '같은 민족'으로 보는 비율이 체험학습 이후 크게 증가하였다.

둘째, 현장체험학습은 통일의 당위성을 인지시킨다. "여러분은 한반도의 통일이 당연히 이루어져야 한다고 생각합니까?"라는 질문에 대해 '그렇다'고 응답한 비율이 현장 체험학습 이전보다 이후에 훨씬 더 증가했다. "한반도의 통일이 우리 민족 발전에 도움이 된다"고 응답한 비율도 체험학습 이후 증가하였다. 또 "통일로 인한 고통분담을 어떻게 생각합니까?"라는 질문에 대해 '분담하겠다'고 응답한 비율도 현장체험학습으로 증가하였다.

셋째, 현장체험학습은 통일에 대한 현실적 자심감도 부여한다. "미래 조국통일의 주역으로서 한반도의 통일에 얼마나 자신이 있습니까?"에 대해 '자신 있다'고 응답한 비율이 학습 이후가 이전보다 더 높았다. "통일의 주체는 누가 되어야 한다고 생각합니까?"라는 질문에 대해서는 '청소년세대'라고 응답한 비율이 학습 이후 더 증가하였다. 또 "통일국가의 앞날"에 대해 '좋아진다'고 응답한 비율도 체험 학습 이후 증가하였다.

넷째, 현장체험학습이 비현실적인 낙관론을 증대시키지는 않는다. "통일은 언제쯤 가능하리라고 봅니까?"라는 질문에 대해 '10년 이내'라고 응답한 비율이 대체로 증가하였지만, 2001년 통일기원순회 현장 학습을 받은 고교생의 경우 오히려 감소하였다. 현장체험학습은 대체로 현실감이 동반된 자신감을 제고시킨다고 평가할 수 있다.

다섯째, 현장체험학습은 정보제공에도 충실하다. "북한에 대하여 안다"는 비율이 체험학습 이후 크게 증가하였다. "통일교육은 누가 해야 한다고 생각합니까?"라는 질문에 대해서는 '통일교육기관'을 가장 많이 들었는데, 그 비율이 현장체험 이후 더 증가하였다. 지금과 같은 학교 통일교육으로는 통일교육의 취지와 목표를 달성할 수 없음을 암시한다고 할 수 있다. 외부 통일교육기관과 연계된 학교 통일교육이 되어야 하고, 그러기 위해서는 현장 통일교육이 중시되어야 한다.

IV. 통일·평화 교육의 방향

1. 남남갈등의 완화

민주평통사무처(2000)가 전국 중·고교 도덕·윤리 교사를 대상으로 실시한 조사에 따르면, 교사들 사이에서도 통일교육에 대한 입장 차이가 존재하고 있다. "현재 사용하고 있는 도덕, 윤리교과서가 학생들의 올바른 통일의식 함양에 적절한가?"라는 질문에 대해 연령에 따라 큰 차이를 보였다.[2]

---

2) 교사집단 간 차이의 기준이 연령임을 주장하기 위해서는 다른 기준들과 함께 분석되어야 할 것이다. 원 데이터(raw data)를 사용할 수 없기 때문에 최종 결론을 낼 수는 없지만, 여러 교차표(crosstable)들로 유추컨대, 남녀 교사의 차이와 교육연수가 많고 적은 교사 간의 차이는 연령효과로 판단된다. 다시 말해서 저연령 교사가 고연령 교사에 비해 여성의 비율이 높고 교육경력이 낮기 때문에 성(性)과 교육연수도 통일교육 인식 차이에 관계되는 것으로 보일 뿐이지 실제로는 별 관계가 없다는 추론이다. 반면에 연령은 성과 교육경력이 동일한 경우에도 연령은 통일교육 인식 차이와 관련된다는 추론이다. 물론 구체적이고 개별적 통일교육 인식으로 들어가면 그렇지 않고 반대인 경우도

<그림 4> 교사배경별 통일교육용 교과서 평가

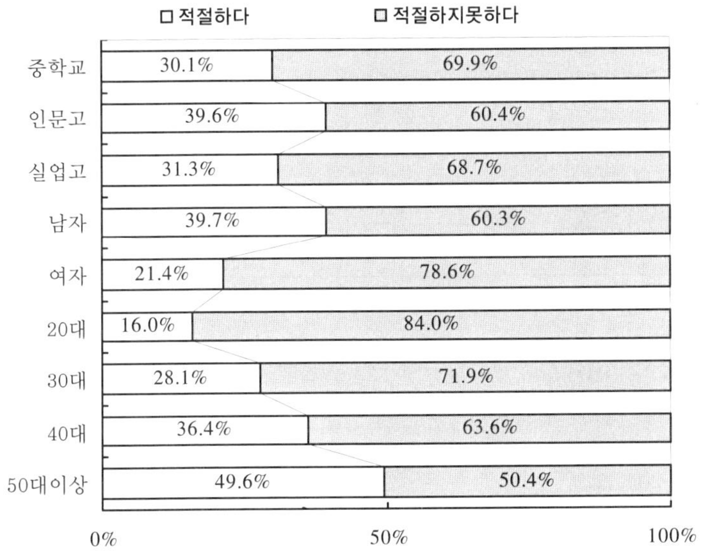

| | □ 적절하다 | □ 적절하지못하다 |

출처: 민주평화통일자문회의사무처 2000

먼저, <그림 4>에서 기존 통일교육용 교과서에 대해 '적절하지 못하다' 고 응답한 비율이 50대 이상은 50.4%, 40대 63.6%, 30대 71.9%, 20대 84.0%로, 젊을수록 매우 비판적이다. 나이가 많은 교사들에 비해 나이가 적은 교사들은 현행 도덕·윤리 교과서가 통일의식 함양에 더 부적절하다 고 보고 있는 것이다.

<표 10>에 의하면, 통일관련 수업에 임하는 학생들의 관심이 별로 없는 이유에 대해서 젊은 교사일수록 학생들의 낮은 통일의식 때문에 통일교육 수업에 관심이 적다고 보고 있다. 통일교육을 활성화하기 위한 방안에 대

있을 것이지만, 대체적인 기준은 연령이라는 의미이다.

〈표 10〉 교사배경별 통일교육 인식의 차이

질문: 통일관련 수업 시간에 학생들의 관심이 부족하다면 그 원인은 무엇이라 생각하십니까? ("관심 없다"라고 응답한 응답자 1,161명만 분석대상)

연령	사례수 (N=명)	교과서 등 교육자료 문제	수업방식의 문제	수능시험 등에 직접적인 관련이 없기 때문	학생들의 낮은 통일의식	유의도 χ^2 p
전체	(1,161)	20.9	1.3	18.9	58.9	
20대	(119)	19.3	1.7	14.3	64.7	27.888
30대	(471)	22.3	1.1	14.6	62.0	0.001
40대	(420)	23.1	1.4	20.7	54.8	
50대 이상	(151)	11.9	1.3	30.5	56.3	

질문: 선생님께서는 학교 및 사회에서의 통일교육을 보다 활성화하기 위한 방안은 무엇이라 생각하십니까?

연령	사례수 (N=명)	교육관련 법·제도 정비	교육담당자의 재교육, 인센티브제 도입	다양한 교육프로그램, 교육자재 개발	기타	유의도 χ^2 p
전체	(1,545)	11.7	24.9	59.5	3.9	
20대	(148)	7.4	20.3	69.6	2.7	24.038
30대	(587)	10.7	21.5	63.2	4.6	0.004
40대	(570)	12.8	27.7	55.1	4.4	
50대 이상	(240)	14.2	29.6	54.6	1.7	

출처: 민주평화통일자문회의사무처 2000

〈표 11〉 도덕·윤리교과 외 통일교육 방법별 지지 교사집단

대안	선호특징
①교과서·수업방향의 효율적 개선	낮은 연령/교육경력 교사, 여자교사
②통일관련기관, 단체의 통일교육지원	남자교사
③입시 반영	낮은 연령/교육경력보다 높은 연령/교육경력 교사
④재량·과외활동시간 활용	높은 연령/교육경력보다 낮은 연령/교육경력 교사

자료: 민주평화통일자문회의사무처 2000

해서는 젊은 교사일수록 '교육 관련 법·제도 정비'와 '교육담당자의 재교육·인센티브제 도입'보다는 '다양한 교육프로그램 및 교육자재'의 필요성을 강조했다.

또 <표 11>에서 연령과 교육경력이 적은 교사의 다수는 교과서·수업방향 개선을 통해 통일교육이 효과적일 수 있다고 인식하고 있으며, 다른 교사집단에 비해 재량·과외활동시간 활용도 효과적으로 인식하는 경향이 있다. 반면에 연령과 교육경력이 많은 교사는 다른 교사 집단에 비해 고교 입학내신 및 대학수능시험 반영이 효과적 통일교육에 도움이 될 것이라고 인식하고 있다.

이러한 교육자들의 인식차이는 바람직하지 않다. 교육자들의 인식 공유가 급선무이다. 그러한 인식공유는 현장 탐사를 통해 가능할 수 있는 것이다.

오늘날 한국 사회의 분열 현상은 분열의 정도가 크다는 표현보다 오히려 분열의 성격이 악성(惡性)이라는 표현이 적당하다. 적절한 분열이 아닌 것이다. 한편으로는 부패한 기득권층 때문에 진정한 보수주의 실천이 어렵고, 다른 한편으로는 권력추구형 패거리가 진보주의를 표방하면서 새로

운 권력을 쟁취하려 하고 있는 현실이다. 한국사회의 분열이 교육계의 분열로 연장되어 있고, 통일교육에 있어서도 많은 갈등의 소지가 존재하고 있다. 오늘날 목도되고 있는 교육계의 분열은 통일문제 이슈와 관련되어 더욱 심화되고 있다. 통일문제가 개입하기 시작하면, 선입관 때문에 전혀 합의하거나 타협할 수 없는 지경에 이르기도 한다.

하나 되는 통일교육은 남(南)과 북(北)이 하나 되는 것뿐만 아니라 남(南)과 남(南), 세계(世界)와 우리 등도 서로 하나 되도록 이끄는 교육이어야 한다. 외세에 저항하는 것은 당연하지만 배타적 민족주의를 강변해서는 아니 되며, 특히 우리 공동체 내에서 양립(兩立)가능하도록 화이부동(和而不同)의 하나가 되는 것이 매우 중요하다.

계층 간 인식 차이는 계층 간에 서로 이해해야 하고 배울 것이 있다고 서로 인정해야 교정될 수 있다. 기성세대가 젊은 세대로부터 배울 것이 있고 또 젊은 세대가 기성세대로부터 배울 것이 있다는 점을 서로 인정하는 것이다. 즉 잘못된 선입관에서 벗어나야 하고, 동시에 산 증인들을 통한 엄연히 존재하는 역사적 경험을 무시해서도 아니 된다.

계층 간 이견이 전문적 식견과 역사적 사실에 기초하지 않고 집단패거리로 작용한다면 큰 문제이다. 각종 논쟁에서 보듯이 합리적인 대화를 통해 이견을 해소하려는 노력보다, 이미 자신의 신념을 확실히 믿는 상황에서 자신의 주장을 강변하는 행태, 즉 전혀 이해하지 못하면서 논의를 전개하는 만용(蠻勇)을 부리기도 한다. 자신의 주장이 거짓임이 밝혀지기 전에는 열변을 토하고, 몰(沒)이해적 발언이 거짓임이 밝혀진 이후에는 '아니면 말고'식의 태도를 보이기도 한다.

계층 간 갈등이 표면화하지 않도록 철저하게 숨기는 것은 통일교육의 올바른 방향이 아니다. 오히려 인식차이의 현주소를 정확히 파악하여 인식의 동질성 수준을 제고시켜야 한다. 독일의 통일에서도 다양한 인식의 표출이 선행되었다.

그러한 동질성 수준 제고도 정파적이거나 획일적인 여론몰이식 강요보다, 논리적이고 합리적인 의사소통을 통해서이다. 물론 사실 통일논의와 관련되어 다른 생각을 하고 있는 계층에게 아무리 논리적인 설득을 해도 별 효과적이지 못할 때가 많다. "그냥 싫어서"라는 상대에게는 논리 자체가 이데올로기로 작용하고 있다.

어떤 상황이 전쟁을 유발할 가능성이 더 높고, 전쟁 발발 시 어떤 상황이 패배할 가능성이 더 높은지는 이미 교과서에 나와 있다. 안보수준을 제고시키기 위한, 즉 전쟁을 억지하고 전쟁 발발 시 승리하기 위한 정책방향은 논리적으로 도출될 수 있다. 마찬가지로 어떠한 상황이 통일에 도움이 되고 어떤 상황이 현상유지에 도움 되는지 그리고 각 정책의 기대효과도 논리적으로 유추된다. 그러한 논리적 합의가능성에도 불구하고 일부 지식인과 일부 언론의 곡학아세(曲學阿世)적 행동과 이를 이용하는 정치권에 의해 국가안보를 둘러싼 계층 간 갈등은 증폭되는 것이다. 통일교육에서 방송의 활용이 자주 강조되고 있는데, 통일관련 방송의 내용도 정권에 따라 큰 영향을 받는다. 통일교육은 무엇보다도 탈(脫)정파적이어야 한다.

사실 이해관계에 따라 사회가 분열되는 것은 자연스럽다. 일반적으로 그 타협이나 해결의 대안이 언론계와 교육계로부터 나온다. 사이코(psycho)라고 불릴 정도의 고지식하고 진리에 연연하는 언론계와 교육계의 역할이 있는 것이다. 하지만 오늘날 한국의 경우엔 언론계와 교육계가 그러한 갈등의 한 축이자 갈등의 현장이기도 하다.

정부에서는 과거의 글 내용이나 발언 내용에 관계없이 정부정책에 현재 동조적인 전문가들의 의견만을 중시하였다. 일반적으로 집권세력에 대한 종합적 지지도에 따라 대북 정책에 대한 평가가 좌우되는 면이 크다. 집권세력에 대한 국민적 지지가 있을 때에는 대북 정책에 대한 긍정적 평가가 주로 표출되다가, 지지도가 떨어질 때에는 대북 정책에 대한 부정적 평가가 주를 이루었다. 그러한 길목에는 언론의 태도가 무엇보다도 중요하겠지만 전문가의 태도도 큰 영향을 미쳤다. 그러한 융통성과 적응력이 높은 학자들의 행보가 국민적 합의를 이끄는 매개적 기능을 하는 것 같지만, 길게 보면 결국 정부의 정책과 국민의 지지에 일관성을 훼손하는 것밖에 되지 않았다. 시대가 바뀌면 결론을 바꿀 수 있고 또 바꾸어야 한다. 상황조건이 바뀌었음에도 불구하고 주장을 견지하는 것은 논리적 주장이 아니라 이데올로기에 불과하다. 하지만 시대가 바뀌었다 하여 논리가 바뀌면 아니 된다. 동서고금의 보편적 진리의 유출방법이라고 할 수 있는 논리가 바뀌는 것이 아니다. 과거의 주장에서 그 상황조건이 바뀌지 않았음에도 결론을 바꾸는 것은 곡학아세에 불과하다.

기득권을 유지하려는 수구세력뿐만 아니라 새로운 기득권을 추구하려는 세력도 피해야 한다. 바람직한 통일교육은 곧 다원적이고 양립(兩立)적 입장의 허용이다. 다원주의에 기초한 통일교육이 강조되어야 할 시점이다. 다원화는 교육자치처럼 통일교육의 자치이다. 다양한 단위에서 통일교육이 이루어져야 한다.

통일교육이 미리 정해진 정책을 합리화시키고 정당화하는 데에 그치는 경우가 허다하다. 역대 정부의 대북 정책도 집권세력에 의해 미리 정해진 정책을 합리화시키는 데에 대부분의 예산, 인력, 조직을 낭비하였다. 그러한 합리화가 과연 얼마나 효과적이었는지에 대해서는 회의적이다. 반면에 최종적으로 결정되는 정부정책이 의견수렴과정에서 바뀔 수 있다는 국민적 인식과 환경은 실제 정책의 지지를 이끌어 궁극적으로 성공 가능성을 높인다.

다원화를 인정하지 않고 획일화를 강요하는 통일교육은 정부가 나설 때 오히려 정파적이고 어용적이라는 인상을 주어 오히려 역효과적일 수 있다.

단지 정부가 주체라는 이유만으로 그 통일교육내용을 불신하는 사람들도 있다. 통일교육은 정부시책의 홍보라는 인식을 불식시키는 것이 교육의 효과성을 높인다. 교육내용이 정권과 관계없이 일관되도록 하는 것이 바람직하다. 아울러 통일교육 주체의 독립성 제고 방안이 강구되어야 한다.

통일교육으로 인해 남한 내부의 통합이 점점 깨져만 가고 있는 것은 매우 역설적이다. 통일교육이 이념적이거나 가치지향적일 때에는 갈등과 대립을 피할 수 없다. 종교적 신념이 서로 다른 계층들에게 하나의 통일된 종교적 신념을 강요할 때 갈등과 충돌이 나오는 것과 마찬가지이다.

통일논의도 추상적인 탁상공론으로 하다보면 갈등만 된다. 색깔논쟁이라든지 역(逆)색깔논쟁처럼 타협이 나지 않는 경우는 주로 추상적으로 논쟁이 진행될 때이다. 반면에 구체적인 대상을 두고 벌이는 논쟁은 논쟁으로 끝나지 않고 결론이 나거나 적당한 선에서 타협되어 합의될 때가 많다. 현장 체험처럼 구체적인 것을 두고 논의가 진행될 때에는 합의에 도달하기가 더 쉽다.

하나를 지향하는 통일교육은 구체성을 지녀야 한다. 현장교육이 그러한 예이다. 통일교육 가운데 대표적 현장교육은 비무장지대 통일교육이다. 비무장지대는 군사적 이슈와 정치적 이슈뿐만 아니라 생태보호와 지역개발 등 다양한 주제가 함축된 대상이다. 비무장지대는 현재 한반도의 분단 상황을 있는 그대로 보여 주고 있다.

이러한 현장교육은 남과 북이 하나 되고 동시에 남(南)과 남(南)이 하나 되는 진정한 의미의 통일교육 취지에 부합되는 것이다.

통일교육을 둘러싼 갈등적 인식은 사실 통일교육이 정권 이념의 변화에 따라 많은 변화를 겪기 때문이기도 하다. 통일교육의 방향이 정권의 향방에 좌우되어서는 아니 된다. 지방자치의 취지가 중앙정치에 관계없이 풀뿌리정치를 이루겠다는 것처럼, 교육자치도 마찬가지이다. 통일교육을 백년대계(百年大計)라는 교육의 일환으로 이해한다면, 통일교육이 정권에 따라 바뀌어서는 아니 되며 다원적 입장을 견지해야 한다.

2. 보편성의 제고

북한과 통일에 대한 정보가 주어지지 않은 집단에서 통일지향적 태도가 높고, 반대로 북한의 실상에 대한 정보를 단순 제공하는 것은 오히려 이질감을 심화시켜 통일에 대한 부정적인 태도를 유발할 수 있다는 것이 남북정상회담 이전 전문가들의 믿음이었다. 최근에도 북한에 대한 정확한 정보제공이 이질감을 가져오는지에 대해 명확히 밝혀지지 않았는데, 만일 정확한 정보 제공이 이질감을 가져온다 하더라도 정확한 정보제공은 통일교육의 필수적인 요소이다.

바람직한 것은 주입식 교육보다 스스로 깨닫게 하는 자유방임적 통일교육이 오히려 강화되어야 한다. 스스로 판단케 하는 장기적이고 자발적인 방식이 필요하다.

통일교육은 자유민주주의 교육이 되어야 한다. 국가적 목적을 위해 개인을 희생시켜야 한다는 것을 더 이상 강요시킬 수 없다. 개인주의적 요소를 국가적 요소와 어떻게 조화시키느냐는 것이 통일교육의 관건이다. 따라서 통일교육은 자유민주주의교육의 연장으로 되어야 한다.

기존의 통일교육은 일반 학생들에게 덜 설득적이다. 개인주의에 근거한 남북한관계 / 북한학 연구가 제대로 정리되어 있지 않다는 것은 통일교육의 효과성을 줄인다. 대부분의 교육내용이 반복적이고 시사적인데, 이를 극복하여 일관된 핵심들을 전달하는 것이 더 바람직하다. 예컨대 통일의 필요성, 통일방식, 군축의 필요성 등도 개인적 이해관계와 연관되어 설명되어야 더 설득적이며 논리적이다. 체계적 연구도 없이 통일교육을 시행하는 것은 한계가 있을 수밖에 없다.

민주평통의 조사에 따르면, 각 교과별로 통일·북한에 대한 설명을 거의 듣지 못한다는 비중이 예체능(85.5%), 지리(67.0%), 국어(51.4%), 역사(38.4%), 사회(37.2%), 도덕(윤리)(22.8%) 순이었다(피앤피리서치 2002). 즉 통일 관련 단원이 수록된 도덕(윤리), 사회, 역사 등의 과목에서만 북한·통일관련 설명이 이루어지고 있으며, 통일 관련 단원 비중이 높지 않은 예체능, 지리, 국어 교과의 경우 통일교육이 실시되지 않거나 학생들에게 제대로 각인되지 않고 있는 것이다.

통일교육은 도덕 및 사회와 같은 특정과목뿐만 아니라 여러 교과에서 이루어지는 것이 더 바람직하다. 예컨대 국어에서는 북한의 언어와 문학작품을, 사회에서는 북한의 사회생활을, 지리에서는 북한의 지리를, 역사에서는 북한의 역사 유적을, 음악에서는 북한 음악을, 체육에서는 북한의 매스게임과 스포츠를 포함시켜 교육시키는 것이 필요하다.

특히 현장 체험학습에 드는 비용이 교실에서의 통일교육보다 더 높은 현실에서 통일교육만을 위해 현장 학습을 하는 것은 고비용적이다. 여타 교과 교육의 일환으로 현장 학습을 시행할 때 비용의 문제도 해결될 수 있다.

통일 전의 서독 통일교육은 곧 통일 이후의 사회교육이 되었다. 통일이전 서독의 통일 교육은 따로 없었다는 주장도 있을 정도이다.

우리의 경우, 초등학교 제7차 교육과정의 통일교육 편성 현황은 통일 이후 교육보다 주로 통일 준비 교육에 주안점을 두고 있다. 바른생활 교과에서 통일에 대한 관심 가지기(2학년)가 편성되어 있고, 도덕 교과에서는 분단의 현실과 통일의 필요성 인식(3학년), 국가 안보를 위한 바른 자세(4학년), 평화 통일의 당위성과 방법(5학년), 민족 통일의 의지(6학년)등이 편성되어 있으며, 사회 교과에는 평화통일(6학년)이 편성되어 있다. 통일국가의 미래상과 민족의 미래는 각각 도덕 교과 6학년과 사회 교과 6학년에 편성되어 있는 정도이다.

통일 이전에 관한 교육은 특수한 상황을 염두에 둔 교육이다. 우리의 통일교육은 통일 이전이라는 시대의 특수성을 고려하는 교육이 아니라 동서고금의 보편적 타당성에 근거한 내용이어야 한다. 통일 이후에도 그대로 활용될 수 있는 교육내용이어야 한다. 통일 이후에도 보편적으로 적용될 수 있는 민주교육, 민족교육, 시민교육, 협력교육, 공동체교육, 평화교육, 안보교육 등이 포함되어야 할 것이다.

통일문제와 관련하여 독일을 우리의 모델로 무조건 따라하는 것도 또 다르다고 무조건 무시하는 것 둘 다 잘못된 것이다. 통일교육에 있어서도 마찬가지이다.

한국은 독일과 경제력에서 큰 차이가 있다. 비용이라는 측면에서 통일만을 위한 교육은 바람직하지 않다. 이런 의미에서 한국에서의 통일교육은 독일에서의 통일교육보다도 더 넓은 의미로 받아들여져야 할 것이다. 하지만 현행 한국의 통일교육은 독일의 것보다도 더 좁다.

독일의 경우 국민들에게 동독에 대한 객관적이고 정확한 정보 제공이 통일교육의 핵심이다. 우리의 경우 정권에 따라 정보의 내용이나 색깔이 많이 달랐다. 이것은 남북통일뿐만 아니라 남남통일에도 저해되는 요인이다.

한국이 독일과 다른 점 가운데 무엇보다도 중요한 차이는 상호간에 전쟁이 있었고 접경에서의 긴장관계가 아직도 존속하고 있다는 점이다. 현재 한반도는 아직도 정전(停戰) 상태에 있다. 바로 비무장지대는 이를 단적으로 보여주고 있다. 최근 들어 남·북 간의 왕래가 잦아지고 화해와 평화의 목소리가 높아지는 현 상황에서도 비무장지대가 시사하는 바가 크다. 학생들에게 현장 체험학습을 시켜 통일과 평화의 필요성뿐만 아니라 비무장지대가 가져다주는 전쟁억지 기능에 대해 느낄 수 있도록 하는 것이 균형 있는 교육을 위해 바람직하다.

접경지역에 부여된 열악한 환경을 교육자원화하여 남한 사회 전체의 통일교육 모델뿐만 아니라 통일한국의 교육 모델이 되도록 현실적 접근을 해야 한다. 많은 비용으로 비무장지대를 인터넷에 올렸지만 그 활용도는 너무 빈약하다. 가상공간보다 접경지역의 인문·자연 현장을 이용한 것이어야 할 것이다.

공간적으로 현장교육을 전국에 확산시키는 것만큼 시간적으로 통일 이후에도 활용할 수 있는 통일교육프로그램의 개발을 염두에 두어야 한다. 독일의 경우 통일 이후 서독의 통일교육내용이 곧 동독지역의 교육내용으로 되었었는데, 우리도 통일 이후 북한지역에서의 교육을 염두에 둔 교과과정 개발이 필요하다. 서독 접경지역의 교육내용들이 결국 통일독일 전체의 교육내용이 된 역사적 사실을 감안하면, 접경지역의 교육도 지금부터라도 교과에 북한 내용을 좀 더 포함시킨다든지 하는 작업들이 필요하다.

끝으로 남북한공동교육구역(JEA: Joint Education Area)을 검토해 볼 필요가 있다. 실제 남북교육협력이 실현될 가능성이 높지는 않지만 그러한 가능성을 염두에 두고 또 통일 이후를 대비한다는 자세는 있어야 할 것이다. 비무장지대에 공동경비구역인 JSA가 아니라 공동교육구역인 JEA를 설치할 수 있다면, 남북한 청소년 모두에게 과학, 컴퓨터, 언어 등 탈(脫)이념적 실용 교육을 제공하여 궁극적으론 화해나 협력에 기여할 것이다. 교육제공은 군사력 전환의 차원에서 본다면 어떤 다른 대북 협력사업보다도 더 평화적이다.

2부
DMZ 현장 답사

제4장
서부 접경지역의 현장 답사

I. 서해5도 지역의 DMZ 답사

서해 5도는 백령도, 연평도, 소연평도, 대청도, 소청도를 일컫는 말이다. 인천 연안부두에서 쾌속정으로 적어도 4시간을 타고 가야 하는 서해 5도 는 DMZ가 아니다. 다만, 남한의 최북방관할지역일 뿐이다. 정전협정에 의 한 군사분계선(MDL) 표식물 가운데 가장 서쪽에 있는 제0001호는 임진강 강변에 서있다. 정전협정이 진행 중인 1952년 9월에 마크 클라크 유엔군사 령관이 해상봉쇄선(클라크 라인)을 설정하였고, 정전협정 체결 직후인 1953 년 8월 클라크 라인을 철폐하고 북방한계선(NLL: Northern Limit Line)을 설 정하여 현재까지 내려오고 있는 것이다.

NLL은 저진 기점으로 218마일 길이의 동해 NLL, 그리고 백령도를 기 점으로 42.5마일의 서해 NLL, 합하여 총 260.5마일의 바다경계선이며,

DMZ의 155마일보다 더 길다. 물론 이 또한 1953년 책정할 때 공식발표
한 것은 아니다. NLL의 실질적 관리지침은 2급 비밀로 분류되어 있는 합
참 작전예규와 유엔사·연합사 교전규칙에 규정되어 있다.

1970년대 12해리 영해가 일반화되면서 NLL문제는 이슈화되었다. 백령
도, 대청도, 소청도, 연평도와 북한 내륙 간의 경계선은 중간지점이 되겠
지만 북한 옹진반도의 구월봉 남단, 즉 소청도와 연평도 사이의 수역에는
남측이 점유하고 있는 도서가 없기 때문에 북한의 영해가 NLL보다 훨씬
남쪽에 위치하게 되는 것이다.

1973년 12월 군사정전위 346차 본회의에서 북한이 황해도-경기도의 경
계선을 연장한 선의 이북 해역은 북한의 연해이고 따라서 서해 5도 출입
은 북한 당국의 사전승인을 받아야 한다고 최초로 주장하게 된다. 북한은
2000년 3월에는 서해 5도를 북측이 설정한 두 개의 수로로 통항하라는
'서해 5도에 대한 통항질서'를 발표하기도 했다. 그러한 와중에 1999년 6
월의 연평 해전에서 북한은 6척의 손실을 입었고, 2002년 6월 서해 해전
에서는 남측에게 보복성 도발을 가해 남측은 인명피해를 입었다.

1992년 남북한 기본합의서 11조에는 "남과 북의 불가침 경계선과 구역
은 1953년 정전협정에 규정된 군사분계선과 지금까지 쌍방이 관할하여 온
구역으로 한다"고 되어 있기 때문에 북측이 NLL를 인정한 것으로 볼 수
도 있다. 또 '남북불가침의 이행과 준수를 위한 부속합의서' 10조에는 "남
과 북의 해상 불가침 경계선은 앞으로 계속 협의한다"고 되어 있기 때문
에 유동적인 측면도 있다.

실효적 지배에 의한 남측의 영해라는 주장과, 북측의 잦은 월선으로 실
효적 지배가 아니라 주장이 맞서고 있는 것이다.

이러한 첨예한 대립과 달리, 백령도에는 볼 것이 참으로 많다. 섬 동쪽
해안에 있는 천연기념물 391호 사곶해안은 고운 모래에 물을 머금은 상태

에서 물이 빠지면 활주로로 사용이 가능할 정도로 단단해지는 규조토 모래사장이다. 매우 부드럽지만 대형수송기 이착륙이 가능한 곳이다. 나폴리와 함께 세계에서 단 두 곳뿐인 천연비행장 혹은 천연활주로로 불린다. 썰물 때 군 트럭이든 버스를 타고 사곶해안 위를 달리면 색다른 맛을 느끼게 된다. 근처 둑 건설 이후 훼손되고 있다는 지적이 있다.

섬 남쪽 해안의 천연기념물 392호 콩돌해안은 이름처럼 해안의 돌들이 콩 모양으로 되어 있는 해안인데, 인공적으로 만든 것이 아닌가하는 생각이 들 정도인데, 콩돌로 나는 파도소리 또한 특이하다.

섬 서북쪽의 두무진은 DMZ 동쪽 끝인 해금강과 한반도 남쪽의 거제도처럼 기암괴석으로 되어 있는 해안이다. 두무진은 '서해의 해금강'이라고도 불리는데, 대신 해금강을 '동해의 두무진'으로 불러도 좋을 만큼 두무진은 해금강에 뒤처지지 않는다.

백령도의 멋 가운데 하나는 야생동물들을 가까이 볼 수 있다는 점이다. 물범이 그 대표적인 동물이다. 물범은 바다표범과 비슷한 종인데, 백령도 근방에 300마리 정도 서식하는 것으로 알려져 있다. 이 물범들 때문에 백령도 근처에 백상아리가 출현하여 물범을 잡아먹는 것이 목격되기도 했다. 이 외에 가마우지와 같은 바닷새들도 매우 쉽게 볼 수 있다.

천연기념물 393호 감람암포획 현무암도 세계적으로 드문 것이라고 한다. 백령도는 자연생태뿐만 아니라 유적지도 있다. 심청각 그리고 황해도 장연 앞바다 인당수와 연꽃바위가 심청전 전설을 담고 있다. 동키부대 막사, 반공유격전적비, 김유진열사비 등 통일안보와 관련된 여러 유적들도 있다. 국내 유일의 여자예비군이 있는 곳이기도 하다.

다른 섬들과 마찬가지로 적의 상륙을 방지하는 시설들이 많다. 그러한 시설이 해안을 파괴한다는 주장도 있지만, 적대관계가 해소되지 않는 한 필요악이라고 할 수 있다. 동굴진지도 있는데, 807 OP와 같은 곳의 견학은 군부대의 허가가 필요하다.

백령도는 대한제국 때 황해도 장연군에 속했다. 해방 직후에는 소련 군정이 실시되던 장연군의 관할을 받다가, 38선 이남이라는 사실을 깨닫고 곧 경기도 옹진군에 속하게 되었었다. 1.4후퇴 이후 피난민들이 백령도에 몰리자 해군본부에서 백령도 주둔부대를 창설했다. 이때 유엔군 관할에 있던 유격대를 동키부대, 8240부대, 켈로 등으로 불렀었다.

1990년대 중반부터 현재까지 백령도는 인천광역시 옹진군 백령면이다. 백령도는 시청소재지인 인천보다 평양이 더 가까운 곳이다. 인천으로부터 직선거리로 173km이고, 평양으로부터 143km 떨어져 있다. 북한 옹진반도나 장산곶에서 한두 시간 거리이다. 주민들의 사투리도 인천 말투가 아닌 황해도 사투리이다. 1.4 후퇴 때 북한에서 피난 온 실향민과 자손이 다수를 차지하고 있기 때문이다.

백령도는 외곽지역에 있는 것으로 느껴지지만, 중국 대륙과의 연결통로 가운데 하나이다. 일제의 대륙진출 병참기지 및 통신전진기지였으며, 기독교가 중국으로부터 전파되기 시작한 곳이다. 1890년대 말 설립된 중화동 교회는 한국 교회사에서 두세 번째로 오래된 것으로 기록되고 있다.

백령도를 방문하려면 숙소가 있어야 하는데, 군부대 혹은 국가기관의 협조가 있다면 연봉회관과 같은 현지 부대 숙소를 이용하는 것이 좋다. 그것이 어렵다면 민박 아니면 여관을 이용해야 한다.

서해 5도 가운데 백령도 다음으로 유명한 곳은 연평도이다. 황해도 해주 시내가 육안으로 보이는 전망대가 있지만, 연평도는 관광으로 유명하기보다 꽃게잡이 시절마다 남북한 간의 NLL분쟁으로 유명한 곳이다.

어민들은 허가된 어로조업구역이 너무 좁고, NLL쪽으로 조그만 가도 어획고는 늘기 때문에 어업이 허용된 경계선을 자주 넘게 된다. 최근에 꽃게 대량양식이 성공했다고 하는데, 자연히 꽃게잡이 목적의 월경(越境)도 감소할 것으로 기대한다.

II. 김포·강화 지역의 DMZ 답사

　서울의 중국어 표기는 이제 한성(漢城)이 아니라 首爾(首尒[Sh0u'6r])이다. 서울시에서 뜻과 발음을 고려하여 이 용어를 선택한 것으로 추정되는데, '수이'는 김포의 옛 지명이기도 하다. 김포군 가운데서도 양촌·대곶면 일대의 고구려시대 지명이 수이홀(首爾忽)이었다.

　애기봉(愛妓峰)은 김포의 최북단 지역이다. 청룡부대가 관할하는 지역인데, 전망대는 경기도재향군인회에서 관리하고 있고 입장은 무료이고 안내도 잘해주는 편이다. 병자호란 때 평양감사가 자신이 사랑하는 기생과 함께 남으로 피난하다 그 애기(愛妓)는 강을 건너 김포 조강리 마을로 피난했지만 감사는 한강을 건너지 못하고 개풍에서 잡혔다고 한다. 그 피난한 기생이 피난하지 못한 북쪽의 감사를 그리워하다 죽어 묻혀진 곳이 현재의 애기봉이라고 한다. 1966년 당시 박정희 대통령이 애기 사연은 곧 남북한 이산가족 사연이라 하면서 애기봉이라는 친필 휘호 비석을 남겨 오늘까지 내려오고 있다. 북쪽과 가장 가까운 폭이 1km정도밖에 되지 않는 곳이고, 1980년대 만들어진 북측의 선전마을도 보이고, 탈북방지용 북측의 전기철책으로 추정되는 장애물도 보인다. 망배(望拜)단이 설치되어 실향민이 가끔 찾는 곳이기도 하다.

　애기봉에서는 임진강과 한강의 만남을 관측할 수 있다. 앞쪽(북쪽)의 관산반도를 끼고 내려오는 임진강과 오른편(남쪽)의 김포반도를 끼고 나오는 한강을 볼 수 있다. 큰 호수처럼 되어 있는 이 유역은 독수리, 개리, 재두루미 등 각종 조류의 서식지이지, 인간의 영역은 아니다. 바다에 접해 있

애기봉 앞 북측 마을 북한이 코앞이다

지만 NLL과 달리 DMZ에 속하는 지역이다. 정전협정 제5항에는 남북의 공동수역으로 되어 있지 남북의 금지수역이 아니다. 그렇지만 현실은 그렇지 못하다.

애기봉 전망대 앞 유역은 육지의 DMZ처럼 GP초소가 있지 않고 글자 그대로 병력이 주둔하지 않는 곳이다. 단 특수한 경우 통항이 허용되기도 한다. 애기봉 전망대에서 서쪽으로 위치한 유도(留島)는 백로류와 해오라기의 대단위 번식지라 학섬으로도 불리고 뱀이 많다 하여 뱀섬으로도 불리는 작은 섬이다. 1997년 홍수에 떠내려 오다 유도 이름 그대로 그 섬에 머물게 된 소를 북한의 협조로 구출하기도 했다.

또 2005년 11월에는 서울 한강시민공원 이촌 지구에 정박해 있던 거북선이 한강 DMZ를 지나 강화해협을 통과하여 경남 통영으로 갔다. 한산대첩 전승지인 통영 한산도에서 거북선을 전시하기로 서울시와 통영시가 합의한 것에 따른 것이지만, 이동에는 북한의 동의도 있었다. 전쟁 이후 첫 민간인 선박의 운항이었으며 간단한 수로 측정도 실시되었다.

애기봉 전망대를 나와 강화도쪽으로 가다보면 조각공원이 하나 있는데 통일테마파크이다. 김포에서 강화도로 들어가려면 강화대교 혹은 초지대교를 이용해야 한다. 초지진 옆에 있는 초지대교는 주말이면 많은 차량들이 넘나든다. 강화대교를 통해 강화도로 들어가다 보면 오른편에 문수산 (376m)이 보인다.

문수산은 김포의 금강산으로 불리는데 가을엔 단풍이 아름답다. 문수산에서 내려다 본 강화도의 지세가 물을 무서워하는 몽골군을 주눅 들게 하였기 때문에 몽골이 강화도를 점령하지 못했다는 해석도 있다.

문수산성은 문수산 정상에서 능선을 따라 축조한 성이다. 문수산성은 김포에 있기 때문에 강화로부터 김포 침입을 방어하기 위한 목적으로 생각하기 쉽지만, 김포를 공격하려면 강화도 말고도 다른 루트가 있기 때문에 굳이 문수산성을 축조할 이유가 없다. 문수산성은 김포를 통한 강화도 침입을 강화도 외곽에서 방어하기 위한 목적에서 조성되었다. 특히 강화도 방어에 필요한 통진(김포) 갑곶나루의 방어를 위한 것이었다.

문수산성의 모양을 보면, 남단인 강화교에서 시작하여 문수산 정상까지 올라가서 다시 바닷가 쪽으로 내려오고 있는데, 바다 쪽을 대상으로 축조한 것이 아니라 반대로 바다 쪽으로 나오는 적을 막기 위한 구조임을 알수 있다. 1627년 정묘호란 때 인조는 강화도로 피신할 수 있었지만, 1636년 병자호란 때에는 강화도로 피신하려다 도중에 실패하였고 1637년 강화도는 함락되었다. 국왕이 삼전도에서 치욕을 당한 역사적 경험에서 문수산성은 그 후대에 조성된 것이다.

김포와 강화도를 연결하는 강화대교 근처에는 갑곶나루(甲串津) 선착장이 있는데, 고려 고종 일행이 갑옷을 벗어 쌓아 건넜다는 이야기에서 유래하는 지명이다. 김포시 월곶면과 강화군 강화읍을 연결하는 것인데, 해병대 주둔지이라 일반인 출입이 통제되고 있다.

강화도에 들어가면 섬이라는 생각은 잘 하지 않게 된다. 워낙 큰 섬이고 또 육지와 강화도를 연결하는 다리가 길지 않으며 특히 썰물 때 다리를 건너면 바다를 건넌다는 느낌이 들지 않기 때문이다. 김정호의 대동지지(大東地志)에서는 강화해협을 강이라고 했지만 대부분은 해협으로 부른다. 강화해협을 염하(鹽河)라고도 부르는데 그 표현은 글자 그대로 짠 강물이다.

고구려 광개토왕이 바다로 둘러싸이고 사면(四面)이 험했다는 관미(關彌)성을 함락했었는데, 그 관미성이 바로 강화도라고 하는 해석도 있다. 강화도는 고려 때 몽골의 침공, 고종 19년(1232년)부터 46년(1259년)까지 27년간 강화로 천도, 선원사에서 대장경판 간행, 병자호란 때인 1637년 함락, 프랑스의 병인양요(1866), 미국의 신미양요(1871), 일본 운양호의 초지진 공격(1875), 강화도조약 체결, 개항 등의 한반도 역사에서 매우 중요한 사건들의 현장이었다.

강화도는 서울에서 가깝지만 격리된 지역이라 귀양지로도 활용되었다. 강화읍 견자산은 이성계가 우왕의 아들 창왕을 죽인 장소이며 살창(殺昌)으로도 불린다. 강화읍 근방에는 고려궁지와 강화산성 등 유적지가 많다. 강화도 최북단 제적봉처럼 이북을 관측할 수 있는 지역이 있으나 출입이 자유롭지 못하다.

김포에서 강화교를 건너자마자 왼쪽에 있는 강화역사관은 갑곶돈대의 자리인데, 외적의 침략에 대한 항쟁 정신을 느낄 수 있다. 염하 건너 김포쪽에는 월곶돈대가 있다.

돈대는 오늘날 초소에 해당한다. 돈대를 관리하는 포대, 작은 병력 주둔의 보(堡), 큰 병력 주둔의 진 등으로 구분되었다. 강화도는 53개의 돈대와

9개의 포대로 구성되었다.

강화교에서 해안도로를 따라 남하하면 여러 돈대들을 만날 수 있다. 광성보에는 용머리 모양으로 튀어나와 있는 용두돈대가 있다. 앞 해협 이름은 손돌목이다. 1232년 몽골의 2차 침입 때 고종이 몽골군에 쫓겨 강화도로 피신할 때 안내한 사공의 이름이 손돌인데, 안내하던 바닷길이 험하여 의심을 받아 사공은 처형되었고 광성보 맞은편 김포 언덕에 묻혔다. 험한 바닷길이 오히려 맞는 길이라는 말도 있는데, 권력자의 의심이 자기 이익을 챙기지도 못하면서 억울한 백성 한 사람을 처형한 것이었다. 손돌 처형일인 음력 10월 20일경에 부는 세찬 북서풍을 손돌풍이라고 부른다.

광성보 남쪽의 덕진진과 초지진은 강화해협의 남쪽입구에 해당한다. 강화 쪽의 덕진진과 광성보 그리고 김포 쪽의 덕포진이 삼각 화망(火網)을 구성하였다. 강화 쪽의 포대는 널리 알려져 있었지만, 김포 쪽의 포대는 1970년대까지 알려지지 않았다. 그러다가 군사 상식으론 반대편에도 포대가 있을 것이라고 추정하여 이를 발굴하게 된 것이었다. 김포 덕포진 포대는 맞은편 덕진진 남장포대와 함께 강력한 방어망을 구축하였었다.

덕진진 해안가에는 경고비라고 되어 있는 비석이 하나 있다. 병인양요와 신미양요를 승전(勝戰)한 것으로 착각했거나 아니면 호도(糊塗)했던 흥선대원군이 세운 해관비(海關碑)이다. "海門防守 他國船愼勿過(바다문을 지키고 있으니 타국선박은 삼가 통과할 수 없다)"라는 문구가 있다. 경고비 근처에는 프랑스와 미국과의 전쟁에서 패한 조선인의 처참한 광경이 찍힌 사진들이 전시되어 있다. 전투에서 승리한 강대국들은 상대적으로 관심이 없어 철수한 것인데, 대원군은 이를 전쟁에 이긴 것이라고 우기다가 결국 강대국도 아닌 인접국 일본의 함대에 항복하는 결과를 가져왔다. 위정자가 '눈 가리고 아웅' 하다가 민족적으로 큰 불행을 좌초한 것이라고 볼 수 있다.

강화도에서 제일 높은 산인 마니산(469m)에는 단군신화의 참성단이 있

타국선박통행금지 경고비
자기 개혁 없는 쇄국은 더 큰 불행을 가져다준다

다. 산 아래 남단은 동막 갯벌이다. 뭍 습지의 생태적 가치가 매우 크듯이, 바닷가의 갯벌도 마찬가지이다. 우리는 바닷가 가운데 모래나 자갈로 된 깨끗한 해안을 좋아하고 갯벌은 지저분하게 느끼기가 쉽지만, 갯벌에는 수많은 생물들이 있어 먹이사슬의 기반이 된다. 따라서 바닷새들이 자주 찾는 곳이다. 갯벌이 있어야 바닷물도 정화된다.

석모도에 들어가려면 외포리 포구에서 배를 타야 한다. 물론 자동차도 갖고 탈 수 있어 석모도 드라이브도 가능하고 또 강화도내의 외포리까지의 드라이브 코스도 좋다. 흐리지 않는 날 저녁엔 장화리와 동막리에서 낙조(落照)를 즐길 수도 있다.

외포리 선착장에서 배로 서북쪽으로 한두 시간 28마일을 가면 우도, 비도, 석도, 은점도, 함박도 등의 무인도를 볼 수 있는데, 함박도와 은점도는 NLL북방이기 때문에 들어 갈 수 없다. 남측 관할 지역 방문도 해군과 해병대의 허가가 필요하다.

북쪽의 교동도에서 시작하여 석모도, 불음도, 주문도 등으로 이어지는 강화도 일대 갯벌에는 저어새, 노랑부리백로, 검은머리물떼새 등 다양한 조류를 만날 수 있다. 저어새는 전세계에 1천 마리도 남아 있지 않은 멸종위기의 희귀종으로 천연기념물 제205호와 환경부 멸종위기야생조류 제4호로 지정되어 있다. 주걱 같은 부리로 갯벌이나 모래를 휘저어 먹이를 찾아 먹는다 하여 붙여진 이름이다. 이렇게 희귀새 천국인 서해안은 북한 서해안지역의 공단 개발이 이루어지면 사라지게 될 것이라는 분석도 있다. 북한 서해공단과 강화도를 연결하는 도로의 건설여부는 어느 한쪽으로 미리 결정할 것이 아니라, 긍정적 효과와 부정적 효과를 모두 분석하여 더 나은 대안을 선택해야 할 것이다.

강화의 서쪽 도서에서는 북한의 연백군을 더 가까이 볼 수 있다. 특히 교동도가 그렇다. 교동도는 연산군을 비롯하여 광해군 때의 임해군, 영창대군, 능창대군, 그리고 광해군 자신, 사도세자의 아들 은언군, 은신군, 은전군 등이 귀양 갔던 곳이다. 은언군의 2남인 전계군의 3남이 바로 강화도령인 철종이다. 철종 잠저(潛邸, 세자시절이 없었던 왕이 즉위 전에 살았던 집)는 강화읍 산기슭에 있었는데 즉위 후 용흥궁(龍興宮)이라는 이름으로 다시 지어졌다.

III. 파주 지역의 DMZ답사

서울에서 자유로를 따라 일산을 지나면 왼편으로 재두루미 월동(越冬)지가 있는데, 좌우로 저어 먹이를 잡는 세계적 희귀조인 저어새도 자주 관찰되고 있다. 내륙 쪽은 교하인데, 이 곳은 광해군 때를 비롯해 몇 차례 수도 이전 즉 천도(遷都)의 대상으로 언급되었던 지역이다.

교하를 지나면 오두산(119m)에 이른다. 오두산은 강화도와 마찬가지로 고구려와 백제 간 격전지였던 관미성(關彌城)으로 추정되는 곳이다. 그 북쪽에 있는 오두산통일전망대(www.jmd.co.kr)는 성동 IC에서 빠져 가면 된다. 전망대는 1992년 개관한 것으로 망향비 그리고 통일이 10년 지난 후에 개봉하는 것으로 되어 있는 통일기원 타임캡슐이 있다.

오두산전망대에 오르면 서울에서 북한 지역이 매우 가깝다는 것을 깨닫게 된다. 전망대는 임진강이 한강에 합류하는 파주시 탄현면 성동리에 위치하고 있다. 강화도 북단에서 임진강, 한강, 예성강이 만나는 것이다. 전망대 앞의 임진강 강폭은 460m에 불과해 개성직할시 관산지역의 9,000여 명의 주민과 농사짓는 모습, 군사 활동, 북녘의 산하, 북한의 각종 시설 등을 육안으로 직접 볼 수 있고, 전시자료와 최근의 북한 영상물을 통해 북한 상황을 볼 수 있는 영상실도 갖추고 있다. 또한 터치스크린을 통해 북한지역을 상세히 찾아볼 수도 있다.

다시 자유로를 타고 북쪽으로 가면, 임진강하구 개리 월동지가 나온다. 임진강 하구의 습지생태계는 보존할 충분한 가치를 지닌 곳이다. 자유로를 타다 가면 오른 편에 헤이리예술마을로 가는 길이 나온다. 마을을 지나 1번 국도인 통일로를 만나서 북쪽으로 가다보면 파주읍 봉암리(烽岩里)에 이를 수 있는데, 일명 봉화(烽火)산으로 불리는 해발 82.4m의 대산(大山)이 도로상에서 보인다. 그 산에는 봉수(烽燧)대가 있었는데, 낮은 산임에도 불구하고 주위가 평야지대라 주변 일대가 잘 관측되는 지역이다. 밤에는 횃불(烽)로, 낮에는 연기(燧)로 통신했다.

서부의 DMZ 인접지역은 중동부의 DMZ 인접지역과 달리 군사적 목적의 고지(高地)들도 매우 낮다. 대부분의 서부 고지명들은 중동부지역과 달리 두 자리 수에 불과하다. ○○○고지에 익숙한 중동부 장병들은 ○○고지라는 용어에 매우 웃게 된다.

1번 국도를 따라 북쪽으로 가면 임진각이다. 서울에서 경의선을 타고 문산을 지나 임진각역까지 올 수도 있다. 파주시 문산읍 마정리/사목리 일원의 임진각은 1971년 남북공동성명 발표 이후 개발된 곳으로 관광지에는 남북 분단 전 한반도 북쪽 끝 신의주까지 달리던 기차가 전시되고 있고 임진강지구 전적비, 미국군 참전비, 아웅산 사망 추모 위령탑, 김포국제공항 희생자 추모비 등 각종 전적비와 추모비 그리고 망배단(望拜壇)이 있다.

망배단은 임진각뿐만 아니라 김포, 철원, 고성 등 북한 땅을 바라볼 수 있는 지역에 여러 설치되어 있어 설날이나 추석 때 실향민들이 자주 찾는다. 이제 사망하는 이산가족이 늘어감에 따라 살아있는 이산가족의 수도 점점 감소하고 아울러 망배단 방문객 수도 줄어들고 있다. 멀쩡히 살아있음에도 가족을 만날 수 없다는 것은 참으로 안타깝고 부끄러운 일이다. 한반도 상황을 이해하지 못하는 외국인들에게 설명하기 어려운 현실이다. 망배단 뒤에 위치한 자유의 다리는 1953년 한국전 전쟁포로(POW: prisoner of war) 1만 2,773명이 귀환했다 하여 붙여진 이름이다.

도라산전망대와 제3땅굴에 가려면 전진부대의 통제를 받지만, 굳이 부대에 신청할 것 없이 임진각 망배단 근처 매표소에서 주민등록증을 갖고 입장권을 구매하면 된다.

도라산 역은 2002년 4월 비무장지대 남방한계선에서 700여 미터 떨어진 파주시 장단면 노상리에 설치된 남쪽 최북단 경의선역이다. 1906년 개

자유의 다리 외국과 달리 자유는 반공의 동의어로 사용되는 경향도 있다

설된 경의선은 분단으로 연결되지 못하고 있는데, 도라산역은 남북한 연결을 위해 남측 최북단 역으로 건립된 역사이다. 이 역의 평양 205km, 서울 56km의 이정표는 남북분단의 현실과 아울러 남북화해의 희망을 보여주고 있다. 도라산역에는 임진각 출발 차량으로 갈 수도 있고 또 임진각역에서 환승하여 도라산역까지 가는 열차를 탑승할 수도 있다. 다만 열차 이용자도 임진각역에 하차하여 출입허가 절차 후 도라산역까지 운행하는 열차에 승차해야 한다. 역내 로비에는 2002년 2월 미국 부시 대통령이 방문하여 김대중 대통령과 함께 사인한 철도 침목이 전시되어 있다.

남북 간 단절된 철로는 경의선, 경원선, 금강산선, 동해선 등이 있다. 중국으로서는 중국에 연결되는 경의선을 선호할 것이고, 반면에 러시아로서는 러시아에 연결될 수 있는 경원선과 동해선을 선호할 것이다. 물론 서울과 원산을 연결하는 노선이 하나로 정해져 있는 것은 아니다. 개성을 통과

도라산역 남쪽의 마지막 역이 아니라 북쪽으로 가는 첫 번째 역

하는 노선과 철원을 통과하는 노선이 있는데, 그것에 대해서는 남북한이 협의해야 할 사안이다. 경의선을 통해 서울에서 평양까지 간 후, 평라선을 이용해 평양-고원(문산)-청진-나진-두만강역-하산으로 가는 노선도 철원을 거치지 않는 노선이다. 그렇다면 어느 정도 공사가 진척된 경의선을 기반으로 남북한 연결이 될 것으로 예상할 수 있다.

남북한 철로복원은 DMZ 지역의 단절 노선만 연결한다 하여 이루어지는 것은 아니다. 북한 지역에 많은 공사가 동반되어야 한다. 승객의 통제 가능성 면에서는 철로가 우위에 있지만, 철도 복원보다 차라리 새로운 도로를 개설하는 것이 더 경제적일 수 있다.

철로이든 도로이든 문화유적지 보존, 환경 보존, 지뢰제거 어려움, 안보적 목적의 지뢰제거 반대 주장 등을 고려하여 고가 형태의 연결도 검토할 수 있을 것이다. 특히 경의선의 비무장지대 구간을 고가(高架)로 연결하자는 주장이 있었으나 채택되지는 못했다(김재한 2000b). 친환경공사로 진행되는 오버브리지(over-bridge)는 나머지 구간을 에코터널(eco-tunnel)화하는 것이다.

2000년 11월 2일 남한, 중국, 러시아는 이르쿠츠크 PNG(Pipeline Natural Gas)사업과 관련한 협정서를 체결하였다. 이 사업은 2008년까지 가스전을 개발하고 약 4,000km의 배관을 건설하는 사업이다. 2001년 2월 5일 한국가스공사는 북한 측에 이르쿠츠크 가스관의 북한 통과 관련 사업제안서를 전달하였고, 2001년 9월 5~8일 평양에서 한국가스공사와 북측 민족경제협력련합회가 실무회의를 개최하였다. 제5차 남북장관급회담의 공동보도문에서도 가스관 연결 사업 검토를 명기하고 있다.

러시아 이르쿠츠크 가스관이 중국과 북한을 통과하여 남한에 연결될 경우 남한에는 저렴한 가격의 가스공급, 그리고 북한에게는 통과수익과 고용창출이라는 이익을 제공할 것이다. 철도연결 사업과 마찬가지로 경의선 루트가 남북한 가스관 연결 후보가 된다.

만일 접경지역에 매설된 지뢰의 위험과 환경보전 파괴의 우려가 있을 때에는 가스공급, 전력공급, 통신연결 등에 기존의 땅굴을 활용하는 것도 하나의 방안이다(김재한 2000b). 고압선 설치에 대한 반대 여론과 생태보호 필요성에 대한 찬성 여론을 감안하면 더욱 그렇다. 전쟁 목적의 시설이 평화 목적으로 전용되기 때문에 남북한의 신뢰구축에도 좋은 영향을 줄 것이다.

도라산역 근처의 도라산(都羅山)은 신라의 마지막 왕 경순왕이 고려 왕건의 딸 낙랑공주와 살면서 신라도읍지를 그리워한 곳이라는 이야기가 전해오는 산이다.

도라전망대는 송악산 OP폐쇄에 따라 1986년 파주시 군내면 도라산리에 신설된 것이다. 전망대에서는 개성의 송악산, 김일성 동상, 기정동, 개성시 일부, 경의선철도, 장단역터, 금암골(협동농장), 개성공단 등을 조망할 수 있다. 개성공단은 DMZ북방한계선에 바로 인접한 북한 지역인데, 현대아산이 2002년 12월 1일부터 2052년 12월 1일까지 임차한다는 '토지리용증'을 북한 당국으로부터 받아 사업이 진행 중이며, 2003년 6월 개성공업지구 건설을 착공하였고, 2004년 6월 개성공단 시범단지를 준공하였으며, 2004년 12월 첫 제품(주방용품)을 생산하였고, 2005년 4월에 첫 해외수출을 한 바 있다.

고려의 수도였던 개성에는 많은 역사유적들이 있다. 개성관광 사업은 이미 시범관광을 실시한 현대아산이 추진하는 것으로 예상되었으나, 북한 당국이 롯데관광에 사업을 제의하기도 하여 다른 대북사업처럼 불확실하게 추진되고 있다.

제3땅굴은 파주시 군내면 점원리에 소재한 것으로 1978년 발견된 것이다. 땅굴 입구에 7분 분량의 홀로그램(hologram)이 상영되는 DMZ영상관이 있다. 동일한 화면을 입체적으로 보여주면 더 실감할 수 있을 터인데, 그렇지 않고 서로 다른 그림들을 동시에 보여주기 때문에 앞좌석은 조금 어지럽다. 땅굴 출입은 유료 셔틀 엘리베이터를 이용할 수도 있다. 도라전망대 근처의 통일촌에는 이 지역특산물인 장단콩을 재료로 하는 식품을 판매하고 있다.

1번 국도의 북쪽으로 계속 가면 판문점(板門店)이다(www.panmunjom.co.kr). 서울에서 50km 떨어진 파주시 진서면 어룡리에 위치해 있으며, 다른 OP보다도 판문점의 출입은 더 까다롭다. 남북 간 경계담도 없기 때문에 마음먹기에 따라 월북(越北)도 쉽고 북한군 자극도 쉽기 때문이다. 원칙적으로 개별 방문 및 직계가족과의 동시 방문은 허용되지 않고 있으며, 단체의 경우에도 국가정보원 대공 상담소를 통해 60일 이전에 신청하여 신원조회를 받아야 한다. 만 10세 이상의 국민 30명 이상 45명 이하 단체로서 신원조회 시 결격자가 아니면 주소지 관할 국가정보원 대공 상담소에 관람을 접수할 수 있다. 공무원의 경우 3급 이상 공무원이 보증하여 중앙행정기관의 장 또는 시·도지사가 통일부 남북회담사무국에 신청하고, 중·고등학생 및 교직원은 관할 교육청 교육감이 통일부 남북회담사무국에 신청하면 된다.

판문점은 한국전쟁 이전에는 널문(板門)이라는 지명의 매우 한적한 마을이었다. 1951년부터 1953년 7월 27일까지 휴전회담 및 협정이 체결되면서 알려졌다. 판문점 3 글자의 한자(漢字)가 모두 8획으로 38선의 상징으로 될 수밖에 없다고 말하는 사람도 있다. 점(店)자에 점칠 점(占)자까지 들어가 있으니 더욱 그럴 듯하게 들린다.

판문점은 협정체결 이후 유엔 측과 북한 측의 공동경비구역(JSA: Joint Security Area)이 되었으며, 1953년 8~9월에는 포로교환이 이루어진 장소이다. 판문점은 주로 군사정전위원회의 회담장소로 이용되었으며, 1971년 9월 20일 남북적십자예비회담을 계기로 남북한 간 접촉/회담 및 왕래의 창구로도 활용되고 있고 또 귀순/망명의 장소이기도 했으며 세계적인 관광명소가 되어있다. 1998년 6월 정주영 회장 500마리의 소를 데리고 방북(訪北)한 것처럼 화해적 측면의 접촉이 많은 곳이기도 하다. 이러한 판문점은 155마일의 DMZ가운데 당국의 허가가 있으면 남북 간 왕래가 가능한 유일한 지역이다.

군사정전위 회담장에는 유엔 참전국의 국기들이 유리 액자에 전시되어 있다. 2002년 2월 미국 대통령 부시의 도라산역 방문에 대해 당시 북한군이 회담장에 걸려있던 천으로 된 한국과 미국의 국기를 모독한 사건이 발생하였다. 그 이후로 종이로 된 국기들이 유리액자에 전시되고 있는 것이다.

1976년 8월 18일 북한 경비병들이 미군 병사를 도끼로 살해한 미루나무 도끼사건 이후 판문점은 분할경비를 하게 된다. 물론 군사정전위 소속 인원/보도진은 공동경비구역 내에서 자유로이 출입을 하고 있다. 경비병들이 선글라스를 쓰고 있는 것은 심리전 이유에서라고 한다.

1991년 10월부터 판문점 군사분계선과 남방한계선 사이 동서 1.6km 남북 1.6km 지역 경비책임을 한국군이 맡았다. 판문점 JSA는 국군 1사단이 담당하고 있는 최전방 관측초소 '콜리어'지역을 제외하곤 국군 350여 명과 미군 250여 명으로 구성된 유엔사 경비대대가 경비책임을 맡았다. 그러다가 2004년 11월 1일 판문점 공동경비구역 경비 임무가 한국군으로 이양되었다. 이로써 판문점을 포함한 DMZ 전지역의 경비/경계 책임을 한국군이 맡게 된 셈이다. 물론 정전협정에 따라 경비병의 소속은 유엔군으로 되어 있다.

한국군이 JSA 경비책임을 맡는다는 것은 곧 미군이 비무장지대에서 철수하는 것을 의미하며 이는 곧 미2사단이 경기북부지역으로부터 철수하는 것이고 따라서 북한도발억지를 위한 인계철선(tripwire)의 기능이 없어진다고 보는 견해도 있다. 물론 북한의 남침 시 미군의 자동개입을 의미하는 인계철선 용어 자체에 대한 재검토 요구도 있다. 용어 자체가 주한미군에게는 매우 모욕적이라는 지적이다. 대신에 한국 정부는 전선의 동반자(frontline partnership)이라는 용어를 사용하기로 했다.

GOP(general out post)와는 달리 GP(guard post)는 북한에 더 가까이 있다. GP의 남북한 병사들은 몇 백 미터 거리이기 때문에 두 팔로 크게 글씨를 쓰며 대화를 할 수 있다. 다른 지역 GP와 달리, 판문점에서는 몸동작이 없이 그냥 말로 소통하고 있다. 판문점은 금강산지역과 마찬가지로 일반인도 북한군 병사를 코앞에서 볼 수 있는 지역이다. 같은 민족이지만 자라온 환경이 달라서인지 남측 사람인지 북측 사람인지를 금방 식별할 수 있다.

공동경비구역 안에는 군사정전위원회 본회의장과 중립국감독위원회 회의실을 비롯하여 자유의 집, 판문각, 평화의 집, 통일각 등이 있다. 서쪽에는 '돌아올 수 없는 다리(일명 널문다리)'가 있다. 영화 'JSA'의 판문점 장면은 남양주종합촬영소(구 서울종합영화촬영소)의 판문점 세트에서 촬영되었고, '돌아올 수 없는 다리' 장면은 충청도에 있는 비슷한 다리에서 촬영되었다.

대성동 마을은 공동경비구역내의 마을이다. 북측의 기정동 마을과 대비되어 왔는데, 대성동 마을에서 100m높이의 태극기 계양기를 세우자 기정동 마을에서 세계에서 가장 높은 국기 계양기라고 일컬어지는 인공기 계양기(160m)를 세워 기네스북에 올랐다고 한다. 마을의 주민들은 야간 통행금지가 실시되고 조세 및 국방의 의무가 면제되고 있다. 단, 대성동 남자와 결혼한 타 지역 출신 여자는 거주가 허용되지만, 대성동 여자와 결혼하는 타 지역 출신 남자는 거주가 불허되며, 체류조건도 있어 영원히 주민으로 보장되지는 않는다.

민간인출입이 잘 허용되지 않는 장단반도에는 자연생태가 비교적 보존되어 있다. 천연기념물 243호 독수리들이 매년 11월 몽골 및 시베리아로부터 날아와 3~4월까지 월동하는 곳이다. 국내에서 처음으로 독수리 보호지역으로 지정된 곳이다. 독수리는 산 짐승을 사냥하지 못하고 죽은 짐승만을 먹기 때문에 환경보존에도 도움 된다. 또 GP 연결도로 상에 있는 장단면사무소 터는 뼈대만 남아 있는 콘크리트 건물이며, 역사적 의미가 있으나 일반인 출입은 어렵다.

IV. 연천 지역의 DMZ 답사

서울에서 연천지역을 가려면 3번 국도를 이용하게 된다. 만일 자유로나 통일로(1번 국도)를 이용해 임진각에서 연천으로 가려는 사람들은 바로 37번 국도를 이용하면 된다. 즉 37번 국도가 1번 국도와 3번 국도를 동서로 연결하고 있는 도로이다.

　서울에서 3번 국도를 타고 경원선 북쪽으로 가다보면 37번 국도와 만나는 근처에 한탄강역이 있다. 한탄강(漢灘江)은 후삼국시대 궁예가 왕건에서 쫓기면서 한탄(恨歎)했다는 곳이라고 해서 붙여졌다고도 하고, 일제시대와 한국전쟁에서 피신하며 한탄한 곳이라고도 하는데, 그만큼 우리 역사에서 지정학적 중요성을 지닌 곳이다.

　유행성 출혈열의 한탄 바이러스(Hantan virus) 명칭은 한탄강에서 발견되었다고 붙여진 이름이라는 말이 있지만, 그 이름을 붙인 이호왕 박사에 의하면 한탄강과 관련되어 있기보다 자신의 호인 '한탄'을 붙여 바이러스 이름을 만든 것이라고 한다. 한국전쟁 때 연천 및 철원 지역의 격전지에서 미군 약 3,000명이 앓았던 유행성 출혈열은 그 항원이 1976년 흰등줄쥐의 폐조직에서 발견되었고, 1981년 한탄 바이러스로 명명되었으며, 1989년 예방 백신이 개발되었다. 그 이후 DMZ인접 지역에 붙어있던 잔디에 눕거나 앉지 말라는 경고문은 대부분 사라졌다.

　3번 국도에서 서쪽으로 조금 빠지면, 임진강을 만나기 직전의 한탄강 유역에 선사유적지를 발견할 수 있다. 이른바 전곡읍 전곡리 선사유적지이다. 다른 지역과 마찬가지로 인간이 살 만한 하천 유역에서 유적지가 발견되었다. 전곡리 선사유적지는 1978년 주한미군에 의해 발견되어 여러 차례 발굴조사가 이루어져 3천 점 이상의 석기가 출토되었다. 전곡리에서 발굴된 아슐리언형(Acheulean-like) 주먹도끼(hand axe)들은 석기문화를 주먹도끼의 아프리카/유럽 석기문화와 찍개문화의 동아시아 석기문화로 구분하는 모비우스(Movius)학설을 뒤집는 발굴이었다고 한다.

　3번 국도가 37번 국도를 만나기 직전 동쪽으로, 연천군 청산면 대전리와 장탄리의 경계지역에 성재산이 있는데, 여기에는 산성이 있다. 신라가 당나라를 몰아내게 되는 전투의 시작인 매초성(買肖城)으로 추정되는 곳이다.

3번 국도를 따라 북쪽으로 조금 더 가다보면, 왼편으로 은대리 물거미 서식지를 찾을 수 있다. 물거미는 전세계적으로 1과1속1종만이 존재하는 데, 1999년 서식이 확인된 것이다.

지석묘가 있는 통현리를 지나 3번 국도를 따라 북쪽으로 가면 동쪽으로 동막골 유원지 표지판을 볼 수 있는데, 영화 '웰컴 투 동막골'처럼 한국전쟁 전후의 이야기는 전해오지 않지만 한국전쟁의 격전지였음은 분명하다.

서울-원산 간 중간지점인 연천역에 있는 증기기관차 급수탑은 1919년 건립되어 경원선 운행 열차에 급수하였던 것으로 분단 이전 남북한 왕래의 상징이기도 하다.

3번 국도에서 동쪽 방면으로 보개산성이 있다. 연천읍 부곡리, 신서면 내산리, 포천 관인면 중리에 걸쳐 있는 것으로 궁예가 마지막으로 왕건에게 패한 궁예성으로도 불린다.

3번 국도를 타고 계속 북쪽으로 가면 신탄리역을 만나다. 1912년 용산-원산의 222.7km 경원선 가운데 철도중단점('철마는 달리고 싶다')이다. 월정역(DMZ 남방한계선)까지가 남한 측의 관리 구간이지만, 현재 의정부역-신탄리역의 57.6km 구간만 운행 중이다.

연천군 소재 최북단 전망대는 태풍전망대이다. 군사분계선까지 800m, DMZ북방한계선까지 1,600m로, 근접되어 있는 곳이다.

DMZ 남방한계선 부대를 방문하면 가끔 음악 혹은 벨소리를 내면서 느린 속도로 이동하는 노란 차량을 볼 수가 있다. 이동 군매점(PX: post exchange)이며, 장병들은 황금마차라고 부르는데 정식 명칭은 충성클럽이다. 이동 PX는 DMZ지역처럼 보급이 원활하지 않는 곳에 요일을 정해 방문한다. 군대생활이 나아진 요즘에도 이동 PX 이용 빈도는 감소하지 않았다고 한다.

DMZ 중부전선이라고 할 수 있는 이 지역에는 어두운 면들도 많다.

DMZ인근 지역에 널리 퍼지는 말라리아와 광견병의 폐해는 이 지역도 예외가 아니다. 그러한 자연환경과 관련된 폐해 외에도 순수한 사회적 폐해도 있다. 군부대 내 각종 사건도 그러한 예이다.

2005년 6월 DMZ내의 감시초소 503 GP(Guard Post) 15평 남짓한 내무반에서 8명이 사살된 총기난사 사건도 국군 내부의 사건이지만 결국 남북한 대치에 기인한 것이기도 하다. 남과 북이 자동소총과 수류탄을 비무장지대에 반입하는 것을 금지하는 정전협정을 위반하고 있기 때문에 8명이나 사망했던 것이다. GP총기난사 사건 이후에도 후임병이 선임병에게 공포탄을 발사한 사건이라든지 DMZ철책선이 절단된 사건 등 각종 사건이 발생하는 것도 DMZ인접지역이다.

DMZ 중서부 지역은 남북 통로가 되는 지역이다. 겨울엔 북쪽으로부터 차가운 바람을 쉽게 체감할 수 있다. 유사시에는 산악지대보다 군사적으로 매우 중요한 지역이기도 하다. 역설적으로 화해협력의 시대에는 더 큰 역할을 할 수 있는 곳이기도 하다.

3번 국도 전곡 근방에서 한탄강은 임진강과 만난다. 북한에서 발원하여 DMZ 서부지역을 관통하고 있는 임진강은 남북한 협력사업 가운데 대표적 후보이다. 북한은 다락 밭이라 비가 오면 빗물이 그대로 강으로 흙과 함께 내려가기 때문에 강에 퇴적물이 쌓이고 따라서 강이 깊지가 않아 조그만 비에도 범람하는 악순환이 지속되고 있다. 댐 건설 등 남북한 공동 치수사업이 제안되어 왔으나 아직 실현되고 있지는 못하다.

전곡에서 37번 국도를 타고 서쪽으로 가면 파주이다. 적성에 이르면 왼편(남쪽)으로 보이는 산이 감악산(675m)이다. 감악산 계곡으로 들어가는 길목인 설마리에는 영국군참전비가 있다. 감악산 정상에도 비석이 있는데, 비석 글자는 마멸되어 있다. 당나라 장수 설인귀를 산신으로 삼은 설인귀 사적비라는 주장과 신라 진흥왕순수비(眞興王巡狩碑)라는 주장이 있다.

적성면 마지리에서 310번 도로로 북상하면 임진강을 건널 수 있는데, 이정표를 놓치기가 쉽다. 그 입구는 바로 적성 제일 번화가에 있다고 보면 된다. 적성시장 입구에서 북쪽으로 가다보면 왼쪽이 두지리 매운탕 마을이고 직진하면 터널인데, 터널을 지나자마자 좌회전하면 황포돛배 선착장인 두지나루가 있다. 파주 적성면 두지리에서 고랑포 여울목까지 왕복 6km를 운항한다.

두지나루로 빠지지 않고 곧장 임진강 다리를 건널 수 있는데 장남교이다. 장남교 다리를 건너 장남면 원당3리로 들어가면 임진강 유역에 호로고루(瓠蘆古壘)를 찾을 수 있다. 미성(眉城)이라고도 불리는데, 강 건너 남측엔 이잔(二殘)미성이다. 삼국시대 때 고구려와 신라가, 또 신라와 당나라가 치열한 전투를 한 기록이 있으며, 임진강 유역이 백제, 고구려, 신라, 당, 신라 등으로 주인이 바뀐 역사를 말해 주는 곳이기도 하다.

임진강을 따라 하류 쪽(서쪽)으로 가면 경순왕릉을 만난다. DMZ남방한계선에 인접한 곳이다. 많은 이들은 신라 왕릉이 왜 이 곳에 있는지 의문을 갖게 된다. 경순왕은 후백제 견훤 침공 시 포석정에서 경애왕이 사망한 이후 즉위한 마지막 통일신라 왕이다. 그 이후 고려에 귀부하여 왕건의 딸 낙랑공주를 아내로 삼고 또 고려의 정승으로 봉 받고 경주를 식읍(食邑)으로 받았으며 경주의 사심관에 임명되었다. 왕릉은 삼국사기에 기록되지 않아 알려지지 않다가 조선시대에 묘비가 발견됨으로 알려지게 되었다. 비석에 난 총탄자국은 한국전쟁 때의 것으로 추정된다.

경순왕릉 입구에서 진동면 쪽으로 가면 1.21 공비침투로 공원에 들어갈 수 있다. 이 지역은 사전허가가 요구되는 장소이다. 1968년 11월 김신조 외 30명의 침투가 실미도 부대 창설의 계기가 된 것은 이제 영화 '실미도'로 잘 알려진 사실이 되었다. 경순왕릉 인근의 승전전망대 출입도 사전에 허가되어야 한다. 비룡부대의 협조를 받아야 한다. 진동면과 장파리를 연

경순왕릉 DMZ의 통일신라 왕릉

결하는 또 다른 임진강 다리인 리비교도 통제구역이라 사전에 허가받지 않으면 건널 수 없다.

고량포 동북방 8km지점에 있는 제1땅굴도 관람하기가 쉽지 않다. 여러 땅굴 가운데 가장 먼저인 1974년에 발표된 제1땅굴은 폭과 높이가 0.9~1.2m로 제2, 3, 4 땅굴 폭과 높이(1.7~2m)의 절반에 불과하다.

다시 37번 국도로 돌아오면 파평면 눌노리에 금강사터가 있는데, 고려 무신정권 초기 최충수가 형 최충헌에 패해 도망가다가 죽은 장소로 알려져 있다.

37번 국도가 율곡리에 이르면 임진강 유역으로 화석정(花石亭) 빠지는 도로를 만나고 그 길을 따라 가면 정자가 나온다. 화석정은 임진왜란 때 의주로 가기 위해 임진강을 건너던 선조 일행의 길을 밝히기 위해 불태웠다는 정자이다. 복원된 정자 안에는 율곡 이이의 8세 당시 작품 팔세부시

(八歲賦詩)가 걸려있다. 이이는 율곡리에서 소아 시절을 보냈는데 이이의 호인 율곡이 여기서 유래한다. 화석정에서 조금 남쪽으로 가면 법원읍에 신사임당 묘와 이이 묘가 있다.

화석정의 서북쪽으로 보이는 섬이 초평도이다. 초평도에 들어가면 쇠기러기 월동지를 비롯하여 생태체험을 할 수 있는 동파지구이다.

제5장

중부 접경지역의 현장 답사

I. 미래의 중부 DMZ

1. 남북한 행정중심지 설치

한반도의 평면 지도를 수평으로 세울 수 있는 무게중심 지점은 철원, 김화, 평강 등으로 구성되는 철의 삼각지 지역이다. 구체적으로 평강 근방이다. 미국 각주의 수도가 경제적 집중도와 관계없이 지리적 중심을 고려하여 정한 것처럼, 남북한 행정교류의 장소도 지리적 중심으로 결정하는 것이 바람직하다. 즉 남북한 화해·협력 및 통합과정에 따라 유발되는 특수행정수요를 충족시키기 위하여 국토중앙지대인 이 지역에 남북화해협력 촉진·매개기능을 부여하는 것이다.

이를 위해 중앙고속도로의 춘천-철원 구간의 연장 혹은 중부고속도로의 구리-철원 구간의 연장이 필요하다. 수도권 과밀인구 해소는 통일 이전이나 이후 모두 필요한데, 지방에서의 철원으로의 연결망 구축은 통일 전과 후의 수도권 인구분산 효과를 가져다 줄 것이다. 수도권 집중을 완화하기 위해서는 지방-지방간 연결이 무엇보다 중요하다. 이러한 사회간접자본 투자를 통해 철원 지역은 통일 이후의 접근 용이성에서 한반도 중심 지역이 될 수 있다.

통일 이후를 고려하면 접근 용이성이 중요하겠지만 통일 이전의 긴장관계를 고려하면 상대방 위협으로부터의 탈(脫)취약성(vulnerability)이 교류 장소 결정의 중요한 기준이 된다. 접근 용이성이 높으면 높을수록 취약성이 증대되고, 반대로 취약성이 낮으면 접근용이성이 감소된다.

탈취약성의 기준은 수도권으로부터의 격리 정도이다. 경의선 복원사업에 대해 남북한 안보전문가들은 수도권 안보취약성을 지적하여 왔다. 철원권은 경기북부지역보다 수도권으로부터 조금 더 격리되어 있다는 점에서 더 나은 입지적 조건이라고 말할 수 있다. 북한 내의 격리성 면에서도 철원권이 유리하다. 그러한 점에서 철원권이 적절한 수준의 접근용이성과 적절한 수준의 탈취약성을 지닌 지역이라고 말할 수 있다.

판문점은 기존의 역사성으로 인해 분위기 쇄신이 쉽지 않다. 유엔사 관할의 판문점과 별개로 남북한이 직접 관할하는 새로운 남북한 회담 장소를 유엔사의 동의하에 이 지역에 설정하는 안을 검토할 수도 있겠다.

남북한 연합이든 남북한 연방이든 통일 이전과 이후에 발생되는 행정적 수요를 충족시키기 위한 공간이 바로 남북한 행정교류의 장소이다. 이 남북화해시대의 행정교류의 장소는 궁극적으로 통일한국의 행정 신도시가 된다. 행정교류는 장기적으론 일반 행정기구뿐만 아니라 치안을 포함한 사법기구 그리고 군축·신뢰구축을 포함한 군사기구 등으로 운영되어야 할 것이다.

그러한 행정적 수요를 위한 공간은 이산가족 면회소로 활용될 수 있다. 이산가족 면회소 설치에 대해 남한 측은 경의선 연결지점에 항구적 면회소를 설치하고 그 이전에는 판문점·금강산에 임시면회소 설치하자고 제의한 반면, 북한 측은 우선 금강산에 면회소를 공동 건설하고 추후 경의선 연결지점에 항구적 면회소 설치가 가능하다는 입장을 고수하였다. 사실 북한으로서는 당장 상설적인 이산가족 면회소를 설치하려고 하지 않기 때문에 면회소의 위치보다 이산가족 면회를 어느 수준까지 진행시키느냐는 것이 주관심사일 것이다.

면회소 설치와 같은 제도화의 속도는 현재 살아 있는 모든 이산가족들의 면회가 실현될 정도는 전혀 아니다. 현재 금강산에 면회소를 건설하고 있으나, 이산가족의 연령과 면회소 설치 속도를 감안하면 항구적 면회소는 되지 않을 것 같다.

면회소는 이산가족 면회의 장소, 이산가족 결합 이전의 적응과 교육의 장소, 당국에 의해 허가된 자발적 탈북자와 탈남자의 교육의 장소 등으로 활용될 것이다. 북한 체제가 급변할 경우 발생할 지도 모를 대량 난민을 수용하는 시설이 될 수도 있다.

이러한 이산가족 면회소는 국제회의 시설로도 활용될 수 있을 것이다. 동북아다자간안보협의체의 사무국을 면회소에 두어 상주시키고, 정례적인 다자간 회의를 유치함으로써 한반도의 안정에 기여할 수 있다.

이를 위해 국토중앙지역에 공항 건설이 필요하다. 인천공항 개항으로 이 지역은 가까운 공항이 없다. 국토중앙지역이 영공에서도 중앙지역으로 되기 위해서는 철원지역에 공항 건설이 필요하다.

2. 남북한 농업 교류

2001년 7월 21일부터 7박 8일간 철원군수는 북한 민족화해협의회의 초청으로 기초자치단체장의 자격으로 북한을 방문한 바 있다. 북경을 통해 평양에 도착하였고 북철원지역을 직접 방문하지는 못했지만, 평양 등지에서 철원, 김화, 평강 등 북강원도 일대에 비료·비닐 등 영농자재를 지원하고 벼재배 시범포와 벼 재배시험농장을 설치해 운영하기로 의향서를 교환하였다.

이에 따라 2001년 9월 철원군은 벼농사 기술협력사업 추진을 위해 해당지역인 북철원군을 실무진이 방문해야 한다는 입장을 밝혔으나 북한 측은 평양에서 협의하자는 입장을 전달하여 의견조율이 되지 못하고 있다.

북철원지역이 농업에 적합한 지리적 여건을 갖추고 있음은 널리 알려진 사실이다. 이 지역에는 비무장지대 내에만 40km²이상의 평야가 확보되어 있다. 남북한 농업 교류의 장소로 철원지역이 거론되는 것도 이러한 지리적 여건 때문이다. 남북한 농업 교류는 북한의 철원군, 김화군, 평강군 등에 남한의 영농방식으로 남북한이 공동으로 영농을 하자는 농업개발 프로젝트가 대표적인 예이다. 즉 북한이 생산기지와 노동력을 제공하고, 남한은 자본, 곡물생산기술, 유통망을 제공하는 것이다. 이것은 북한의 식량난을 해결하고 남북교류활성화를 증진시킬 수 있다.

북한 지역은 아니지만 유사한 사업으로, 남북한이 공동으로 이용할 수 있는 협동농장을 조성하자는 사업도 있다. 벼 재배시험농장, 농업 공동생산시설, 농산품 공동가공시설, 공동저장시설, 유통시설, 연구시설 등을 설치하고, 주요작물의 품종개발 및 식량자급을 위한 농업연구기반을 조성하며, 작물시험장 철원출장소를 확대 개편하여 통일농업연구의 전진기지로 활용한다는 방안이다.

중부 접경지역에 반드시 추진되어야 할 사업은 아니지만, 강원도가 북한과 추진하고 있는 농업관련 사업이 있다. 2000년 12월 강원도지사 방북 시 강원도와 북한의 민족경제협력련합회 개선무역총회사가 서명한 부속합의서는 씨감자 원종장 시설 건설사업에 대해 다음과 같이 기술하고 있다.

①남측은 북측강원도에 씨감자(잔알감자) 원종 생산시설인 망실 60동(6,000평)과 저장고 1동(150평) 그리고 씨감자 기본식물 2톤을 제공하기로 하고, 장기적으로는 이에 필요한 비료, 농약 등 영농자재와 기본식물 생산 공정과 관련된 기술, 설비도 협력사업의 성과에 따라 차후 협의하기로 하였다. ②2001년에 감자종자생산시설 적지 선정 및 재배에 따른 기술자 등이 필요한 경우 쌍방합의에 따라 전문가 등을 파견하기로 하였다. ③쌍방은 2001년에 감자종자생산시설 건설을 완료하고. 2002년부터 생산을 시작하기로 하였다. ④쌍방은 2001년에 쌍방이 가지고 있는 좋은 종자를 품종별로 교환하여 시험재배를 하기로 하였다.

북한은 강원도에게 씨감자 원종장 시설 건설 사업보다 연어부화장 건립 사업을 먼저 시행할 것을 강원도에게 요청하였고, 이에 강원도가 수락하여 씨감자 원종장 사업은 2006년 2월 현재 아직 추진되지 못하고 있다.

II. 철원 지역의 DMZ 답사

철원(鐵原)군은 DMZ 면적 및 길이 기준으로 본다면 전국 시·군 가운데 가장 넓고 긴 DMZ를 포함하고 있는 군이다. 155마일(249.4km, 625리) 가운데 43.6마일(70.2km)이 철원군에 속하니, 19억 2천만 평의 면적 가운데 거의 30%에 가까운 부분이 철원군에 속한다고 보면 된다.

면적이 넓다보니 철원지역은 각종 사건도 많은 편이다. 면적뿐만 아니라 통로와 같은 지형 구조 때문에 더 그렇다. 태백산맥의 금강산으로부터 남서쪽으로 뻗은 광주산맥을 배경으로 한 채, 원산에서 남서쪽으로 뻗은 현무암 계곡인 추가령 열곡(裂谷)사이에 위치하다 보니, 철원지역은 연천지역과 함께 각종 사건이 많은 편이다.

이 지역은 안개가 잦고 개천 등이 있어 월남 및 월북하는 사례도 종종 있었다. 2005년 6월 철원읍 대마리로 북한군 병사가 월남하여 4일간 은신한 사건은 공식적으로 밝혀진 것만 해도 대마리의 10번째 월남/월북 사건이었다.

서울에서 철원 DMZ기행을 하려면 43번 국도를 탄다. 포천과 산정호수를 지나면 오른편에 멀리 명성산(鳴聲山)이 보이는데, 왕건에게 패한 궁예 일행들의 울음소리가 들린다는 산이다. 43번 국도로 신철원을 지나 한탄강을 건너면 된다. 신철원에서 한탄강을 건너는 다리는 여러 있다.

가장 오래된 다리는 승일교이다. 승일교의 아치모양은 서로 다르다. 1948년 북한 당국이 공사를 시작하였지만 한국전쟁으로 완성하지 못하다가 1958년 남한에서 다리 나머지 동쪽 부분을 완공하여 10년 걸려 완성된 다리이다. 남북합작의 다리라고 말하기도 하고, 또 미·소를 포함하여 4국합작의 다리라고도 말한다. 또 승일교 명칭은 남한 이승만의 승(承)자와 북한 김일성의 일(日)자를 합친 승일교(承日橋)라는 설(說)이 있고, 김일성에게 승리했다는 승일교(勝日橋)라는 설도 있다. 또 한국전쟁 당시 한탄강을 건너 북진 중에 전사한 박승일(朴昇日) 대령을 추모하는 승일교(昇日橋)라는 설도 있다. 승일교(承日橋) 명칭은 1958년까지 임시 설치되었던 목조 교각 기둥에 있었다고 하는데, 1985년 사단에서 승일교(昇日橋)라는 화강암 기념비를 세움으로써 그 명칭이 정설이 된 셈이다. 1999년 승일교 바로 남측에 한탄대교가 완공됨에 따라 승일교는 통행이 금지되고 있다. 승일교 북측으로는 태봉대교가 2002년 완공되어 이용되고 있는데, 다리 상판 위에는 번지점프장이 있다.

한탄대교 남측의 한탄강에는 고석정(孤石亭)이라는 불리는 돌과 정자가 있다. 이 곳에는 조선 명종 임꺽정에 관한 전설이 내려오고 있다.

한탄강을 건너 왼편에 철의삼각지전적관이 있다. 철원지역 DMZ탐방을 위한 입장권 구입 혹은 차량 탑승을 여기서 한다. 철의 삼각지(Iron Triangle)이라는 말은 한국전쟁 당시 미8군 사령관 팸플리트(Famfleet)가 평강(平康), 철원, 김화(金化)로 이어지는 난공불락(難攻不落)의 북측 삼각 축선을 일컬어 유래하는 용어이다. 세 삼각변 가운데 평강-철원 축(경원선)의 백마고지와 피의 능선에서, 평강-김화 축의 저격능선(오성산 우측능선)에서 처절한 전투가 있었다. 엄청난 인명을 희생하면서 철원-김화 축(금강산전철선)을 남측에서 확보하였던 것이다.

463번 국도를 따라 동송으로 가다 보면 논밭에 설치된 대남방송 청취 방해 시설물들이 눈에 띈다. 학 저수지를 지나면 도피안사(到彼岸寺)라는 사찰을 보게 된다. 도피안사라는 사찰명은 다른 지역에도 있는데, 도망간다는 의미의 도피(逃避)가 아니라 깨달음의 저 기슭 극락정토(極樂淨土) 피안(彼岸)에 이른다(到)는 의미이다. 사찰 안에 있는 국보 63호 철조비로사나불좌상은 신라 경문왕 때 쇠(鐵)로 조성된 것으로 추정되고 있다. 보물 223호인 삼층석탑도 경내에 있다.

북쪽으로 계속 가면 오른편에 큰 건물 폐허를 만난다. 노동당사이다. 38선 이북지역이기 때문에 북한 당국에 의해 1946년 구(舊)소련식 무(無)철근 콘크리트 방식 3층으로 준공되었다가 전쟁으로 파괴되어 거의 건물외벽만 앙상하게 남아 있다. 열린 음악회 등 각종 행사가 개최되고 있으며, 서태지의 뮤직비디오 등 각종 촬영도 이루어진 곳이다. 1990년대까지만 해도 민북 지역이었는데, 이제는 민통선 이남지역이라 출입이 자유롭다.

월정리역 경원선 남북 중단점

　구철원 시가지에는 한국전쟁의 폐허 속에도 남아있는 여러 유적들이 많다. 노동당사 외에 신호등과 이정표만 남아있는 구철원역, 제2금융조합, 제일감리교회, 농산물검사소, 제사(製絲)공장, 얼음 창고 등 여러 건물의 잔해가 남아있다. 각종 유물과 유적들을 조사·발굴하고 보전계획을 수립하여 후손과 외국인들에게도 교육의 장으로 활용할 필요가 있다.

　노동당사에서 대마리로 가면 백마고지 위령비를 볼 수 있다. 철원읍 산명리의 백마고지(395m) 자체는 DMZ안에 있어 갈 수 없다. 백마고지는 대표적인 격전지였다. 1952년 10월 열흘 동안 2만여 명의 사상자를 내면서 고지의 주인이 24번이나 바뀌었을 정도로 격전지였다. 산이 엄청난 포격으로 인해 누워있는 백마(白馬) 모습을 닮았다 하여 백마고지라 불렸고, 국군 제9사단은 전투승리를 기념하여 백마부대로 부르게 되었다. 인근에는 열쇠전망대도 있으나, 가려면 열쇠부대의 협조를 받아야 한다.

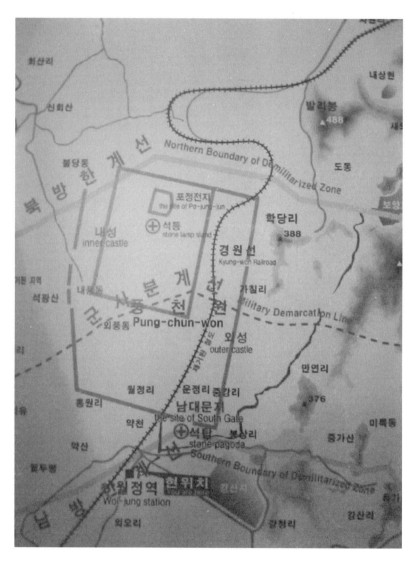

궁예도성터 가까이 가서 보지 못하고 월정전망대 안의 설명도로 상상해야 한다

청성부대의 관할지역으로 들어가기 위해서는 앞서 설명한 철의삼각지 전적관에서 받은 서류가 필요하다. 검문소의 신분 확인 후 3번 국도 동쪽으로 갈 수 있는 데까지 가면 그 곳이 월정리역이다. 월정리역에는 경원선을 달렸던 열차의 잔해와 경원선의 중단점임을 알리는 '철마는 달리고 싶다'는 간판이 있다. 경원선 열차는 신탄역까지만 운행하고 있고 철원역과 월정리역은 그냥 방치되고 있다.

월정리역 바로 앞의 월정전망대는 일명 철의삼각전망대로 불린다. 전망대부터 DMZ이다. 전망대에서 DMZ를 보면 고암산(김일성 고지, 780m)과 피의 능선 등을 볼 수 있는데, 한 눈에 들어오는 건축물은 탱크 저지용 콘크리트장벽이다.

월정전망대가 다른 전망대와 차별되는 것 하나는 전망대 바로 앞에 궁예도성터가 있다는 점이다. 철원읍 홍원리 DMZ 내 토성으로 7.7km의 내성과 12.5km의 외성으로 만들어진 것이었다. 궁예도성터의 남북 경계는 DMZ의 남북방 한계선과 거의 일치한다. 전망대 안에 궁예도성터에 대한 설명도가 있지만 도성터를 육안으로 관찰하기란 쉽지 않다.

월정전망대 동쪽의 초소에 가면 DMZ 안에 사람 키 정도의 흙 담처럼 보이는 궁예도성의 동벽을 볼 수 있다. 성벽 위에는 아카시아 나무들이 자라고 있다. 궁예는 민중과의 친밀감을 강조한 미륵사상에 따라 성벽도 낮게 지었다고 한다. 역사는 이긴 자의 것이기 때문에 궁예는 사실보다 나쁘게 기록되어 있다는 주장도 많다. 궁예도성 내성(궁궐)의 터는 아직 남아 있다고 하는데, 이 지역이 북측 DMZ에 있기 때문에 북한의 협조가 무엇보다도 필요하다.

동송저수지 인근의 필승교회는 월정전망대보다 더 나은 조망을 제공한다. 철원군은 이곳에 대규모 전망대의 건립을 추진 중이다.

동송읍 하갈리의 삽슬봉(219m)은 조선시대까지 봉수(烽燧)대였다. 한 그루 소나무를 얹어 놓은 것과 같다하여 삽송봉(揷松峰)이라고도 불리었는데, 한국전쟁 당시 치열한 포화로 봉우리가 아이스크림처럼 흘러내렸다 하여 아이스크림고지라고도 불린다.

아이스크림고지 근처 샘통에는 겨울에도 물이 얼지 않고 흐른다. 철원읍 천통리(샘통)는 천연기념물 245호로 지정되어 있는 철새도래지이다.

철원에서는 조류 가운데 아주 희귀종으로 또 우리 문화에서도 깊이 자리하고 있는 두루미를 탐조할 수 있다. 뚜루루라는 울음소리 때문에 두루미라는 우리말 이름과 그루(grus)라는 라틴학명이 부쳐졌다는 설(說)을 검증하기 위해서는 직접 울음소리를 들어야 한다. 너무 가까이 접근하여 두루미 서식에 방해될까 걱정할 수도 있겠지만, 두루미의 울음소리가 몇 km까지 들리기 때문에 그렇게 가까이 다가갈 필요는 없다.

철원지역은 천연기념물 제202호 두루미, 제203호 재두루미, 제228호 흑두루미가 함께 월동하는 세계 유일의 지역이라고 한다. 천연기념물 201호 큰고니와 243호 독수리의 월동지이기도 하다. 매년 10월 하순부터 12월까지 남하하여, 2~3월에 다시 북상한다. 두루미는 한국을 찾는 두루미류 가운데 가장 크며, 몸과 꼬리는 희고, 목을 포함한 얼굴과 날개 끝은 검고 머리 위 피부는 붉다. 재두루미는 두루미보다는 조금 작지만 흑두루미보다는 조금 크다. 몸은 음회색이고 가슴에 회흑색의 선이 있으며, 부리는 황녹색이고 다리는 암적색이다. 생후 1년의 새끼 재두루미는 갈색이다. 재두루미는 자신보다 더 큰 두루미에게 힘에서 잘 밀리지 않는다.

샘통 지역 외에도 철원읍 대마리 백마고지기념관 지역도 대표적인 철새들의 월동지이다. 이 지역은 바로 DMZ남방한계선상에 있기 때문에 철새들이 DMZ안에서 잠을 자면서 서식하기 좋은 지역이다. 그 외 철원읍 중토동 지역도 농경지 지대이지만 외지인의 출입이 별로 없기 때문에 철새들의 좋은 월동지이다.

철새들은 아침에 깨면서 떼로 난다. 특히 겨울 아침 토교저수지에서 일제히 비상(飛上)하는 기러기들의 군무(群舞)는 장관인데, 이러한 장관을 보기 위해 양지리에는 '철새보는 집' 명칭의 민박집이 운영 중이다.

토교저수지 옆에는 독수리 떼도 쉽게 볼 수 있다. 그 이유는 먹이주기 행사가 있기 때문이다. 먹이 주는 시간 직전에는 독수리 떼들이 노숙자처럼 대기한다. 1990년대까지만 해도 한반도를 찾는 독수리는 100여 마리에 불과했지만, 먹이주기 행사로 2000년대에는 1,000~2,000 마리의 독수리가 겨울마다 한반도를 찾는다.

야생조수(鳥獸) 먹이주기는 희귀 동물의 개체수를 늘인다는 긍정적 평가뿐만 아니라 적자생존의 진화법칙에 희귀동물의 야생 생존력을 더 떨어뜨린다는 부정적 평가도 있다. 동식물의 자생력을 키우는 방향으로 먹이주기 행사가 이루어져야 할 것이다. 즉 과학적 분석에 의해 먹이 주는 시기, 양, 종류 등을 조절해야 한다.

토교저수지에는 1970년대 블루길과 베스가 방사(放飼)되었는데 이는 토착어종의 증식(增殖)을 방해하였다. DMZ의 생태가치를 말할 때 토착어종이라는 측면에서는 그 가치가 감소된다는 시각이다.

2005년 철원 DMZ 내에서 야생 곰이 군 감시장비인 TOD에 의해 촬영되었다. 2000년 지리산에서의 방송사 촬영 이후 5년만의 것이다. 철원지역은 한국전쟁 이전에는 산림이 울창하여 많은 동물들이 서식했으나 한국전쟁 기간에는 철새들조차 살아남지 못하는 곳으로 전락하다가 1970년대부터 산림 회복으로 많은 동식물이 서식하는 지역으로 되었다. 동부지역의 고산성 희귀 동식물과는 다른 서식 종들이다.

논경지에 경작 후 남아있는 볍씨 등은 철새들에게 풍부한 먹이가 되고 있고, 겨울에도 섭씨 15도 정도의 온수로 얼지 않는 습지뿐만 아니라 여러 저수지가 있으며, 무엇보다도 민통선지역으로 인해 사람들의 출입이 제한되어 있는 점 등이 철새 서식에 유리한 여건들이다.

생태적 희소성 때문에 DMZ의 가치가 자주 언급되고 있다. 그런데 DMZ 가치의 희소성 가운데 남한이 아닌 세계적 기준에서 본다면 희소성이 사라지는 경우도 있다. 산양의 경우 미국 등 산양의 개체 수가 많은 곳도 있으며, 두루미의 경우도 1만 마리 이상의 두루미가 집단 서식하는 일본의 이즈미(出水)시와 구시로(釧路)시에 비한다면 DMZ 두루미의 희소성은 감소된다. 텃새화가 된 두루미가 아닌 철새 두루미는 한 지역만의 개체수 확보로 종 보존이 보장되는 것은 아니다.

새가 온다는 것은 사람이 적다는 의미이지 산림생태가 잘 보존되었다는 것은 아니다. 서부지역과 마찬가지로 중부지역의 DMZ는 훼손된 부분이 많다. 신록의 색보다 갈색이다. 자연적 혹은 인위적 산불로 인한 산림 파손, 경계에 방해되는 식물 및 지형의 발본, 군사시설물 설치, 작전도로 개설, 농경지의 개간 등으로 토양침식이 심한 편이어서 철책선 근처의 하천도 강 하류처럼 퇴적물이 많다. 이 지역은 후방의 농촌마을과 유사해서 특별한 생태계를 보기 힘들 정도이다.

금강산철길 쪽으로 가면 제2땅굴이다. 1975년 두 번째로 발견된 땅굴이다. 입구에는 "정전 ○○○○○일"이라는 간판이 있는데, 2008년 어느 날에는 "정전 20,000일"이라는 간판이 게시될 것이다. 그 이전에 무언가가 이루어져야 할 것이다.

제2땅굴은 군사분계선(MDL)으로부터 지하 60~160m에서 남쪽으로 1.1km까지 와 있다. 땅굴 내부 천정에는 아크릴판에 빨간 동그라미 표시가 있는데, 남측의 시추공이다. 시추공을 통해 바깥 하늘을 볼 수 있다. 땅굴 발견시 수색작업으로 남측 군인 8명이 희생된 것으로 발표된 바 있다. 남측에서는 땅굴 내 물이 흐르는 배수로의 방향이 남에서 북으로 흐른다는 점 그리고 다이너마이트를 장전하였던 장전공의 방향이 북에서 남으로 향하고 있다는 점을 북한이 남쪽으로 땅굴을 판 증거로 제시하고 있다.

김화읍 쪽으로 가면 전선교회 근처 정연리 한탄강에 '끊어진 철길! 금강산 90키로'라고 적혀있는 금강산철도를 볼 수 있다. 금강산철도는 일제가 주식회사를 설립하여 운영하던 사철(私鐵)로서 철원에서 내금강까지의 운임이 쌀 한 가마니 값이라 일반인들은 탑승하지 못했다.

근방의 멸공 OP와 백골 OP에서는 DMZ를 관측할 수 있고 겨울 철새들도 볼 수 있다. 그러기 위해서는 백골부대의 사전협조가 필요하다.

좀 더 김화쪽으로 가면 여러 유적지가 있다. 병자호란의 대표적 전투지인 백동리가 DMZ 안에 있고 그 전투에서 사망한 김화 주민들을 합장한 전골총(戰骨塚)은 DMZ남방한계선에 접하여 DMZ 안쪽으로 있다. 한국전쟁 이전에는 합동제사를 지냈다고 하는데 지금은 제사를 지내지 못하고 있음은 물론이다.

그 근처인 김화읍 읍내리에 있는 성재산성은 DMZ인접지역에서 효과적으로 발굴된 대표적인 유적이다. 국립문화재연구소와 몇 전문가들의 제의로 철원군청의 경비 지원과 3사단의 1개월 이상 지뢰 작업으로 4~5m 높이와 거의 1km에 가까운 둘레를 가진 돌성을 발굴한 것이다.

김화읍 암정(巖井)리 남대천에 있는 암정교는 1930년대에 건립된 것이지만 철근콘크리트 교량이라 아직 남아 있으나, 민간인 출입이 통제되고 있는 지역에 있다. 백마고지 전투와 함께 철의 삼각지의 대표적 전투로 기록되고 있는 저격능선(狙擊稜線) 전투의 주무대였다. 저격능선 전투는 북측의 오성산(1,062m) 고지를 대상으로 치열하게 전개된 전투였는데, 40여 일간 전투에서 40여 회 고지의 주인이 바뀌면서 2만여 명의 사상자가 난 전투이다.

오성산은 철원군 근동면과 근북면 경계인 북측 지역에 있는 산이다. 하늘에서 보면 다섯 개의 별 모양이라서 오성산(五星山)이라고도 하고, 다섯 신선이 산다고 해서 오성산(五聖山)이라고도 부르는데, 북한에서는 오신산

(五神山)라고 부르는 것 같고, 옛 문헌에는 오신산(五申山)이라고도 했다.

오성산은 북한 지도자 김일성이 "육사 군번 세 도라꾸(트럭)와도 안 바꾼다"고 말했다고 할 정도로 철원 지역 전체를 관측하고 대응할 수 있는 지정학적 여건을 갖춘 곳이다. 북한 측 오성산 정상에 대응하는 남한 측 거점으로 계웅산 OP(604m)를 운영 중이다. 여기서도 넓은 철원평야와 남대천이 보인다.

DMZ에는 누가 뭐라고 말했다는 설(說)이 참으로 많다. 또 최저 기온 기록뿐만 아니라 여우, 호랑이, 표범 등 야생동물의 목격담 등 가운데 믿기 어려운 내용들이 많다. 어쩌면 믿기 어려운 일들이 벌어지는 곳이 DMZ일 수 있고, 반대로 사실이 아닌 것이 사실로 믿어지는 곳이 DMZ이다. DMZ 내의 유적이나 생태에 대해서 남북의 공동조사를 실시해서 새로운 가치를 발굴하고 불필요한 환상을 깨야 할 것이다. 그러기 위해서는 비무장화가 우선 과제이다.

오성산은 대성산(1,174m)에서 잘 보인다. 대성산은 철원군 근남면과 화천군 상서면의 경계를 이루고 있는 산으로 철원에서 제일 높은 산이다. 서북쪽으로 오성산과 저격능선이 보이고, 동북쪽으로 적근산(1,073m)이 보인다.

근남면 마현리의 승리전망대는 아산 OP를 2002년 확장하여 민간인에게 개방한 전망대이다. 승리전망대는 DMZ벨트의 정중앙에 위치하고 그 전망도 동부 DMZ와 서부 DMZ의 중간적 모습이다. 앞 전망이 꽤 터인 곳인데, 전망대에서 북측으로 보이는 평야가 아침리 마을인데, 그 곳에서 아침을 먹고 금강산 관광을 하면 일정이 맞아 떨어진다고 붙여진 이름이다.

전망대가 소재한 마현(馬峴), 즉 말고개라는 지명은 여러 지역에서 발견할 수 있는 이름이다. 여러 지역의 말고개에는 공히 전쟁과 환란에서의 장수와 말이 등장하는 전설이 내려온다. 근남면의 말고개에도 임진왜란 때 왜장이 고개를 넘지 않는 말을 베어 화(禍)를 입었다는 전설이 있다. 현재

승리전망대에서 바라본 DMZ 서부 DMZ와 동부 DMZ의 중간적 생태를 보여주고 있다

의 마현리 마을은 1959년 사라호 태풍 후 경북 울진에서 이주한 사람들로 시작된 마을이다. 따라서 주민들 말투가 강원도 사투리가 아닌 경상도 사투리이다.

제6장

북한강유역의 현장 답사

I. 남북한 물 협력

교류 또는 협력은 당사자의 의지에 따라 크게 좌우된다. 그렇지만 당사자의 의지에 관계없이 항시 가거나 오는 것이 있다면 교류와 협력의 가능성은 증대된다고 할 수 있다. 남북한 간에 항시 이동하는 대표적인 존재는 강물이다. 물을 매개로 하여 상호이익을 가져다주는 협력은 물이 갑자기 사라지는 것은 아니기 때문에 그 협력이 지속되기도 쉽다.

여러 하천들이 남북한을 관통하고 있다. 임진강은 남북한 경계를 여러 번 걸쳐나가고 있고, 동해에 인접한 남강도 남북을 오고가는 물길이다. 반면에 북한강은 그 지류인 소양강과 함께 북한지역에서 곧장 남하하는 하천이라고 할 수 있다. 금강산에서 발원한 북한강은 군사분계선과 비무장지대 남방한계선인 오작교를 통과하여 평화의 댐, 파로호, 화천댐, 양수리

〈그림 1〉 북한의 임진강 – 북한강 수계 변경

출처: 중앙일보 2001. 7. 23.

(두물머리), 서울 등을 거친 후 임진강과 함께 서해로 나가는 하천이다.

북한은 댐을 제방이라는 뜻의 언제(堰堤)로 부르는데, 여러 언제를 건설하였다. 임진강 상류에 내평댐과 장안댐을, 그리고 북한강 상류에는 남한에서 금강산댐으로 부르는 임남댐를 비롯해 포천 1·2댐, 전곡댐, 신명리댐, 조정지댐 등을 설치했다. 이 여덟 댐으로부터 태백산맥을 관통하는 지하수로를 만들어 안변청년발전소에서 전력을 생산한 뒤, 원산 앞바다 동해로 물을 빼고 있는 것으로 알려져 있다.

남한은 수해를 겪기도 하지만, 갈수록 가뭄은 더욱 심각한 문제이다. 그러한 물 부족 현상은 저수량 기준으로 남한 물의 1/3이 있는 강원지역에서 더욱 두드러지고 있다. 댐 기능을 제대로 하지 못하고 있는 평화의 댐을 제외하고는 최북방의 북한강 댐이라고 할 수 있는 화천댐의 유입 수량이 연간 28억 톤에서 19억 톤으로 9억 톤이 줄었으며, 갈수기인 2001년 5월과 6월엔 예년에 비해 무려 88%가 줄어들어 남한의 극심한 물 부족 현상을 설명해주고 있다.

이러한 북한강 수계 유입량의 급격한 감소에는 여러 요인이 있겠지만, 주 요인은 북한이 2000년에 완공한 금강산댐이 북한강을 차단하여 동해로 역류시키고 있기 때문인 것으로 알려져 있다(이상면 2001). 따라서 북한강 상류 지역을 관리하고 있는 북한과의 협력을 통해 남한의 물 부족 문제를 해결해야 할 필요성이 제기되고 있다.

하천을 기준으로 한 상류국가와 하류국가는 그 하천 자체가 분쟁의 원인으로 작용하기도 한다. 하천 상류국가는 물줄기를 막거나 아니면 물을 오염시켜서 하류국가에 피해를 줄 수 있으며, 반면에 하천 하류국가는 댐을 건설하여 상류지역을 수몰시켜 상류국가에 피해를 줄 수도 있다.

북한의 금강산댐으로 남한의 물 부족 문제가 심각해졌기 때문에 이러한 북한의 비협조에 대해 국제법과 관례에 따라 대응해야 한다는 주장도 있다. 또 남한의 댐 담수로 북한 지역 일부를 수몰시켜 전방에 배치된 북한의 병력·화력을 후방으로 밀어내어 전쟁억지 효과를 볼 수 있다는 의견도 있었다(최병일 2001). 이에 대해 남북한관계의 특수성을 강조하여 국제법적 접근에 반대하는 의견도 있었다. 즉 북한과의 협력을 통해, 유로 변경과 용수 확보 등의 결과를 얻도록 정치적으로 접근해야 한다는 주장이다.

평화의 댐의 건설뿐만 아니라 평화의 댐의 활용 그리고 금강산댐의 변경 등을 너무 정치적으로만 접근해서는 아니 되며, 좀 더 실용적으로 접근하는 것이 필요하다.

거래란 쌍방이 손해 보지 않고 이익이 되어야 성사되는 것이다. 금강산댐과 평화의 댐과 관련된 남북한 협력은 협력에 드는 비용이 그 협력으로부터 파생되는 효과보다 크다면 그 협력은 궁극적으론 실현되지 않는다. 북한이 금강산댐에서 얻는 가장 큰 이익은 아마 전력일 것인데, 그래서 전력 부족을 겪고 있는 북한에게 남한이 전력을 공급하고, 대신에 물 부족을 겪고 있는 남한은 부족한 물을 받아 남북한이 상호이득을 얻자는 제안도 있다.

만일 적정량의 물이 금강산댐에서 방류된다면, 평화의 댐과 금강산댐을 연결하는 내륙수운도 가능할 것이다. 금강산 해로관광처럼 격리되고 통제적인 수송수단이 되는 셈이다. 나아가서 금강산 해로관광과 육로관광에 이어 수로 관광이 개발될 수도 있을 것이다. 남북한이 상호 협력적이라면, 남한 수도권의 가뭄 시 북한이 금강산댐 저수량의 일부를 평화의 댐으로 방류하여 한해(旱害)를 해소시킬 수도 있을 것이다. 북한이 평강군의 봉래호 용수를 남측 철원군으로 공급하는 것도 고려대상이다. 이를 위해서는 남북한수자원관리센터와 남북한내륙수운터미널 등의 시설이 건립되어야 하지만, 무엇보다도 북한의 의지가 가장 중요하다.

북한강 유역의 금강산댐과 평화의 댐을 남북한 양측이 효과적으로 이용한다는 사업은 다른 사업과 비교하여 그렇게 상호이익의 공통분모가 크지 않기 때문에 실현가능성이 높지 않다고도 볼 수 있다. 이미 금강산댐 건설에 든 비용과 또 금강산댐 활용에서 오는 효과를 감안하면, 북한에게 현재의 활용계획을 포기하라는 것은 큰 기회비용 부담을 강요하는 것이다. 따라서 북한으로서는 금강산댐 활용계획의 변경에 대해 당연히 많은 것을 요구할 것이다.

현재 여러 가지 여건상 그러한 요구를 수용할 수 없는 남한의 입장을 고려한다면, 당장 금강산댐 활용계획 변경과 같은 획기적인 남북한협력은 기대하기가 어려울 것이다. 현 단계에서는 어떤 획기적인 남북한 물 협력보다 오히려 사소한 물 협력이 필요하다. 예컨대 강수량 정보를 남북한이 공유하는 것이다.

북한강 수계의 유입량이 감소한 원인에 대해 다양한 의견들이 있는데, 그러한 이견(異見)이 가능한 것도 북한의 정확한 강수량이 알려져 있지 않기 때문이다. 내린 비가 산등성이를 기준으로 모인 것이 바로 하천 유입량이다. 예컨대 북한강은 서쪽으로 백암산을 끼고, 동쪽으로 백석산을 끼고 남한지역으로 내려오는데, 각 산등성이를 경계로 한 지역의 강수량만 계산하면 하천 유입량도 계산된다. 남한지역의 강수량은 즉각 관련 댐을 관리하는 부서에 전달되고 있지만, 북한지역의 강수량은 그렇지 못하다. 그러한 강수 정보가 없기 때문에 하천유입량을 예상할 수가 없다.

일반적으로 북한강 발원지는 회양군 련대봉으로 알려져 있는데, 북한강 발원지에 관해서는 련대봉이라는 주장뿐만 아니라 금강군 먹포령이라는 주장, 그리고 금강군과 창도군의 경계에 있는 옥발봉(일명 옥밭봉, 玉田峰)이라는 주장도 있다. 이러한 엇갈린 주장은 그만큼 북한의 수계와 기후에 대해 정보가 공유되지 않기 때문에 발생하는 것이며, 이러한 정보 미(未)공유는 물관리 즉 치수에 치명적으로 작용할 수도 있다. 정보 공유는 북한강보다 남북한 협력 가능성이 높은 하천으로 언급되고 있는 임진강에서도 마찬가지로 필요한 사안이다.

남북한은 서로에게 강수량을 비롯한 각종 기상 정보와 댐 담수량 정보 등을 제공하여야 할 것이다. 나아가서 북한강 유역에 대한 수문자료 교환, 인력·기술 협력, 공동 수자원 조사 및 개발, 수해 공동관리방안 구축을 강구해야 한다.

경계선을 관통하는 하천은 분쟁의 빌미가 되기도 하지만, 동시에 화해 협력의 매개가 되기도 한다. 또 협력은 쌍방이 상호협력에서 이익을 얻을 수 있어야 오래 간다. 현재 남한 지역만을 고려한 치수정책은 댐을 건설할 수밖에 없는 입장인 듯하다. 하지만 댐 건설의 부작용도 매우 크다. 접경지역에서의 댐 건설은 열목어와 같은 희귀 동식물의 멸종을 초래하는 등 접경지역의 생태를 파괴할 우려가 크다.

더구나 현재 남한에서는 댐 건설시 지역주민의 반발이 심한데, 한탄강 댐과 양구 밤성골댐의 건설 추진에 대한 지역주민의 반대는 극단적이었다. 물과 환경이라는 자원을 보전하기 위한 비용을 지역주민에게 강요하는 것 보다 수혜자부담 원칙에 따라 적절한 보상이 선행되어야 함은 물론이다. 그러한 점에서 주민들이 덜 관여된 남북한 경계지역의 하천에서 공익을 위한 정책추진이 상대적으로 용이하다고 할 수 있다. 남북한 모두에 도움 되는 방향으로 물 정책을 추진할 수 있기 때문에 물 협력이 필요하고 가 능한 것이다.

북한강을 둘러싼 남북한 협력은 수자원 차원뿐만 아니라 다른 차원에서 도 접근되어야 한다. 먼저, 강은 역사문화적인 면에서 중요한 가치를 지니 고 있다. 왜냐하면 문명과 촌락이 하천을 따라서 형성되기 때문이다. 1987 년 평화의 댐을 건설하기 위해 화천댐의 물을 뺀 적이 있는데, 그때 구석 기 유적을 비롯한 여러 유적들이 곳곳에서 발굴된 적이 있다(최영희 2001).

또 북한강은 남북한 간 비극적 역사의 현장이기도 하다. 파로호(破虜湖) 라는 명칭도 본래 대붕호와 화천호 등으로 불리다가 중공군 3개 사단을 격파한 것에서 유래한다. 평화의 댐 옆 비목의 공원은 백암산 근처에 장교 로 근무한 한명희가 한국전쟁 때의 유골을 보고 가곡 비목의 노랫말을 작 사한 것을 기념한 것이다. 모두 한국전쟁의 상흔을 그대로 간직하고 있다.

다음으로, 역사문화적 가치뿐만 아니라 현재 북한강 상류지역은 다른 하 천과 달리 생태계보전이 잘 되어 있는 지역이다. 북한강 하류지역만 해도 당국과 시민단체 간에 오염여부에 대한 판단이 다르다. 현행 법규로는 얼 마 동안 물이 머무느냐에 따라 하천이냐 호수이냐가 결정되고, 하천이냐 호수냐에 따라 오염여부의 행정적 판단이 각각 BOD(생물화학적 산소요구량)

와 COD(화학적 산소요구량)로 결정되며, 따라서 하천이냐 호수냐에 따라 오염 판정 결론이 달라지기 때문이다. 이에 비해 북한강 상류는 오염되었다고 보는 사람이 없다. 청정의 정도를 파악하는 데에는 이동성이 큰 조류와 포유류 대신에 상대적으로 이동성이 낮은 어류, 곤충, 식물 등이 기준으로 될 때가 많은데, 북한강 상류에서 발견되는 20여 종의 어종 가운데 절반 이상이 고유어종이다. 남한 전체 담수어류의 1/4만이 고유어종이라는 사실을 감안하면 북한강 상류의 생태가 잘 보전되어 있다는 것을 알 수 있다.

남북한 간의 물 협력은 그것만이 목적은 아니다. 현재 물고기는 남북을 오고가는데, 땅의 주인인 민족 간에는 자유왕래가 되지 못하고 있다. 평화의 댐까지는 댐 때문에, 평화의 댐 상류에는 유실지뢰 때문에 북한강을 직접 거슬러 올라가는 것은 불가능하다. 현재 북한강 상류는 걸어서 건널 수 있을 정도로 얕은 지역들이 많은데, 그럼에도 불구하고 유실지뢰가 곳곳에 있기 때문에 걸어 다닐 수 없다. 이러한 상황을 극복하는 것이 진정한 남북한 화해협력이다.

II. 화천 지역의 DMZ 답사

다른 DMZ일대와 비슷하게 화천 지역도 삼국시대에는 그 당시 정세에 따라 고구려, 백제, 신라에 달리 귀속되었다. 한강 유역을 중심으로 한반도 중부지역을 차지하고 있던 백제 초기에는 백제에, 광개토왕과 장수왕 시대에는 고구려에, 진흥왕 때에는 신라의 영토에, 후삼국 시대에는 궁예에 속했다.

화천군의 기행은 화음동(華蔭洞) 정사지(精舍址)에서 출발하고자 한다. 화음동 정사지는 춘천에서 가자면 5번 국도를 타고 북으로 가다 38도선 표지판과 말고개 터널을 지난 후 사창(史倉)으로 빠져야 한다. 화천군 사내면 사창 삼거리에서 화악산으로 용담천을 따라 남쪽으로 올라가면 길가 옆 좌측 계곡에 위치하고 있다. 정사 앞 인문석(人文石)에는 태극도(太極圖), 팔괘도(八卦圖), 하도낙서(河圖洛書) 등이 그려져 있으며, 천근석(天根石)과 월굴암(月窟岩)이라는 음양(陰陽)적 명칭이 새겨진 바위들이 남아 있다.

지세로 보면 그렇게 은둔지인 것 같지는 않은데, 의외로 쉽게 찾아지는 곳은 아니다. 조선 후기 김수증(金壽增, 곡운, 1624~1701)이 은둔하기 위해 화음동 정사를 지었다는 말을 실감하게 한다. 정사를 짓기 시작한 때가 바로 동생 김수항과 송시열이 연루된 기사환국(1689년) 무렵이었다. 십승지처럼 전쟁과 같은 참화(慘禍)를 벗어나기 위한 장소의 공통점은 길목이 아니라는 점이다. 전쟁과 사업에 있어 로지스틱(logistic) 또는 유통의 기능은 매우 중요한데, 혼돈 시대가 아닌 번영 시대에서 은둔적 장소의 기능은 약화될 수밖에 없다.

DMZ라는 것도 사실 길의 차단이다. 전쟁과 혼란의 시대에서는 DMZ와 같은 차단이 정말 필요하다. 벽은 보호의 역할을 해내는 것이다. 반면 번영 시대의 DMZ는 장애물이 되기도 하다. 이처럼 DMZ의 기능과 역할은 시대에 따라 달라질 수밖에 없는 것이다.

화음동에서 출발한 용담천은 하류로 내려가면 김수증이 조세걸에게 그리게 한 곡운구곡도의 배경이다. 국립중앙박물관에 소장되어 있는 곡운구곡도에는 아홉 개의 곡이 있는데, 김수증 이전에 이미 매월당(김시습)이 제3곡 신녀협 옆의 정자에 자신의 법호(벽산청은)에서 딴 청은대라는 이름을 붙인 바 있다.

다시 사창 삼거리로 나와 56번 국도를 타고 북쪽으로 올라가면 DMZ로 향하는 길이다. 상서면 다목리 삼거리를 만나 우측으로 얼마 가다보면 우측에 군부대가 있다. 그 곳에 허름한 건물 하나가 있는데, 바로 한국전쟁

인민군 막사 방치되어 있는데 고증이 필요하다

당시 인민군사령부 막사로 사용되었다는 건물이다. 철원의 노동당사를 연
상케 하는 건물이다.

다시 다목리 삼거리로 나오다 보면 앞에 높은 산이 보이는데 복주산(福
柱山, 伏主山)이다. 이 산은 옛날 물로 세상이 심판될 때 모든 것이 물에 잠
겼을 때 이 산은 복주깨 뚜껑만큼 잠기지 않았다 하여 복주산이라고 이름
지어졌다는 설화이다. 이른바 노아 방주의 변형된 이야기인 셈이다. 이처
럼 난(亂)과 그 도피처에 관한 내용이 주를 이루고 있는 것이다.

2006년 현재 화천군에서 DMZ 전망대로 활용되고 있는 곳은 칠성전망
대이다. 다목리에서 산양리로 가거나, 춘천에서 5번 국도를 타고 가다 산
양리에서 철원 마현리로 가지 않고 주파리로 빠지면 칠성전망대로 향하는
길이다.

산양리 갈림길 이름은 사방거리이다. 사방거리란 의미는 장사치들이 사

방에서 몰려오는 큰 장이라는 뜻이다. 삼거리밖에 없는데 왜 사방거리라고 불리는지를 생각해보면 아마 다음의 이유에서일 것이다. 사방거리는 2개의 삼거리로 구성되어 있는데, 따져 보니 2개의 삼거리는 하나의 사거리가 된다는 사실을 깨닫게 된다. 2개의 삼거리가 만나면 H자의 일종의 사방거리가 되는 것이라고 유추했지만, 사방거리를 자세히 보니 길 하나를 더 볼 수가 있어서 H형이라는 복잡한 유추 없이 그냥 사방거리라고 불렀을 것이라고 결론지었다.

북쪽으로 줄곧 가면 쌍용댐을 지나 북한 지역이다. 한국전쟁 때 남침의 길목이었기도 하다. 칠성전망대로 올라가는 길목에 조그마한 교회가 있다. 현재 군부대에서 교회로 사용하고 있는 곳인데, 한국전쟁 이전부터 있었던 건물이라고 한다. 그렇게 오래되지 않은 보수의 흔적을 볼 수는 있지만 그 건물의 골격은 옛날 그대로라는 것이 군부대의 설명이다.

칠성산(596m) 올라가는 길 가운데 주파령(주파리 고개)까지는 화천군에 속하지만 주파령부터 칠성전망대와 백암산 정상까지는 철원군에 속한다. 엄밀히 말하자면 북한 금성군에 속한다고 한다. 칠성전망대에서 북쪽으로 바라보면 좌측엔 적근산(赤根山, 1,073m), 바로 우측에 백암산(白岩山, 흰바우산, 1,179m)이 보인다. 백암산과 백석산(白石山, 1,142m)사이로 흐르는 강이 바로 북한강(北漢江)이다. 해발 1,000m가 넘는 산들인 대성산(大成山), 적근산, 백암산 등은 모두 광주산맥을 구성하고 있는 산들이다. 금강산에서 뻗은 광주산맥에 따라 DMZ가 형성되고 있는 셈이다.

백암산 정상을 올라가려면 칠성전망대 쪽으로 가다 백암산 방향의 비포장 도로를 달린 후 가파른 백암산 서남 기슭을 2시간 정도 타야 한다. 백암산 동남 기슭을 오르는 방법도 있으나 가파르기는 마찬가지이다. 그 동남 기슭을 따라 곤돌라 식 케이블카 설치가 검토 중이다. 특히 금강산댐을 멀리서나마 직접 관측할 수 있는 곳이라 북한 전망대로도 의미가 있는 곳이다. 여기서부터 동쪽으로의 DMZ철책선은 대부분 가파르다.

화천읍에서 화천대교 남쪽으로 건너면 위라리와 용암리 일대의 선사유적발굴지를 만날 수 있다. 양구지역에는 구석기시대의 유적, 청동기 시대의 고인돌 수십 기가 발굴되었고, 춘천 중도 지역에도 신석기, 청동기, 철기시대의 유적 유물이 발굴되었으며, 화천군 하남면 위라리와 용암리 그리고 화천읍 등지에서도 각종 유물들이 발굴되었는데, 모두 강 유역이라는 공통점이 있다.

선사시대에는 하천 주위에 주거지가 있었을 터인데, 댐 건설로 수몰된 지역에는 발굴되지 않은 유적이 많을 것이다. 그러한 점에서 남한에서 제일 일찍 건설된 화천댐으로 인해 화천댐 상류 지역의 유물은 수장되어 있을 가능성이 매우 높다.

화천댐은 수풍댐과 함께 한반도 근대화에 큰 역할을 했다. 일제(日帝) 식민지 통치가 한국의 근대화에 기여했다고 주장할 때 예시되는 것 가운데 하나이다. 화천댐은 1939년에 시작하여 1944년에 완공된 댐이다. 해방 직후에는 북한 당국에 의해 운영되었으나, 전쟁 이후에는 남한에 의해 개발 및 관리되고 있다.

화천댐은 댐 바로 옆이 아닌 제법 떨어진 곳에 발전터빈을 설치하고 물을 빼는 방식이다. 북한강의 다른 댐들과 대비되는 수로방식이다. 북한의 금강산댐도 수로를 동해로 변경하고 있기 때문에 남한의 여러 댐 가운데 화천댐과 유사하다고 할 수 있다.

화천읍에서 화천발전소나 파로호로 가려면 다리를 건너야 하는데, 대붕교보다 화천발전소에 더 가까운 다리는 구만교이다. 구만교는 일제가 기초를 놓고, 소련군이 교각을 놓고, 남한이 상판을 놓았다. 철원의 승일교가 북한과 남한 양측이 순서대로 만든 것이라면, 화천의 구만교는 일·소·한 3국이 만든 셈이다.

파로(破虜)호의 본래 이름은 대붕호(大鵬湖)였다. 화천댐 건설로 만들어진 인공호수의 모양이 전설의 새 대붕을 닮았다고 하여 붙여진 이름이었다. 1951년 5월 중공군 제10, 25, 27군 30,000여 명을 수장시켜 대승을 거두었다고 당시 이승만 대통령이 오랑캐를 격파한 호수라는 뜻의 파로호 휘호를 썼다. 그 휘호는 제6사단 부대명 청성 표시와 함께 파로호전적비에 기록되어 있는 것이다. 평화의 댐 제2단계 증축공사로 퇴수를 해 생태계 문제가 대두되기도 했다.

파로호 전적관 옆의 자유수호희생자위령탑과 간동면 구만리의 파로호 자유수호탑은 파로호전적비와 함께 정권에 따라 강조되기도 또 무시되기도 하여 왔다. 전쟁으로 인한 희생을 추모하는 것이어야지, 정권적 목적에 의해 지나치게 강조되어서도 반대로 방치되어서도 아니 되는 추모비이다.

화천에는 추모 성격의 비목문화제가 매년 열리고 있으며, 이 외에 여름의 쪽배 축제, 찰토마토 축제, 겨울의 산천어 축제 등의 각종 축제가 열리고 있다. 축제 때 군 부대를 적극 활용하는 것이 좋을 듯하다. 비목문화제의 문교행사처럼 군병력의 장비와 작전을 활용하는 것뿐만 아니라, 칠성부대의 배우 원빈처럼 군복무 유명인을 활용하는 방안도 지역사회에 도움이 될 것이다. 물론 행사 성격에 따라 적절하게 활용해야 함은 물론이다.

화천의 얼음낚시는 유명하다. 얼음과 관련된 섬 하나가 다람쥐 섬이다. 파로호에 있는 작은 섬인데, 어느 사업가가 다람쥐를 방사하여 키웠는데 그 다람쥐들이 모두 겨울이 되자 언 호수를 건너 다른 곳으로 도망갔다는 이야기가 전해온다.

화천에서 춘천 혹은 양구로 갈 때 오음리를 통해 갈 수가 있는데, 오음리에는 1965년부터 1973년까지의 파월장병 32만 명과 300만 명 가족들의 만남의 장을 조성 중이다. 한국 최초의 해외파병에 대한 역사적 평가는 양면적이다.

평화의 댐으로 가려면 해산터널을 이용하거나 안동포를 이용해야 하는
데, 해산(日山)은 호랑이 출몰로 유명해졌던 산인데, 1986년에 완공된 해산
터널은 약 1,986m의 길이로 긴 터널로 이름을 날렸었다. 최근에는 여기저
기 긴 터널이 많이 생겨 이제는 긴 터널이라고 말하기는 그렇다. 다만 해
산전망대에서 오염되지 않은 공기와 물을 맛볼 수 있다.

비수구미(秘水九美)마을은 오지(奧地)속의 오지, 육지속의 섬 등 여러 수
식어로 지칭되는 곳이다. 한국전쟁 후 사람들이 들어와 많을 때에는 6가
구가 화전(火田)으로 생활을 영위하였는데 화전 금지로 3가구 7인이 살게
된 곳이다. 들어가기 위해서는 해산터널에서 평화의 댐 가기 전 수하리 낚
시터에서 보트를 타고 3~5분 들어가거나 3시간 정도 걸어야 하는 가기 힘
든 곳이다. 물론 평화의 댐 건설 이전에 비하면 접근이 매우 나은 편이다.

앞에서 화천의 화음동을 은둔의 장소로 소개했었지만 비수구미 마을이
야말로 은둔에 매우 적합한 장소이다. 해산과 파로호라는 산과 물로 둘러
싸여 있는 곳이다. 이제는 역설적으로 사람이 적어 사람이 모이는 곳이다.
한여름에도 온도가 낮아 여름 민박으로 붐비는 곳이다.

파로호에서 거슬러 올라가면 북한강 상류이다. 서쪽의 백암산과 동쪽의
백석산을 사이로 북한강이 북한 지역에서 내려오는 것이다. 이 지역의 대
표적 인공건축물은 평화의 댐이다. 평화의 댐은 행정구역상 화천군 화천
읍 동촌리에 속한다. 2002년 초 금강산댐 상부의 붕괴가능성이 거론되자
2단계 증축공사가 추진되어 2005년 11월 2단계 증축공사가 완공되었다.
평화의 댐의 담수능력은 26억 톤으로 소양강댐과 충주댐에 이은 국내 세
번째 크기이고, 125m의 높이는 국내 최고이다. 집중호우와 금강산댐 붕괴
로 인한 홍수를 대비하는 용도이다. 담수를 하여 용수 공급 및 전력 생산
이 가능하나, 댐 상류지역의 수몰로 인한 생태 훼손 및 금강산댐 훼손의
우려로 추진되지 않고 있다.

평화의 댐은 남북한관계를 정치적으로 이용한 대표적 사례에 속한다. 서울 63빌딩의 절반이 잠긴다고 북한의 수공 위협을 과장하여 1987년부터 652억 원의 국민성금을 모금하고 1988년 1단계 공사가 완공되었던 건축물이다. 이른바 정권의 위기를 외부 위협으로 잠재우는 속죄양가설(scapegoat hypothesis) 또는 전환이론(diversionary theory)에 근거한 정략이었던 것이다. 남북한관계를 국내정치에 이용하여 더 이상 믿음을 받지 못하는 늑대 소년처럼 지나친 안보 위협의 과장은 장기적으론 국가적 차원뿐만 아니라 위정자 자신에게도 결코 바람직하지 않다. 그때 심어진 국민적 불신이 아직도 지속되고 있는 것이다. 그러한 과장이 밝혀진 이후에는 안보적 효과를 깡그리 무시하는 식으로 국민적 분위기가 바뀐 것이다. 평화의 댐은 한 때 무용론이 대두되었고 그것이 국민 다수의 인식으로 되었다. 안보위협이 과장되었다 하여 안보위협이 전혀 없다고 하는 것도 잘못된 것이다. 안보 위협은 과장되어서도 아니 되지만 마찬가지로 무시되어서도 아니 된다.

앞으로의 평화의 댐 활용은 다양하게 검토될 수 있다. 평화의 댐과 금강산댐이라는 두 댐의 높이와 해발 높이는 두 댐 간의 관계뿐만 아니라 남북한 수계 협력과 갈등의 여러 측면을 함축하고 있다.

평화의 댐 옆에는 분단의 과거, 현재, 미래를 전시하고 있는 통일관이 있다. 한국수자원공사가 건립할 계획인 물 문화관은 명실상부한 문화관이어야 한다. 한반도에 가장 중요한 강은 한강(漢江)이고 그 상류는 금강산댐 건설로 인해 평화의 댐 상류가 실제 북한강(北漢江)의 최상류가 되었기 때문이다. 북한강이 DMZ를 지나면 금강천과 금성천인데, 금강산댐의 건설로 그러한 물 상당 부분이 북한강으로 오지 않고 있다. 평화의 댐에서 내려가는 북한강은 남쪽으로 수입천이 합해지고 춘천에서 소양강이 합쳐지고 하여 양수리(두물머리)에서 남한강이 합쳐진다. 화천댐이 건설되기 이전

평화의 댐 상류 사진촬영이 허용되는 북한강 최상류이다

인 1930년대까지만 해도 서울 마포에서 배로 북한 금성(金城)과 회양(淮陽)
까지 갔다고 한다. 2006년 여름부터 화천군에서는 파로호에 카페리를 운
항할 예정이다. 어쩌면 기술적인 측면에서는 평화의 댐과 금강산댐 사이
에 카페리를 운항하는 것이 훨씬 간단할 것이다. 그러한 것이 실현되기 이
전에 가장 간단한 것은 간접 체험이다. 북한강을 따라 근접 항공 촬영한
IMAX를 물 문화관에서 상영할 수 있다면, 그것은 매우 인기 있는 프로그
램이 될 것이다. 북한의 협조로 금강산댐에서 시작하여 한강 최하류인 강
화도까지의 IMAX가 이상적일 것이나, 당장은 DMZ 남방한계선인 오작교
에서 시작한 IMAX가 실현가능한 프로그램이다.

　평화의 댐으로 인한 호반은 평화호라고 명명되어야 할 것 같다. 청평호,
의암호, 춘천호, 소양호 등 거의 모든 인공호수의 이름이 댐 이름과 일치
하고 있는데, 평화의 댐 상류는 평화호라고 불려 져야 하는데, 그것에 걸

맞는 콘텐츠가 있어야 할 것이다.

금강산댐이 보이는 백암산 정상과 평화의 댐을 연결시키고, 평화호에는 북한 지역의 관람을 위해 기구(氣球)도 띠우며 공병부대 지원으로 각종 수륙양용 시설물을 운용하는 것 등은 그러한 콘텐츠의 예이다.

산화한 무명용사의 넋을 기린 '비목'이라는 노랫말은 1964년 백암산 주둔 부대에서 ROTC장교로 근무하던 초급장교 한명희가 이낀 낀 돌무더기 하나를 발견하고 만든 시이다. "초연이 쓸고 간 깊은 계곡 깊은 계곡 양지녁에 비바람 긴 세월로 이름 모를 이름 모를 비목이여 먼 고향 초동친구 두고 온 하늘가 그리워 마디마디 이끼 되어 맺혔네." 사실 군대에 간 당사자나 그들의 부모는 군대에 복무하고 있다는 사실 하나만으로도 슬픈 감정을 누르지 못할 때가 많은데, 전장에서 죽는 감정은 어디 비목 노랫말로 표현될 정도로 간단한 것은 아닐 것이다. 매년 6월 6일 현충일을 전후하여 화천군 주최의 '비목문화제'가 평화의 댐 옆 비목공원(비목계곡 포함)과 화천읍 붕어섬에서 열리고 있는데, 1996년 제1회가 시작된 이래 2006년 현재 11회에 이르고 있다.

접경지의 각종 사업과 행사는 시기마다 조금씩 변했다. 김영삼 정부까지 여러 행사는 안보와 전적지를 강조한 것이라면, 김대중 정부부터는 통일과 민족을 강조했다. 반공과 안보보다는 민족과 통일을 강조하게 되었다. 비목문화제는 예나 지금이나 줄곧 전장에서 사망한 젊은 유혼들을 달래는 행사이다.

화천군의 83계곡에는 한반도에만 자란다는 금강모치와 미유기가 쉽게 관찰된다. 열목어도 서식하고 있다고 하는데, 양구의 두타연과 달리 관찰하기는 쉽지 않다.

평화의 댐은 만들거나 보완할 때마다 화천댐의 물을 뺀다. 물이 빠지면서 수상리 일대의 생태가 조사되었는데 조사 때마다 다른 생태를 보여주

비목문화제의 대형 태극기 분단에 있어 태극기의 의미를 되새기게 하고 있다

었다. DMZ 인접지역처럼 사람의 발길이 가지 않는 곳의 환경생태도 변하게 되어 있다. 그것이 다윈(Darwin)식 진화의 법칙에 의해서이든 아니든 변하는 것이다. 그렇지만 구체적 종은 바뀌어도 나비류처럼 청정지역에만 사는 동식물만이 계속하여 서식하고 있다.

평화의 댐에서 북한강변 도로를 거슬러 올라가려면 군부대 협조가 필수적이고 동쪽 강변과 서쪽 강변은 관할 사단이 다르기 때문에 올라갈 때와 내려올 때 강 건너편을 이용하려면 두 사단으로부터 각각 허가를 받아야 한다. 거슬러 올라가다 보면 당거리 철교가 나오고, DMZ남방한계선까지 올라가면 오작교(烏鵲橋)라는 다리가 나온다. 오작교는 DMZ남방한계선이다. 오작교 다리 밑을 내려다보면 강을 거슬러 올라가는 천연기념물 제190호 황쏘가리를 다수 발견할 수 있다. 황쏘가리는 체표면의 색소포가 퇴화된 돌연변이형 쏘가리이다.

이곳에는 군 장병들도 북한강 입수가 통제되고 있다. 폭우로 유실된 지뢰 때문이다. 평화의 댐 상류가 평화호로 명명되기 위해서는 유실지뢰들이 제거되어야 할 것이다.

가끔 북한강에는 강에 떠서 내려오는 물건들이 발견된다. 북한의 금강산댐(임남댐) 및 남한의 평화의 댐을 공사하면서 수위 및 유속의 변화는 어류 생태에 큰 영향을 준다. 수위 및 유속에 따라 서식 어류가 달라지기 때문이다.

서부지역에 비해 오염과 개방이 되어 있지 않은 북한강 상류에는 한국 고유어종이 많다. 남한 담수어류 가운데 토종어 비율은 25%내외인데, 북한강 상류에는 이보다 훨씬 높은 비율을 보여주고 있다.

제7장

백두대간·동해 접경지역의 현장 답사

I. 설악-금강권 연계

남북한 개방의 대표적 사업은 금강산관광이다. 이와 관련된 접경교류협력 사업은 설악-금강권 연계사업이다. 설악산지역과 금강산지역은 상호보완적인 동시에 상호대체적이기도 하다. 설악-금강 연계 개발에 반대하는 입장은 금강산과 연계된 설악산은 경쟁력을 잃게 되어 지역경제에 도움이 되지 않는다는 판단이다. 반면에 설악-금강 연계 개발을 찬성하는 입장은 금강산 관광은 설악권에서의 숙박과 관광을 증대시키기 때문에 지역경제에도 도움 된다는 판단에서이다.

올바른 설악-금강권 연계는 대체적인 면을 줄이고 보완적인 면을 늘이는 식으로 되어야 할 것이다. 즉 차별성을 확보하는 동시에 통합성도 확보해야 하는 화이부동(和而不同)의 관계로 만들어야 한다. 이와 같은 화이부

동식 연계가 되려면 설악·금강권은 지리적인 근접성에 의한 연결뿐만 아니라 통합적 분업에도 충실해야 한다.

설악권 4개 시·군(속초, 인제, 고성, 양양)에서는 금강산 육로관광의 투자 이전에 설악권에 대한 투자가 선행되어야 한다는 입장이었다. 현재까지 실시된 금강산 육로관광은 설악산 관광을 침체시킨 것으로 인식하고 있는 것이다.

금강산육로관광도 기본적으로 수익성을 확보해야 존속될 수 있다. 즉, 경제논리에 따라 해결해야 한다. 그럼에도 불구하고 금강산 육로관광은 남북한 경계선을 상설적으로 관통하는 최초의 통로가 되었다는 점은 엄연한 사실이다.

강원도가 추진하고 있는 평화생명마을 조성사업도 설악-금강 연계 사업의 일환이다. 강원도는 자연환경과 습지의 침식·훼손을 방지하고, 지속가능한 자연자원의 이용의 새로운 모델을 제시하기 위하여 비무장지대 인접 지역 특유의 생태 환경적 기능을 연구·보전하는 '평화생명마을'을 인제군 서화면 가전리 일대 가전리 지구와 송노평 지구에 2002년까지 총 80억 원을 들여 만든다는 계획을 추진하였었다. 이 계획에 의하면, 평화생명마을 내에 과거의 증오, 분단, 경쟁의 세기에서 평화, 생명, 협력의 새 세기를 열기 위한 세계평화운동의 구심적 역할을 수행할 수 있는 세계평화공원을 조성하고, 나아가 지역을 북쪽으로 확장하여 남북한 간의 생태환경과 연계된 문화·체육·학술·경제 등 제반 교류활동을 위한 남북공동 및 국제교류의 공간 활동이 활성화되도록 한다는 것이다.

기본계획 용역수립과 미등록토지의 소유권 권리보전 절차를 2000년 말 완료한 상태이지만, 현재 답보상태이다. 이는 무엇보다도 사업의 비용과 효과를 비교하는 사업 분석의 노력이 미흡했고, 더구나 그러한 분석결과를 중앙정부와 국제기구 등 외부 후원기관에 설득력 있게 보여주는 노력도 미흡했다. 인제평화생명마을은 국제기구, 세계환경단체, 외국관광업체 등의 협력을 이끌기 위해 동아시아관광포럼 등 국제회의를 개최하는 것과 같은 돌파구가 필요한 시점이다.

II. 남북 강원 협력

동부 접경지역은 서부 접경지역보다 서울과 평양으로부터 상대적으로 더 격리되어 있기 때문에 남북한 공히 정치적 안보와 군사적 안보 면에서 상대적으로 덜 취약할 수 있다고 판단하는 듯하다. 게다가 동부 접경지역에 소재한 강원도, 철원군, 고성군은 분단 이전에 북한 지역에 걸쳐 있었으며 현재 북한에도 동일한 명칭을 사용하고 있는 도·군의 행정구역이 존재하고 있다. 남쪽에서는 북쪽의 행정구역을 북강원, 북철원, 북고성 등으로 칭하고 분단된 지방자치단체로 보고 있다.

지방자치단체가 북한과 교류한 가장 중요한 성과는 2000년 12월 김진선 강원도 지사가 지방자치단체장으로는 최초로 북한을 공식 방문하여 북한과 합의서를 교환한 것이라는 평가가 있다. 즉 2000년 6월 남북한 정상회담 성과의 지방판이자 축소판이라는 것이다.

강원도지사라는 공식 명칭으로 북한의 민족화해협의회와 협의하였으며, 북한의 민족경제협력련합회 회장과 함께 합의서에 서명하였다. 김진선 강원지사는 민족화해협의회 김영대 회장과 북한 올림픽위원회 장수영 부서기장에게 2010년 동계올림픽을 북강원도와 공동개최하는 것을 제의하기도 했다. 도지사 외 11명의 방북단은 2000년 12월 16일부터 20일까지 동해–장전–원산–평양–원산–장전–동해의 경로를 이용하였는데, 판문점이나 중국을 경유하지 않고 직접 북강원도를 통해 북한지역에 들어갔다는 점에서 의미가 크다고 할 수 있다.

1. 솔잎혹파리 방제 및 산불 예방·진화

산림권역의 보전을 위한 남북한 공동 대책이 마련되어야 한다. 우선적으로 설악·금강권 일대의 솔잎혹파리 피해 확산을 방지하기 위한 공동방제사업이 추진되고 있다.

2000년 12월 남강원도와 북강원도(민족경제협력련합회)는 다음과 같은 솔잎혹파리 방제 사업을 명기하고 있는 부속합의서에 서명하였다.

①남측은 2001년부터 금강산 지역에 매년 200~300정보의 솔잎혹파리 피해 확산방지를 위한 구제 사업을 실시하며 필요한 약제와 그에 따르는 공구, 자재들을 제공하기로 하였다. ②남측은 이 사업의 성과에 따라 실무협의를 통하여 앞으로 매년 구제사업 면적을 확대하기로 하였다. ③솔잎혹파리에 의한 피해조사와 구제 사업을 위하여 쌍방의 합의에 따라 전문가들을 파견하기로 하였다. ④쌍방은 앞으로 경제적으로 유용한 묘목(나무종자 포함)제공, 재배, 경제림 조성의 필요성을 인정하면서 적극 협력하기로 하였다.

강원도는 2001년 6월 8일 금강산 삼일포 일대에서 솔잎혹파리 피해면적 3,000ha 가운데 1,000ha에 공동방제사업을 실시하였다. 강원도 농정산림국장을 단장으로 한 방북단은 8명의 전문요원이 1억 6,100만여 원 어치의 물품을 갖고 시범방제와 함께 북한 측 방제인력에 방제용 기자재 사용요령을 설명하여 북한이 자체적으로 방제토록 하였는데, 방제 효과는 양호한 것으로 알려져 있다. 북한 측은 나머지 2,000ha 방제를 강원도에 요청했고, 이에 따라 강원도는 2002년 6월에 2차 시범방제를 금강산 구룡연에서 실시하였다. 2003년 3차 방제는 금강산관광 중단으로 약제 및 기자재만 제공하였다. 2004년 6월 4차 시범방제와 2005년 7월 5차 시범방제가 금강산 구룡연에서 실시되었다. 또 잣나무넓적잎벌 공동방제도 2003년 7월, 2004년 6월, 2005년 7월에 금강산 구룡연에서 실시하였다. 금강산 지역뿐만 아니라 비무장지대를 방제하면 남한 지역의 방제효과도 기대할 수 있을 것이다.

또 산불 예방 및 진화 대책을 위한 공동대책기구도 제안되고 있다. 1990년대에 들어서만 10여 건의 산불이 발생하여 2,800여ha의 산림이 폐허화되었다. 민북 지역과 비무장지대의 출입이 신속히 이루어져야 산불의 예방과 진화가 가능할 것이다. 이러한 산불 예방·진화 사업과 솔잎혹파리 방제사업을 담당할 남북한 고성 간의 행정협의회 구성이 남북한 정부와 유엔사의 협조하에 추진될 수 있을 것이다.

2. 연어 방류 및 부화장 건설

연어는 하천에서 태어난 후 북태평양 해역으로 가서 성장하여 3~4년 후 태어난 하천으로 회귀하는 어종이다. 동해에 인접한 남강은 남북한을 오고가는 물길인데, 남북한을 오고가기 때문에 남강 명파천에서 과거 북한과의 협의 없이 연어치어방류 행사가 추진되어 왔다.

연어는 방류를 해도 회귀 개체수가 적어 국내소요량을 대부분 수입에 의존하고 있다. 따라서 남한의 기술과 자본을 투자하고 북한에서 부지 및 노동력을 제공하여 공동연어부화장을 건립할 필요성이 대두되었다. 2000년 12월 강원도와 북한의 민족경제협력련합회가 서명한 부속합의서는 연어자원보호 증식사업에 대해 다음과 같이 명기하고 있다.

①연어치어 방류사업은 2001년 3~4월경에 쌍방이 합의한 북측 강원도 지역

에서 진행하며 방류연어 회귀 경로가 과학적으로 확증되는 데 따라 방류사업을 확대하기로 하였다. ②쌍방은 합의한 장소에 2002년까지 연어치어 년 500만 마리를 생산할 수 있는 부화장을 건설하기로 하였으며, 남측은 설계 및 건설자재, 부화, 사육시설을 제공하고 북측은 시공과 운영을 책임지기로 하였다. ③연어종란확보, 부화장 운영에 필요한 사항 등 기타 수산관련 사업들은 차후에 쌍방이 협의하기로 하였다.

2001년 4월 7일 강원도는 삼척시 내수면개발사업소에서 가져온 40만 마리의 치어와 양양 내수면연구소에서 가져온 15만 마리의 치어를 북으로 가져갔다. 북강원도 고성군 남강 하류(후천강)에 15만 마리를 그리고 안변군 남대천 중류(모풍리)에 40만 마리를 방류하였다. 2002년부터 2004년까지 매년 4월 남강 15만 마리 및 남대천에 35만 마리를 방류하였다. 남측이 설계, 건설자재, 부화설비, 시공기술, 부화기술 등을 제공하고 북측이 시공책임, 인력 및 건설장비, 자재 현지조달을 맡아 2003년 12월 안변군 과평리(남대천변)에 연간 500만 마리 규모의 연어부화장을 건설하였다. 그리하여 2005년 4월 40만 마리의 어린 연어를 북측은 방류하게 되었다.
　　남북한관계의 소강으로 남북강원의 협력도 많이 지연되어 왔다. 그렇지만 다양한 채널을 통한 남북한 협력이라는 점에서 의미 있는 사업이라고 평가할 수 있다.

III. 남북한 어업협력

2001년 5월 남한 어선이 동해상 북방한계선(NLL)을 넘어 불법어로행위를 하다 도망치다가 북한 무장선박으로부터 총격을 받은 사건이 발생했는데, 남북한 경계선에 해당되는 동·서해 수역은 풍부한 어장으로 인식되고 있다.

2000년 12월 제4차 남북장관급회담에서 북한은 자신들의 동해어장 일부를 일정 기간 제공할 것을 제의한 바 있다. 남북한은 2001년 9월 15~18일 서울에서 개최된 제5차 남북장관급회담에서 "남과 북은 북측의 동해어장의 일부를 공동으로 이용하는 문제를 협의하기 위하여 실무자들 사이의 접촉을 빠른 시일 내에 가지기로" 합의하였다. 남한 정부는 전체 어민들과 수협 등 어민단체 의견을 적극 수렴하여 어업분야 협력을 추진하되, 중장기적으로는 어로활동 보장 등 남북 간 어업관련 합의서를 체결하는 방안도 모색하고 있다.

북쪽 바다에서의 남북한 어업협력은 논의된 적이 있다. 어선을 북측에 제공하고 북측 동해 어장에서 홍게를 잡아 남측에 판매하는 사업이다. 이에 대해 홍게 가격의 하락을 우려한 홍게통발협회 등에서 반대하여 무산된 바 있다. 또 원산 앞바다 은덕어장에서 공동어로를 하려는 사업도 남북 간의 이해관계뿐만 아니라 남측 어민 간의 이해관계로 성사되지 못했다. 은덕어장 수역은 1982년부터 1986년까지 일본이 북한의 협조를 얻어 어로활동을 한 수역이다. 회류성 어족을 어획하는 어민들로서는 북측 어장에서의 남획이 남측어장의 고갈로 이어질 수 있다고 보기 때문이다. 서해의 남북한 공동 꽃게잡이 사업도 북측지역에서 잡으면 남측지역의 회류성 어족들의 고갈을 우려한 남측 어민들의 반대로 성사되지 못했었다.

남한 정부는 2001년 10월 4일부터 명태 성어기인 2002년 3월까지 최북단 저도어장(북위 38도33분선)에서 38도35분선까지 연안 5~15마일의 총면적 60~70㎢의 북방어장에서의 출어조업을 남한 어민들에게 1960년대 후반 이후 처음으로 허용했다. 또 1998년부터는 동해 최북단 어로한계 이북 해역 해저 암초지역인 저도어장 북쪽 현내면 저진리 해상 삼선여(유전바위) 주변에서 나잠(잠수)조업이 남한 어민들에게 한시적으로 허용되고 있다.

해양수산부는 동해 북위 38도 15분과 38도 59분 사이, 즉 NLL(N 38°37′ 00.68″)을 중심으로 상호 22마일에 폭 56km 면적 3,000km²의 남북한 공동 어로 수역을 설정하는 계획을 세운 바 있다. 동해와 서해의 남북한 경계 수역에 많은 어획량이 기대되기 때문에 공동어장의 필요성은 크다.

남북어업협력은 북측에 입어료를 지불하고 어로행위를 하는 단순입어 방식에서부터 남북이 어선 및 장비를 제공하고 북한 선원이 승선 조업하는 공동어로 방식 그리고 남북한이 공동 투자하여 공동 운영하는 합작사업 방식 등이 있다. 공동어로수역에 관한 합의의 내용에는 입어방식뿐만 아니라 대상어종, 어로방법(유자망, 통발, 기선저인망, 안강망, 트롤 등), 어선 규모, 재판관할권, 어선 척수, 조업기간, 입어절차 등이 언급되어야 할 것이다.

아울러 공동수산양식장도 추진할 만하다. 털게의 경우 수온 때문에 북방한계선 이남 수역에서는 인공부화가 불가능하므로 북한에 수산양식시험장을 건립하여 북한에서 생산된 어린 게 자원을 공동으로 이용하는 방안이다. 이는 동해안 어족자원 보전과 증식을 위한 남북한 공동사업에 해당된다.

IV. 양구·인제 지역의 DMZ 답사

남북한 관계는 탈냉전 직후에도 냉전을 벗어나지 못하다가 조금은 화해의 분위기가 증대되었는데, 그 전환점은 금강산 관광일 것이다. 1998년에 시작된 금강산관광은 관광객 수가 해로(海路)로 55만여 명에다 2005년 6월 7일 육로로 45만여 명을 기록하여 총 관광객 100만 명을 기록하였다. 금강산관광에 대한 평가는 사람마다 달라도 금강산 관광과 더불어 남북한 관계가 변화했다는 점은 모두 동의할 것이다. 그래서 일단 DMZ답사를 '금강산 가는 길'에서 출발해 보았다.

금강산 가는 길이라면 몇 년 전까지는 동해라는 바닷길, 그것도 동해안
연안을 따라 가는 것이 아니고 북한의 군사시설 보호를 위해 해안에서 꽤
떨어진 해로를 이용했었다. 그러다가 몇 년 전부터는 비무장지대를 관통
하는 육로 금강산 관광이 시행되고 있다. 여기서 말하는 '금강산 가는 길'
이란 해로를 통해 금강산으로 가는 길도 아니고 또 육로를 통해 금강산
가는 길도 아니다. 글자 그대로 길 이름이 '금강산 가는 길'이다. 춘천에서
추곡약수와 소양호 선착장을 지나 양구로 들어가다 보면, 양구읍 공리(恭
里)에서 도로 우측에 항일의병전적비(유인석견적지), 그리고 남면 죽리에서
주유소 옆 도로 우측에 선바위를 지나친 이후, 31번 국도가 시작되는 무렵
에 '금강산 가는 길 52km'라는 표시석을 발견할 수 있다. 계속 북쪽으로
가면 이 길이 바로 분단 이전에 금강산으로 가는 길이다.

양구는 고인돌(dolmen)의 마을이라고 해도 과장이 아니다. 양구읍 송청

양구의 금강산 가는 길 예나 지금이나 금강산 관광은 인기이다

리와 고대리의 고인돌 그리고 파로호에 인접한 양구 선사(先史)박물관은 과거 강 유역을 중심으로 촌락이 구성되었음을 보여주고 있다.

선사박물관을 지나 파로호 북안도로를 따라가면 군량리(軍糧里)가 나온다. 이 지명은 신라 말기로 거슬러 올라간다. 이 지역에 궁예가 군량창을 설치하였었고, 신라가 망한 뒤에는 경순왕의 아들 마의태자가 인제군 남면 김부리에 머무는 동안 그의 부하 맹장군이 군량미를 비축했다 하여 군량리가 마을 이름이 되었다고 한다.

군량리 선돌골에 이르면 도로에서 산쪽으로 보면 원숭이 모양의 특이한 선돌을 볼 수 있다. 선돌(menhir)은 마을의 경계 내지는 수호신의 역할을 하는데, 마을 입구 쪽이 아닌 산 쪽으로 보고 있는 것이 특이한 점이다.

군량리의 군량교를 지나 성곡령으로 가다보면 노고성지라는 표식이 있는데 성벽의 흔적은 찾기 힘들다. 본래 성벽이 담장처럼 있었기 때문에 마을 이름이 단안말(담안마을)이 되었다고 한다.

방산면은 백자의 원료인 백토로 유명했던 지역이다. 특히 1391년 제조되어 조선백자 시원(始原)의 고려백자로 언급되고 있는 '이성계발원문백자발'이 1932년 금강산에서 발견되면서 방산자기는 유명하게 되었다. 성곡령에서 460번 도로 쪽으로 가는 도중 금악리에 도요지(陶窯址)가 남아 있고, 460번 도로 만나서 송현리로 가다보면 칠전리와 장평리에도 백자요지를 쉽게 발견한다. 7개소 37기의 가마터를 복원중인데, 요지에 따라 다르지만 가마가 남아 있는 곳도 있고 또 자기편이 남아 있는 곳도 있다. 송현리에서 천미리 쪽으로 가는 도로를 따라 가다 보면 군부대 내에 위치한 백자요지들이 있다.

방산면은 철새 도래지가 있는데 주로 겨울에 독수리가 와서 머무는 곳이다. 1999년부터 겨울 매주 토요일 방산면 서안골에서는 양구축협의 도움으로 독수리에게 먹이를 주는데, 여기에 대해 생태적 측면에서 부정적인 평가도 있지만 긍정적 측면이 더 많은 것으로 판단되어 계속 실시되고 있다. 금악리에서 장평리로 가는 도중에 직연폭포가 있는데, 암벽을 타다 떨어지는 특이한 폭포이다.

양구의 대표적 관광지는 두타연(頭陀淵)이다. 두타산은 양구군 방산면 건솔리 DMZ남방한계선에 위치하고 있다. 태백 OP에서 두타연으로 들어가기 위해서는 21사단 백두산 부대의 사전승인이 필요한데, 서쪽으로 들어갈 때에는 간단한 절차를 통해 바로 들어갈 수 있다.

신라 헌강왕(1072년)때 창건되었다는 두타사는 사지(寺址)로만 지정되어 있고 지뢰 지대인 관계로 자세히 조사되지 못해 절의 흔적이 발견된 바는 없다. 천연기념물 제73호인 열목어의 국내 최대 서식지로 유명한 두타연(드레소)은 바로 근처에 있다. 두타연은 파로호로 흘러가는 수입천(水入川)의 여러 지류 가운데 하나로 폭포이자 연못이다. 연어과인 열목어는 수온

두타연 사람들의 출입여부에 따라 희귀종의 서식여부가 결정된다

이 섭씨 20도 이하의 수초 지역에서만 서식하는 냉수성 어족으로 알려져 있으며 곤충, 개구리, 쥐 등을 잡아먹는 육식성 어류라는 주장도 있다. 남북한 분단을 배경으로 한 영화 '쉬리'로 알려지게 된 쉬리도 두타연에서 발견되는 어종이다.

두타연에서 동쪽으로 나와 금강산 가는 길 종단점을 지나치면 월운리인데, 그 곳에서 산으로 올라가면 태백 OP이다. 태백 OP에서 보면 '백두명장', '무료교육', '우리장군제일'이라는 북측 간판을 볼 수 있다. 특히 '무료교육'이라는 구호가 이채롭다. 한국의 과열되고 왜곡된 교육현상에 대한 선전문구인 것 같다.

남측은 남북 합의에 의해 간판을 철거시켰지만, 북측은 그대로 유지하고 있다는 것이 브리핑 장교의 2005년 6월 설명이었는데, 2005년 여름 북한이 철거한 선전문구 가운데 이곳의 간판도 포함되었는지는 직접 가보면 알 수 있을 것이다. 선전용 간판은 바람 때문에 조치가 필요하다. 북측 선전판은 글자만 점으로 만드는 반면, 남측 간판은 바탕 자체에 바람이 통하도록 하는 형식이다. DMZ주둔 남북한 부대에서도 아웃소싱 경제와 자급경제 간 차이를 느낄 수 있다.

DMZ지역의 대체적인 특징은 동서로 걸쳐있는 산맥으로 형성되어 있다. 따라서 남북 방향으로 움직일 때 고개를 넘어야 하는 지형이다. 반면에 양구 지역은 백두대간의 영향을 받아 산줄기들이 남북으로 걸쳐있다. 따라서 양구 및 고성 지역에서는 남북 방향의 길은 비교적 큰 고개 없이 왕래할 수 있는 지형이다. 특히 양구는 동쪽에는 태백산맥이, 서쪽은 파로호가, 남쪽은 소양호가 있어, 북쪽 말고는 물과 산으로 거의 막혀 있는 곳이다. 그 북쪽마저도 DMZ라는 인위적 분단선에 의해 막혀있다. 면적은 서울시보다 넓지만 인구는 적은 것으로 남한에서 선두를 다투고 있는 군(郡)이다.

수입천 건너편으로 천지 OP가 있다. 천지 OP 앞은 근처의 다른 OP처럼 북쪽으로 계속 능선을 형성하고 있다. 천지 OP 앞의 능선은 단장(斷腸, heart break)의 능선이라고 불릴 정도로 고지의 능선이 남북으로 배열되어 있다.

다시 양구읍에서 31번 도로를 타고 북쪽으로 가면 여러 선사시대 분묘를 발견할 수 있다. 도로 왼편의 송우리 고인돌, 도로 오른편의 용하리 선돌, 도로 왼편의 가오작리 고인돌 개석군(蓋石群)등이다. 탱크 방어벽 근처에 있는 개석군은 군부대에서 모아 놓은 것이다. 좀 더 북쪽으로 더 올라가 후곡약수의 후곡리를 지나면, 마을 이름 자체가 지석리(支石里)이다. 도로 확장 때 땅에 묻히게 되었다는 대형고인돌은 볼 수 없지만, 땅위의 고인돌 개석군은 쉽게 볼 수 있다.

금강산 가는 길을 따라가다 보면 오른쪽으로 보이는 높은 산이 바로 대암산(大岩山)인데, 해발 1,300m의 대암산은 고산 희귀식물이 많이 서식하고 있어 자연생태연구의 매우 중요한 장소이다. 대암산에서 도솔산(1,148m), 대우산(1,179m), 가칠봉(1,242m)에 이르는 줄기는 남방식물과 북방식물이 만나고 동시에 동서 기후대의 경계선이기 때문에 다양한 식물대가 관찰되고 있다. 과거 이 산줄기 서쪽은 양구군이고 동쪽은 인제군이었으나, 지금은 대암산 동쪽만 인제군이다.

대암산 정상 북서쪽 2km에 다른 봉우리가 있다. 두 봉우리 사이의 능선 동쪽 기슭에 32만 1천 평의 늪이 있는데, 바로 용늪이다. 능선 동쪽은 행정구역상 인제군이다. 용늪은 북한 개마고원 외에 남한의 유일한 고층(高層)습지로 식물이 완전히 분해되지 않은 채 4,500년 동안 퇴적된 180cm의 토탄층이 있어 태고의 동식물이 서식하고 있는 자연사박물관 또는 자연 타임캡슐로 불리고 있다. 고지대라 겨울이 길어 식물이 썩지 않고 층층이 높게 쌓여있다는 고층습지에는 작은 곤충을 잡아먹는 끈끈이주걱, 한국 특산식물인 금강초롱, 개불알꽃 등 191종의 식물과 224종의 곤충이 서식하고 있는 것으로 보고되고 있다. 1960년대 한국자연보존연구회와 미국 스미소니언연구소 공동 보고서로 알려지게 되었다. 현재 천연보호구역 제246호로 지정되어 있고 1997년 3월 람사습지 국내 1호로 등록되었으며 학술조사 이외는 들어갈 수 없다.

1980년대부터 작은 용늪 하나가 사라지고 용늪에 모래가 쌓이는 육지화가 진행되고 있어 그 원인과 책임에 대한 공방이 또 다른 갈등으로 되기도 했다. 군인들이 스케이트장을 만들려고 했다는 확인되지 않는 말이 떠돌기도 했다. 용늪을 둘러싼 갈등의 당사자들은 21사단 백두산부대, 양구 지역 주민, 정부 당국, 방문 연구자 등 여러 갈래로 언급되었지만 딱히 누구만의 책임이라고 말하기는 좀 그럴 것이다. 이제는 용늪을 지키는 보초병도 있고, 환경보호에 앞장서는 지역주민도 있으며, 관광성 혹은 이벤트성 환경 운동도 자제되고 있기 때문에 그 훼손은 중지될 것으로 기대된다.

양구군은 화전(火田)으로 방치된 대암산 기슭의 지역을 생태식물원으로 만들어 2004년부터 운영 중이다. 양구군은 중앙정부가 유해동물 포획지역을 지정하려 했을 때에도 야생동물천국으로 만들기 위해 오히려 반대한 적이 있다. 다른 시군의 지역주민들이 멧돼지와 고라니의 농작물 피해를 막기 위해 야생동물 수렵을 건의하는 것과 대조되는 것이다. 양구군은 야생동물로 인한 피해를 입은 주민에게 보상비를 지원하고 있다. 양구군 동면 월운리에는 산양 증식장이 있다. 2004년 3월에는 양구군 동면 야산에서 여우의 사체를 발견했는데 이는 1978년 지리산 발견 이후 처음인 것이다.

지역주민의 생태보호는 생태보호가 지역사회에도 이익이 되어 돌아온다는 인식에서 가능함은 물론이다. 농약이나 비료 없이 키운다는 양구의 곰취는 수익성이 매우 높은 편이다. 5월 곰취 축제의 관광 수익, 곰취와 같은 농산물 판매 수익, 곰취 진빵과 같은 가공품 판매 수익 등 경제적 이익으로 환원되고 있다.

해안면으로 가는 길에서 약 2시간을 소요하여 도솔산을 통해 21사단 관할의 가칠봉(加七峰) OP로 들어 갈 수 있다. 1,242m의 가칠봉은 금강산 12,000봉에서 7봉이 모자라기 때문에 주위의 6개 봉과 함께 7번째로 첨가되어 1만2천봉이 된다는 것에서 유래한 봉우리 이름이다. 가칠봉 OP에서 군사분계선까지 400m도 되지 않고 북측 경계선까지는 750m에 불과하다. 동부전선에서 폭이 가장 좁은 DMZ이다. 4km의 간격을 지녀야 할 DMZ가 1/5로 쌍방에 의해 축소되었던 것이다. 명백한 정전협정 위반이다. 사실 철책선을 앞으로 설치했다는 사실만 가지고는 위반이 아니다. 그 철책선을 따라 중무장이 되어 있다는 점이 위반인 것이다. 가칠봉 OP에서도 '주체사상만세'뿐만 아니라 '무료교육'이라는 북측의 선전 간판이 보인다. 남한의 교육문제가 심각함은 DMZ에서도 알 수 있다. 2005년 선전판을 철수하기로 합의한 이후 철거했는지는 OP근무자와 방문자들은 직접 눈으로 확인할 수 있다.

해안면 칠정리에 있는 도솔산(1,148m)은 한국전쟁 때 해병대의 전과(戰果)로 유명한 곳이다. 도솔산 전투 승리로 양구가 남측 관할에 속하게 되었는데, 당시 참호와 철조망을 보존하고 있다. 도솔산 승전기념일인 매년 6월 20일을 전후해서 양구군에서는 도솔산 전적문화제를 해병전우회의 적극적 참여로 개최하고 있다.

2005년 도솔산 전적문화제에는 특이한 이벤트가 있었다. 양구지역 육군 백두산 부대에 일병으로 근무하고 있던 가수 GOD 멤버 윤계상의 팬 사인회였다. 전적문화제의 다른 행사와는 비교가 안 될 정도의 관중 동원이 있었다. 이를 두고 잘못된 청중동원이었다는 주장과 반대로 외지 방문객은 증가한 성공한 이벤트이었다는 주장이 대립하였다. 모든 행사는 취지실천과 관심유도라는 두 마리 토끼에 대해 고심하게 된다.

대암산을 우측에 끼고 동쪽으로 올라가면 곧 고개 밑으로 내려가게 되고 넓게 형성된 광활한 분지(盆地)를 볼 수 있다. 바로 해안면(亥安面), 일명 펀치볼(punch bowl)이다. 고령산악 내 분지지대로, 동서 8.5km, 남북 7km, 해발 450m의 평원지대이다. 펀치볼은 펀치를 담아먹는 그릇 모양과 비슷하다고 한 미군의 기록에서 유래한 이름이다. 권투선수가 펀치볼(punch ball)을 때리듯이 한국전쟁 때 엄청난 포탄을 쏴서 땅이 내려앉아서 이름이 펀치볼이 되었다고 믿는 사람도 많다. 또 해안 분지는 운석(별똥별)이 떨어져서 생긴 것이라는 주장이 있는데, 외국의 운석공(隕石孔, crater)에 비해 너무 큰 분지이고 크레이터라는 근거는 제시되지 않고 있다.

해안면은 전국에 유일하게 면사무소가 민통선 북방에 소재하고 있는 면(面)이다. 당연히 면 전(全)지역이 군사시설 보호구역이다. 1956년 수복지구 민간인 입주계획에 따라 입주하였으며 원주민은 적다.

제4땅굴은 해안면에 있는데, 땅굴 방문을 위해 관할 백두산부대에 사전 신청을 할 필요는 없다. 신분증이 있으면 자유롭게 방문할 수 있다. 제4땅굴은 1990년 3월에 발견되었는데, 제3땅굴이 발견된 1978년과 무려 12년 만이다. 1989년 5월에 소음을 듣고 시추하여 발견한 것이라고 한다. 북한은 앞서의 땅굴과 마찬가지로 남한이 만든 북침용 땅굴이라고 주장하고, 남측은 땅굴 배수로 방향과 다이너마이트 장전공 방향이 남침용임을 보여주는 증거라고 한 바 있다.

만일 냉전이 끝난 시점에도 북한이 땅굴 굴설 작업을 하였다면, 북한의 속내에 대한 우려가 있을 수밖에 없다. 만일 남한 당국이 발표 내용과 발표 시기를 정치적 목적으로 조정한 것이라면, 북한 이슈의 정치적 이용을 금지하는 제도적 장치가 필요하다. 만일 남한 당국이 발굴하여 제 때 공개한 것임에도 불구하고 정치적 목적으로 뒤늦게 발표한 것이라고 주장한다면, 안보의 정권적 이용의 후유증이 지속적으로 심각함에 대한 우려가 있을 수밖에 없다. 국방부는 이 외에도 20여개의 북한군 땅굴이 더 있는 것으로 추정하고 있다.

땅굴 갱내에는 관람객용 전동차를 운영하고 있다. 또 근방에는 1996년 8월 개관 통일관이 있는데, 정권에 따라 명칭과 전시 내용도 조금 변화하고 있다. 땅굴 북서쪽으로 있는 봉우리가 가칠봉이다.

해안면에서 을지전망대로 올라가는 비탈길이 있다. 여기는 12사단 을지 부대의 관할이다. 군사분계선(MDL)에서 약 1km 떨어진 을지전망대에서는 내금강 최고봉인 비로봉을 볼 수 있으며, 차일봉, 월출봉, 미륵봉, 일출봉 등도 볼 수 있다.

해안면은 인제를 통해 들어갈 수도 있다. 홍천에서 46번 국도를 타고 인제 쪽으로 가면 위도 38선 부근에 38휴게소를 볼 수 있다. 서부지역과 달리 중부 및 동부의 휴전선은 대부분 38선 이북이기 때문에 38선을 명칭으로 하는 지역이 종종 있다.

"'인제' 가면 언제 오나 '원통'해서 못 살겠네"라는 말처럼 인제와 원통 지역은 전방지역 가운데 강원산악 지역에서의 고달픈 군 복무로 널리 알려져 있다.

DMZ인접 부대의 잔반(殘飯, 남은 음식) 처리장에는 멧돼지가 자주 출몰하고 장병들을 별 경계하지 않는다. 잔반을 내 놓는 시간에 맞추어 멧돼지들이 오는 것이다. 화천군의 몇 부대처럼 인제군 서화면의 12사단 세종중대 잔반처리장도 그러한 곳이다. 잔반을 먹는 야생 멧돼지는 순수 야생이라기보다 방목(放牧) 멧돼지에 가까운 개체들이다. 즉 DMZ의 일부 개체는 미국 야생동물원(Wild Animal Park)과 같은 방목 동물에 가까운 것이다. 이는 DMZ생태공원의 개발 방향을 암시하는 것이다. 굳이 자연생태를 파괴해 가면서 생태공원을 설치해서는 아니 된다.

V. 고성 지역의 DMZ 답사

진부령 동쪽의 칠절봉(1,172m)에서 향로봉(1,296m), 건봉산(911m), 작은 까치봉(682m), 큰까치봉(743m) 등으로 이어지는 향로봉산맥은 금강산과 설악산을 연결하는 지대이자 동시에 남방식물과 북방식물처럼 다른 기후대 식물들이 만나는 지대라 생물다양성이 높은 지역이다. 향로봉 일대는 습지지대라 보존대상으로 언급되고 있다. 뇌종부대 관할의 향로봉 OP에는 '철책을 친구같이 반겨주자', '산악을 평지같이 이용하자'는 표어가 걸려 있는데, 그만큼 험준한 산악이 일반적이고 바람이 늘 강한 지역이라는 의미이다.

46번 국도가 7번 국도를 만나기 전에 건봉사로 올라가는 길이 있다. 건봉사는 본래 533년 창건되었지만 한국전쟁 때 대부분 소실되어 새로 축조한 것이다. 대웅전에서 옛 절터로 가다보면 보이는 무지개모양의 돌다리는 보물 1,336호 능파교이다. 건봉사를 지나 건봉산 봉우리로 군 작전용 급경사 길을 거의 1시간 가까이 올라가면 건봉산 OP이다.

건봉산 OP에서는 금강산의 미륵봉을 볼 수 있고 또 금강산에서 발원하여 건봉산 줄기 앞의 DMZ를 들락거리는 남강도 관측할 수 있다. 건봉산 서남쪽 밑의 수동면 사천리 고진동 계곡물도 남강으로 합류한다. 현지 율곡부대의 협조로 1997년부터 매년 4월 남강 상류 철책 앞에서 연어 치어가 방류되고 있다. DMZ의 강 유역은 안보적 이유로 수중보와 철조망이 쳐져 있어 물고기의 왕복이 그렇게 쉬운 편은 아니다.

고진동(苦盡洞)은 금강산으로 향할 때 고진동까지 오면 고생이 끝난다는 의미에서 붙여진 이름이고, 건봉산 북쪽 밑의 수동면 고미성리 오소동 계곡은 까마귀가 많다고 하여 붙여진 이름이다. 오소동에서 까마귀를 보기란 쉽지 않고 대신 오소동은 천연기념물 217호 산양 서식지로 유명한 곳

이 되었다. 번식기에는 수컷들이 뿔싸움을 하는 것을 볼 수 있다. 현재 개
체 수가 100마리에 가까울 것으로 추정되고 있다. 그 이면에는 산양 먹이
주기 행사가 있었기 때문이다. 이곳 산양들은 뇌종부대의 보호를 받고 있
는 셈이다.

간성읍에서 7번 국도를 타고 남하하면 속초에 이르는데, 속초는 실향민
과 그 자손들이 속초 인구의 절반을 차지하는 곳이다. 청초호를 한 바퀴
돌고 나면 청호동에 이르는데, 여기에는 1·4 후퇴 때 피난 온 함경도 출신
실향민의 집단정착촌인 아바이 마을이 있다. 2005년 11월엔 설악산 울산
바위가 보이는 노학동에 실향민 문화촌이 개설되었다. ㅁ형태의 개성집(따
리집), ㄱ형태의 기와집인 평양집(꺽임집), ㄷ형태의 평안도집(쌍채집), 田형
태의 황해도집(양통집/겹집), 부엌과 외양간을 합친 공간인 정주간이 있는
겹집의 함경도집, 아바이마을의 하꼬방, 동해북부선의 속초 역사(驛舍)등이
복원되어 있다. 또 TV드라마 '가을동화'의 은서네 집 등 현존하는 건물 3
동도 재현되어 있다.

울산바위는 금강산 1만 2천봉에 합류하려 울산에서 출발해서 미시령 밑
에 잠시 쉬다가 금강산에 끼지 못했다는 전설의 바위인데, 그 암석의 모양
과 종류가 금강산과 유사해서 금강산이 여기서부터 시작한다고도 해석할
수 있다. 실제로 울산바위, 미시령, 신선봉(1,204m), 대간령(샛령, 1,052m),
마산봉(1,052m), 진부령, 향로봉(1,296m)으로 이어지는 것이 바로 백두대간
이고, 그 가운데 마산봉은 금강산 1만2천봉의 남한 제2봉으로 불려진다.

간성읍 상리와 거진읍 대대리를 연결해주는 다리는 합축교이다. 합축교
25개의 교각 가운데 남쪽 17개는 1946년 북한 강원도 인민위원회가 건설
했고, 나머지 북쪽 8개 교각은 1960년 국군 공병대가 건설하였다. 철원의
승일교처럼 남북한 합작의 다리이다.

대대리 삼거리에서 7번 국도를 타고 거진 10리에 이르면 당포함전몰장

병충혼탑이 있는데, 1966년 12월 NLL근해에 조업 중이던 200여 척 어선의 어로보호 임무를 수행 중 북한의 해안포 집중포화에 침몰당한 당포함 전몰장병에 대한 추모탑이다.

7번 국도를 다시 타고 북쪽으로 조금 올라가면 화진포(花津浦)로 갈 수 있다. 화진포는 해당화가 만발한 호수라는 뜻이며, 동해안 최대의 자연호수이다. 천연기념물 201호 고니와 청동오리 등 겨울 철새가 날아오는 곳이기도 하다. 무엇보다도 화진포에는 이승만, 김일성, 이기붕이라는 한반도 근대사에서 매우 중요한 인물들의 별장으로 불리는 작은 건물들이 있다.

먼저, 김일성 별장은 그 곳에서 찍은 김일성 가족의 사진이 있어 붙여진 이름이다. 물론 별장 건물은 복원된 것이다. 근처에는 이승만 정권 권력가였던 당시 부통령 이기붕의 별장도 있다. 두 별장에서 멀지 않은 곳에 이승만 별장도 있다. 유가족들로부터 유품을 기증받았지만 전시내용이 충분하지는 않다. 세 건물 모두 그 전시내용은 초라하다.

외국의 경우 전직 대통령의 기념관은 사실을 있는 그대로 보는 경향이 있다. 비교적 인기가 없었던 닉슨대통령의 경우도 리차드 닉슨 라이브러리(www.nixonlibrary.org)가 출생지인 캘리포니아 요르바 린다(Yorba Linda)에 있다. 헌팅턴 라이브러리와 레이건 라이브러리처럼 모두 자료의 가치가 있어 라이브러리라는 명칭을 사용하고 있는데, 이승만 별장도 자료를 함께 두는 것이 그 가치를 높이는 길이다.

김일성 별장 앞 바다에는 거북 형상의 섬 하나를 볼 수 있다. 초도항에서 500M 직선거리에 있는 금구도(金龜島) 성지(城址)이다. 광개토왕릉이라는 주장이 대두되고 있는데, 광개토왕에 대한 동경의 연장선이다. 어쩌면 통일에 대한 열정도 대륙을 향한 야심과 무관하지는 않게 보인다.

이처럼 화진포에는 김일성 별장, 이승만 별장, 이기붕 별장, 광개토왕릉 추정 섬 등의 분단의 기념물이 있는데, 최근 하나의 기념품이 추가되었다.

대북확성기 남북한 합의로 철거되어 김일성별장 주차장에 야적되어 있다

바로 남북한 합의로 철수된 대북 확성기이다. 철거된 확성기들은 희망하는 지방자치단체들에게 양여되었는데, 그 일부가 김일성 별장 주차장에 임시로 보관되어 있었다. 강원도는 국방부로부터 받은 대북선전용 방송장비 8종 16세트를 2008년 현내면 송현리에 건설될 DMZ박물관에 전시할 것이라고 한다.

7번 국도를 따라 북상하면 명파리에 이른다. 한 때 7번 국도변에는 "통일의 이름으로 사멸되는 명파리 주민", "지금이 인민군시절이냐 강제수용이 웬 말이냐"라는 현수막이 걸려 있었다. DMZ인접지역의 이해관계가 매우 복잡함을 드러내는 예이다.

명파2교에서 구철로로 내려가면 노출된 고분을 발견할 수 있는데, 고구려가 신라를 공격하러 갈 때 고구려 장수의 말이 습지에 빠져죽어 매장하게 된 것이라 하여 일명 말무덤으로 불린다. 송현리와 사천리의 유적은 남한 최북단에서 확인된 청동기시대 유적이다. 동해북부선 공사 철도구간 중 시굴조사 과정에서 청동기시대 주거지 62기를 비롯하여 총 90기의 청동기시대 유구가 확인되었다.

남한의 최북단 섬은 현내면 저진리의 저도(猪島)이다. 저도 인근의 저도 어장은 민간인통제구역이며 안보상의 이유로 금지되다가 1970년대부터 부분적으로 허용되고 있지만, 사람들의 발길이 많지는 않다. 따라서 인간에 의한 생태파괴는 적다. 각종 어류의 산란처이자 피난처인 해중림(海中林)은 생물다양성 유지에 필요한데, 저도 해역에서 대규모로 발달되어 있는 말잘피(Phyllospadix japonicus)는 계절적으로 소실되기도 하는 해조류와 달리 연중 해중림을 형성한다. 반면에 오염된 해양에서 주로 발견되는 녹조식물은 별로 없는 것으로 알려져 있고, 또 석회질 홍조류인 무절산호말이 바위 표면을 덮어 해조류의 착생을 방해하는 바다의 사막화에 비유되

금강산관광도로 너머 대북선전용 철탑 문구는 철거된 상태이다

는 백화현상(갯녹음현상)도 동해안의 다른 지역에 비해 적은 것으로 알려져 있다. 뭐니 뭐니 해도 인간이 환경파괴의 주범인 것은 분명하다.

7번 국도를 따라 북쪽 끝까지 가면 현내면 명호리 통일전망대이다. 고성 통일전망대는 DMZ에 인접한 최동단 전망대이다. 본래 최동단이자 최북단이었으나 앞쪽에 있는 금강산 GP가 OP로 되어 금강산 OP에 최북단 자리는 내주었다. 통일전망대에 가려면 몇 km 못 미쳐 있는 통일안보공원에서 출입신고서를 작성해서 접수해야 한다. 전망대는 해발 70m밖에 되지 않지만 주위가 낮아, 금강산 관광이 시작되기 전에는 일반인들이 멀리서나마 해금강을 볼 수 있는 전망대였다. 지금은 금강산 육로관광 버스들이 줄지어 지나가는 것을 볼 수 있다. 여기서도 한 때 볼 수 있었던 대북 선전 문구가 사라졌다. 선전판 지지대만 남아 있다. 성모마리아상과 미륵불상은 철거할 수도 없고 철거할 필요도 없어 계속 남아 있다.

월경금지 표지판 경계선 넘지 말라는 표지인지 새들도 일반인들도 모른다

통일전망대 금강산OP에서 남쪽으로 바라본 것이다

　통일전망대에서 보면 네모로 된 항공제한 표지판들도 보이는데, 외부로
부터의 침입을 막기 위한 목적보다 내부로부터 외부로의 월경(越境)을 방
지하기 위한 목적이다. 이처럼 담은 외부보다 내부를 의식할 때가 많다.

　DMZ를 넘지 않고 해금강을 좀 더 가까이 보려면 현내면 송현진리 금
강산 OP에 가볼 만하다. 물론 이 OP도 과거엔 GP이었기 때문에 엄밀히
따지자면 DMZ 안이다. 금강산 OP는 통일전망대 옆 CIQ에서 금강산 육
로관광 도로를 따라 가다가 옆으로 빠지면 되나, 사전에 군 당국의 허가가
필요하다.

　금강산 OP를 축조할 당시 토기 몇 점이 출토되었다. 고려시대의 것으로
추정되고 있으며, 주위에도 다른 유물을 발견할 수 있을 것으로 기대되나,
지뢰지대인 관계로 조사가 진행되고 있지는 않다.

　금강산 OP에서는 설치된 카메라를 이용하여 군사분계선과 북한군의 동

정을 관측할 수 있다. DMZ 최동쪽 군사분계선 표지판인 1,292호를 비롯하여 여러 표지판을 볼 수 있으나, 대부분의 경우 표지판 말뚝만 볼 수 있다. 언론사 카메라처럼 줌 기능이 좋은 카메라를 일반인이 구하기가 쉽지도 않지만, 만일 구한다 해도 다른 OP에서와 마찬가지로 금강산 OP에서도 촬영을 공식적으로 허용하지 않는다. 군 캠코더로 촬영한 프로젝션 (projection) 화면을 볼 수밖에 없다.

현재 DMZ를 비교적 쉽게 들어갈 수 있는 방법은 금강산관광 버스를 타고 통과하는 방법이다. 통일전망대 옆의 남측 출입사무소(CIQ)에서 수속을 마친 후 DMZ남방한계선을 통과하여 가다보면 오른편 해안가로 작은 호수인 감호(鑑湖)를 볼 수 있는데 그렇게 되면 이미 군사분계선(MDL)을 넘은 것이다. 감호는 생태적으로 중요하여 도로 개설 때 우회할 정도였다. 도로를 따라 다시 북쪽으로 가면 곧 북측 출입사무소(CIQ)에 이르게 된다. 버스에 탑승하여 불친절하게 체크하는 북한군 사병과 길가에 무표정으로 서 있는 북한군 병사를 판문점에서처럼 매우 가까이 볼 수 있다.

DMZ의 다른 지역들처럼 DMZ의 남방한계선은 늘 철책선으로 되어 있다. 반면에 노출된 북측 북방한계선은 별로 없다. 담을 쌓는 자의 심리는 상대를 경계하거나 스스로를 경계하는 것일 터인데, 담을 없애는 자의 심리는 개방하려거나 아니면 담이 없어도 잃을 것이 없는 것이다. 담은 비무장과 생태보호를 위한 담이 되어야 하는데, 쌍방이 그렇지 못하다. 통문마다 쌍방의 관리인이 함께 출입 무기를 체크하여 정전협정 그대로의 비무장구역이 되도록 하면 어떨까 하는 상상을 해본다.

1998년 10월 금강산관광사업을 시작하여, 그 해 11월 해로관광을 시작하였고, 2003년 2월부터 육로관광을 실시하여, 2005년 6월 7일 금강산관광객 1백만 명을 기록하였다. 이를 기념하여 그 다음 날에 금강산 최초의 야외음악회인 KBS 열린 음악회가 열렸고, 6월 10일 금강산 최초의 국제

금강산관광도로 및 감호 금강산OP에서 촬영한 것이다

학술회의가 금강산호텔에서 개최된 적이 있다. 금강산호텔은 전력난으로 정전(停電)이 자주 되고 있다. 정전(停電)도 없어야 하고, 정전(停戰)도 영구적 평화로 바뀌어야 한다.

금강산에는 2003년에 북한 식당이 개업하여 영업 중이고 2004년 7월부터는 현대아산의 식당에서 북측 봉사원들이 근무하여 남북이 함께 일하는 구역이기도 하다. 금강산에서 이산가족 면회가 실시된 적도 있고, 면회소 건립이 추진 중이다.

금강산 관광 대가의 경우, 현대와 북한 측이 과거 관광객 수와 상관없이 매월 1,200만 달러의 관광료를 지급하던 방식을 2001년 6월부터 1인당 100달러의 관광료를 지불하기로 북한과 현대아산은 재협상하였고, 육로관광의 관광료는 50달러로 책정되어 있다.

금강산은 계절에 따라 봄의 금강산(金剛山), 불교 영산인 여름의 봉래산

(蓬萊山), 가을 단풍의 풍악산(楓嶽山), 겨울 바위의 개골산(皆骨山) 등 여러
명칭으로 불린다. 금강산은 비로봉(1,638m)을 정점으로 서쪽의 내(內)금강,
동쪽의 외(外)금강, 해안의 해(海)금강으로 나눠진다. 내금강은 "신선 놀음
에 도끼 자루 썩는 줄 모른다"는 속담처럼 네 신선들의 바둑 놀음을 본다
고 자기의 도끼자루가 썩는 것도 몰랐다는 만폭동 사선기반면을 포함해
부드러운 풍광을 연출한다. 외금강에는 "선녀와 나무꾼"의 전설이 전해오
는 상팔담을 비롯해 여러 봉우리들에 의해 만들어지는 기이한 경치가 있
다. 경치가 좋아 3일이나 머물다 갔다 해서 붙여진 삼일포를 지나면 해금
강지역에 이르는데, 다른 지역보다 출입시간이 제한되어 있다.

금강산 자연석에는 인위적으로 새긴 구호들을 쉽게 볼 수 있는데, 찬양
구호의 새김 작업은 1973년부터 시작되어 1983년에 본격화되었다.

현대아산은 북한으로부터 독점권을 받았지만 늘 우여곡절을 겪고 있다.
현대아산의 임원 교체로 불거진 도로공사비 및 비자금에 관한 의혹도 결
국 지속적이고 안정적인 화해 협력의 구조를 위해서는 임기응변적인 대책
보다 투명한 시스템이 요구된다는 점을 보여주고 있다. 경의선과 동해선
의 철도·도로 연결사업에 대해 야당이 의혹을 제기한 적이 있었는데, 각
종 대북사업을 투명하게 해야 불필요한 의혹 제기를 방지할 수 있을 뿐만
아니라 남북관계에도 부정적인 사건을 미연에 방지할 수 있다.

VI. DMZ의 만리장성화

한반도의 DMZ는 여러 측면에서 중국의 만리장성(萬里長城)에 비유될
수 있다. 첫째, 신화 혹은 선입관이 현실보다 우선할 때가 많다. 한때 중국
의 만리장성이 달에서 육안(肉眼)으로 보인다는 말이 있었다. 폭이 몇 미터

밖에 되지 않음에도 불구하고, 다수가 달에서 지구를 볼 수는 없는 상황에서 누가 큰 목소리로 만리장성이 달에서 보인다고 말하면 그러한 관념이 지배할 수밖에 없었다. 그러한 관념은 얼마 전 우주비행을 갔던 중국인이 만리장성은 보이지 않더라고 말한 이후 만리장성이 달에서 육안으로 보인다는 명제는 거짓 명제가 된 것이다.

한반도의 DMZ도 많은 사람이 직접 보지 않는 상황에서는 잘못된 관념이 지배하고 있다. 북한의 실상에 대해서도 마찬가지이다. 북한을 실제 관찰할 수 있는 기회가 특정 계층에 국한되어 있다면 북한에 대한 의도적인 왜곡도 가능한 것이다. 백문(百聞)이 불여일견(不如一見)이라는 경구는 여기에도 적용된다. 백문(百聞)은 색깔논쟁과 같은 남남갈등을 해결해주지 않는다. 대신 일견(一見)은 남남갈등을 늘 해결하지는 못하더라도 적어도 완화는 시킬 것이다. 분단과 통일 그리고 전쟁과 평화를 둘러싼 환상과 왜곡을 깨기 위해서는 많은 사람들이 DMZ를 포함한 여러 현장들을 직접 살펴볼 필요가 있다.

둘째, 담이라는 것은 부정적 측면뿐만 아니라 긍정적 측면이 있다. 만리장성은 오랑캐로부터 중화(中華)를 보호하기 위한 것이었다. 통일 이후 통일 후유증에 시달리던 독일에서는 만리장성을 가진 중국이 부럽다는 농담이 유행한 적이 있었다. 우리 역사의 천리장성(千里長城)도 오랑캐의 침공을 막기 위해 축조된 것이었다.

한반도의 DMZ에는 여러 성지(城址)들이 있다. 성이라는 것은 결국 자기 보호인 것이다. DMZ라는 벨트도 남을 공격하기 위한 목적보다 남의 공격을 막기 위한 목적으로 쳐 놓은 것이다. 그러한 순기능은 공격하는 인간을, 공격당하는 인간으로부터 격리시키는 것뿐만 아니라 공격당하는 동식물로부터 격리시키는 것까지 포함한다. 그러한 점에서 DMZ의 방어적 기능을 폐기해서는 아니 될 것이다.

셋째, 어둡고 부정적인 역사의 담도 미래에서는 자원이 된다. 중국의 만리장성은 현대 중국의 가장 대표적인 관광자원이다. 만리장성을 보기 위해 중국을 방문하고 싶다는 외국인들이 많다.

한반도의 DMZ도 엄청난 자원이다. DMZ의 일부 평원은 세계 유수의 사파리공원보다 더 생태적 가치를 지닌 곳으로 이용될 수 있다.

보호와 개방은 상호배치된 것이 아니다. 한국의 DMZ남방한계선은 일반인들이 쉽게 갈 수 있는 곳이 아니다. 너무 잦은 노출은 안보에 지장을 초래한다고 보고 있기 때문이다. DMZ남방한계선을 따라 궤도차(tram)를 설치하여 일부 개방한다면, 지역사회에서는 생태관광과 같은 수익을 올릴 수 있다. 첨단 감시장치가 보완된 DMZ의 일부 개방은 적어도 금강산관광 및 개성공단을 포함한 각종 대북 협력사업보다는 안보에 덜 위협적일 것이다.

끝으로, 위의 어떤 사업에서도 비무장지대의 진정한 비무장화가 최우선 과제이다. DMZ의 비무장화가 이루어지지 않은 조건에서의 DMZ변화는 결코 바람직하지 않은 변화였음은 역사와 상식이 말해주고 있다. 비무장지대는 이름대로 비무장 되어야 한다.

| 참고문헌 |

강원일보사. 2000.『분단반세기, 비무장지대 대탐사 – DMZ는 살아 있다』. 상, 하. 강원일보사.

강정모·박원규. 2002. "남북한 경제 균형발전을 위한 북한 경제 회생방안."『비교경제연구』9권 1호.

국립문화재연구소. 2000.『군사보호구역 문화유적 지표조사 보고서』. 국립문화재연구소.

국토통일원. 1972.『비무장지대의 천연자원에 관한 공동연구』, 국토통일원.

국토통일원. 1973.『비무장지대의 공동개발방안』, 국토통일원.

김귀곤. 2000.『비무장지대와 민통지역의 생물상 – 파주시 일원』. 서울대출판부.

김영봉·이문원·이성수 외. 2003.『경의·동해선 연결과 접경지역 평화벨트 구축방안』. 국토연구원.

김영봉·이문원·조진철. 2004.『평화벨트 구축을 위한 서해남북접경지역이용방안』. 국토연구원.

김완배 외. 2005.『비무장지대(민통선 지역) 생태보전과 지속가능 개발 방안 연구』. 한국산지보전협회.

김유연 편. 2005.『DMZ_2005』. 경기도.

김재한. 1996.『게임이론과 남북한관계 – 갈등과 협상 및 예측』(수정판). 한울.

김재한. 1998.『합리와 비합리의 한국 정치사회』. 소화.

김재한. 2000a. "민족 상생과 강원 발전을 위한 DMZ 사업과 정책." 강원발전연구
　　원 시사포럼 발표논문. 12월.

김재한. 2005a. 『동북아공동체』. 집문당.

김재한 편. 2000b. 『DMZ II – 횡적 분단에서 종적 연결로』. 소화.

김재한 편. 2003. 『DMZ IV – 천 그리고 조·항·탄·전』. 소화.

김재한 편. 2004. 『DMZ V – 평화』. 소화.

김재한·김인영 편. 1999. 『DMZ – 발전적 이용과 해체』. 소화.

김재한·윤여창·조지 펑·래리 스와툭. 2005b. 『분단과 발전』. 한림대 국제문제연
　　구소 통일포럼 자료집. 6월.

김재한·정규서·손기웅·황지욱. 2006. 『북한강 접경지역 효율적 이용방안』. 화천
　　군·DMZ연구회 통일포럼 자료집. 2월.

김재한·정규서·최성철·강택구. 2002. 『DMZ III – 접경지역의 화해·협력』. 소화.

김진한. 2001. "두루미 보호를 위한 국제협력과 지역갈등 해소." 한국두루미보호협
　　회 주최 『제1회 세계두루미날 기념 심포지움』(강원도 철원군 철원온천관광호
　　텔 3월 7일) 발표논문. 3월 7일.

김창환 외. 1975. 『비무장지대 인접지역의 곤충상』. 문화공보부.

김창환·양금희·윤재흥. 2002. 『독일의 학교 및 사회통일교육 프로그램 개발 및 운
　　영 실태 분석』. 통일부.

김태정. 1994. 『휴전선 야생화』. 대원사.

문화부 문화재관리국. 1992. 『비무장지대인접지역 자연종합학술조사보고서』. 문화
　　부 문화재관리국.

민주평화통일자문회의사무처. 2000. 『중·고교 도덕 윤리교사 통일문제 및 학교통
　　일교육 실태 조사결과』. 민주평화통일자문회의.

박종철·박영호·손기웅·전성훈·최수영. 2005. 『2005년도 통일문제 국민여론조사』.
　　통일연구원.

배성환. 2000. 『두루미』. 다른 세상.

변병설. 2001. "통일시대 비무장지대 및 인접지역의 환경관리 방안." 강원발전연구
　　원 9월 6일 시사포럼 발표논문.

성천문화재단 편. 1996. 『야생의 보고 비무장지대』. 현암사.

손기웅. 2004. "유엔 환경기구의 한반도 비무장지대 내 유치방안." 김재한 편.『DMZ Ⅴ - 평화』. 소화.

안병용. 1999. "지역주민 입장에서 본 북부·접경지역 발전전략." 경기북부·접경지역 발전전략 수립을 위한 공청회 발표논문.

유네스코한국위원회. 1997.『민통선지역의 생태계 보전과 지역사회 활성화 동시달성을 위한 조사연구 보고서』. 환경부. Ⅶ 부록.

이문항. 2001.『JSA-판문점(1953~1994)』. 소화.

이반 편. 1995.『비무장지대의 과거·현재·미래』. 비무장지대 예술문화운동협의회.

이상면. 2001. "금강산댐과 남북한 물협력" 제8차 DMZ야외토론회(7월 11일) 발표논문.

이우신. 2003. "DMZ 서식 조류의 현황과 과제." 김재한 편.『DMZ Ⅳ - 천 그리고 조항탄전』. 소화.

이우신 외. 2005.『DMZ의 야생동물 서식 실태조사 및 기존 자료의 종합적 분석에 관한 연구』. 한국산지보전협회.

이장희. 2000. "DMZ의 평화지대 건설시 국제법적 문제." 김재한 편.『DMZ Ⅱ - 횡적 분단에서 종적 연결로』. 소화.

이 재. 1999. "군사보호구역 일대의 관방유적." 김인영·김재한 공편.『DMZ - 발전적 이용과 해체』. 소화.

이해용. 2003.『비무장지대를 찾아서』. 눈빛.

자연보호중앙협의회. 1987a.『민통선북방지역 자원조사 보고서: 경기도』. 자연보호중앙협의회.

자연보호중앙협의회. 1987b.『민통선 북방지역 자원조사 보고서: 강원도』. 자연보호중앙협의회.

전성훈. 1999. "DMZ와 남북한 영공 개방." 김인영·김재한 공편.『DMZ - 발전적 이용과 해체』. 소화.

전영재, 2002.『한국 DMZ 비밀』. 수문출판사.

전영재, 2004.『아주 특별한 땅 DMZ의 비밀』. 예림당.

정경환. 2000.『해방전후사 연구』. 세종출판사.

정경환. 2002.『민족분단과 통일문제』. 신지서원.

제성호. 1997. 『한반도 비무장지대론』. 서울프레스.

조규송. 1987. 『휴전선 일대의 자연연구』. 강원대출판부.

진장철. 2002. "남북강원 교류협력의 정치경제와 전망." 『북강원의 이해와 남북강원도의 공동체회복』. 강원대학교 사회과학연구소.

차종환·제성호·김병우. 2000. 『한국 비무장지대의 식물 생태』. 예문당.

최병일. 2001. "금강산댐이 북한강 상류를 끊었다." 『월간조선』 7월호. 305-311.

최영희. 2001. "북한강의 역사." 제8차 DMZ야외토론회(7월 11일) 발표논문.

최진욱·김성철·박종철·박형중·서재진·이교덕·전성훈·전현준·홍관희. 2003. 『남북관계의 진전과 국내적 영향』. 통일연구원.

통계청. 2001. 『2000 사회통계조사보고서』. 통계청.

통일교육원. 2004. 『2005 통일교육지침서』. 통일부.

피앤피리서치 2002. 『통일교육에 대한 청소년 의식조사』. 민주평통.

한국산지보전협회. 2005. 『DMZ 관련 선행 조사 자료 정리』. 한국산지보전협회.

한국자연보존협회. 1974. 『비무장지대인접지역종합학술조사보고서』. 한국자연보존협회조사보고서 제7호. 문화공보부 문화재관리국.

한국자연정보연구원. 2002. 『철새 보전계획 및 지속가능한 발전 전략 수립 연구 중간보고서』. 7월.

한만길 2000. "통일의식의 변화와 통일교육의 과제." 『한국교육개발원 창립 제28주년 기념 교육정책 포럼 – 남북한 화해·협력 시대의 개막과 교육의 과제』. 한국교육개발원.

함광복. 1995. 『DMZ는 국경이 아니다』. 문학동네.

함광복. 2002. 『할아버지, 연어를 따라오면 한국입니다』. Eastward.

함광복. 2005. 『한국 DMZ 그 자연사적 탐방』. 집문당.

함태초등학교 2002. 『하나되는 통일교육을 통한 통일의지 신장』. 2002 강원도교육청지정 통일교육 연구(시범)학교 운영보고서. 함태초등학교.

홍준형. 1999. "구서독 접경지역지원법 사례와 시사점." 경기북부접경지역 발전전략 수립을 위한 공청회 발표논문.

환경부. 1995. 『'95 비무장지대 인접지역(민통선 지역) 자연환경 정밀조사보고서(I)』. 환경부.

환경처. 1992. 『비무장지대 인접지역(민통선 지역)의 자연생태계 조사보고서』. 환
경처.

황지욱. 2000. "한반도통일 이후 남북한 접경지역의 개발." 김재한 편. 『DMZ II –
횡적 분단에서 종적 연결로』. 소화.

Chan, Simba. 2000. "How to Manage a Good Sanctuary for the Cranes and How
the Local Communities Will Be Benefited by Conservation." 환경부 주최 『두
루미 4개국 심포지움』(전남 순천 2월 23~26일) 발표논문.

Hahm, Kwang Bok. 2004. *The Living History of the DMZ*. Seoul: Eastward.

Harris, Jin. 2000. "How to Conserve Cranes in the World." 환경부 주최 『두루미 4
개국 심포지움』(전남 순천 2월 23-26일) 발표논문.

Kim, Chae-Han, ed. 2001. *The Korean DMZ – Reverting beyond Division*. Seoul:
Sowha, 2001.

Pfennig, Werner. 2001. "The Rise and Fall of the Berlin Wall and the Korean
DMZ." Chae-Han Kim, ed. *The Korean DMZ – Reverting beyond Division*.
Seoul: Sowha.

Westing, Arthur. 2001. "A Korean DMZ for Peace and Nature: Towards a Code of
Conduct." Chae-Han Kim, ed. *The Korean DMZ – Reverting beyond Division*.
Seoul: Sowha.

| 색 인 |

DMZ 평화 답사
남북평화와 남남화해를 위해

초판 1쇄 발행: 2006년 4월 28일
초판 3쇄 발행: 2007년 5월 10일

지은이: 김재한
발행인: 부성옥
발행처: 도서출판 오름
등록번호: 제2-1548호(1993. 5. 11)

서울특별시 서초구 서초동 1420-6 통일시대연구소빌딩 301호
전화: (02) 585-9122, 9123 / 팩스: (02) 584-7952
E-mail: oruem@oruem.co.kr
URL: http://www.oruem.co.kr

ISBN 89-7778-254-6   93340   정가 12,000원

* 잘못된 책은 교환해 드립니다.